Elmar Müller
Verteidigung in Straßenverkehrssachen

Praxis der Strafverteidigung   Band 1

Herausgegeben von
Rechtsanwalt Dr. Josef Augstein (†), Hannover
Prof. Dr. Werner Beulke, Passau
Prof. Dr. Hans-Ludwig Schreiber, Göttingen

Verteidigung in Straßenverkehrssachen

Strafsachen ohne Ordnungswidrigkeitenrecht

von

Dr. Elmar Müller

Rechtsanwalt in Saarbrücken

6., überarbeitete Auflage

C. F. Müller Verlag
Heidelberg

Die Deutsche Bibliothek – CIP-Einheitsaufnahme

Müller, Elmar:
Verteidigung in Strassenverkehrssachen /
von Elmar Müller.
– 6., überarb. Aufl. –
Heidelberg: Müller, Jur. Verl., 1996
(Praxis der Strafverteidigung; Bd. 1)
ISBN 3-8114-1897-1
NE: GT

© 1997 C. F. Müller Verlag, Hüthig GmbH, Heidelberg
Printed in Germany
Satz und Druck: Gulde-Druck GmbH, Tübingen
ISBN 3-8114-1897-1

Vorwort der Herausgeber

Mit dem vorliegenden Band hat die Reihe „Praxis der Strafverteidigung" vor über zehn Jahren begonnen. Die mit der Herausgabe dieses neuartigen Ratgebers verknüpften Erwartungen hängen eng mit der erheblichen Veränderung in der Stellung des Verteidigers zusammen. Der Verteidiger ist aus seinem Schattendasein herausgetreten und hat sich wesentlich erweiterte Einflußmöglichkeiten im Verfahren schaffen können. Die Gerichte haben sich überwiegend auf die veränderte Situation eingestellt und akzeptieren den Strafverteidiger, auch wenn er im Verfahren unbequem ist, als Partner im Interesse der Waffengleichheit.

Die Bände dieser Reihe sollen helfen, die erweiterten Möglichkeiten der Verteidigung zu nutzen. Eine engagierte Strafverteidigung dient dem Angeklagten und dem Strafverfahren nur, wenn der Verteidiger nicht bloß lebhaft Aktivitäten entfaltet, sondern die Materie beherrscht und seine Kenntnisse richtig einzusetzen weiß. Erfahrungen aus der Praxis zeigen, daß die Anwaltschaft nicht immer gut gerüstet erscheint. Eine der Ursachen dafür liegt wohl auch im Fehlen qualifizierter Anleitungen für diejenigen, die sich neu in ein Rechtsgebiet einarbeiten müssen. Die vorhandene strafprozessuale Literatur wendet sich vorwiegend an Gerichte, Wissenschaftler und Studenten. Der Verteidiger benötigt hingegen vor allem Anleitungen mit einer Darstellung prozeßtaktischer Erwägungen auf der Basis des geltenden Rechts sowie mit einer Wiedergabe geeigneter Muster für Anträge und Schriftsätze. Die vorliegende Reihe „Praxis der Strafverteidigung" trägt dem Rechnung, indem sie sich um eine Kombination von Hand- und Formularbuch bemüht. Erfahrene Strafverteidiger vermitteln ihr materiellrechtliches, prozeßrechtliches und prozeßtaktisches Wissen. Um dem für das Strafverfahren schädlichen Schematismus entgegenzuarbeiten, enthält jeder Beitrag zunächst einen ausführlichen, auf die Praxis bezogenen Darstellungsteil, der dann ergänzt wird durch Musteranträge und Beispiele für Schriftsätze, die die generellen Ratschläge zur Prozeßtaktik in gezielte Vorschläge umwandeln. Dabei wird die thematische Aufteilung auf die einzelnen Bände in der Weise vorgenommen, daß sowohl verschiedene Deliktsgruppen (z.B. Straßenverkehrsdelikte, BtMG-Sachen, Arztstrafrecht, Ordnungswidrigkeiten im Straßenverkehr, Strafvereitelung durch Strafverteidigung) als auch einzelne Prozeßstadien (z.B. Ermittlungsverfahren, Vorbereitung der Hauptverhandlung, Zeugenvernehmung, Strafvollstreckung) angesprochen werden. Schließlich bedür-

Vorwort der Herausgeber

fen bestimmte Beschuldigtengruppen (z. B. Jugendliche und Heranwachsende) einer gesonderten Erörterung.

Die Arbeit von *E. Müller* über die „Verteidigung in Straßenverkehrssachen" stellt u. E. eine gelungene Realisierung des aufgezeigten Gesamtkonzepts dar. Straßenverkehrssachen sind das „tägliche Brot" des Strafverteidigers und dementsprechend groß ist der Informationsbedarf der Anwaltschaft auf diesem Gebiet. Das Buch ist anläßlich der 4. Auflage vollständig überarbeitet worden. Einige grundsätzliche Fragen der Verteidigertaktik sind von *Müller* inzwischen in der gesonderten Darstellung „Strafverteidigung im Überblick" (Praxis der Strafverteidigung, Band 12) umfassend zusammengestellt worden, so daß im vorliegenden Band ausführliche Erörterungen dazu entbehrlich sind. Ferner hat die Abhandlung von *Beck/Berr*, „OWi-Sachen im Straßenverkehrsrecht" (Praxis der Strafverteidigung, Band 6, 2. Aufl.) den Verzicht auf die Behandlung von Ordnungswidrigkeiten ermöglicht. Erheblich ausgeweitet worden ist dafür die Darstellung der speziellen materiellrechtlichen und prozeßrechtlichen Probleme der Straßenverkehrsdelikte. Die vorliegende 6. Auflage weist eine umfassende Aktualisierung des bearbeiteten Stoffes auf.

Im November 1996

Passau *Werner Beulke*
Göttingen *Hans-Ludwig Schreiber*

Inhaltsverzeichnis

Vorwort der Herausgeber V
Abkürzungsverzeichnis XI

1.	**Zur Mandatsübernahme**	1
1.1.	Problemmandanten und Probleme mit Mandanten	1
1.2.	Vollmacht	4
1.3.	Vor Akteneinsicht nichts zu den Akten reichen	6
1.4.	Nach Akteneinsicht	9
1.5.	Vom lieben Geld	14
1.5.1.	Honorarvereinbarung	16
1.5.2.	Gesetzliche Gebühren	19
2.	**Die wichtigsten Straftatbestände**	21
2.1.	Fahrlässige Tötung (§ 222 StGB)	21
2.2.	Fahrlässige Körperverletzung (§ 230 StGB)	24
2.3.	Trunkenheit im Verkehr (§ 316 StGB)	28
2.4.	Straßenverkehrsgefährdung (§§ 315b–315d StGB)	36
2.4.1.	Einzelaspekte zur Trunkenheitsfahrt	41
2.5.	Vollrausch (§ 323a StGB)	47
2.6.	Unerlaubtes Entfernen vom Unfallort (§ 142 StGB)	51
2.6.1.	Fälle der Straflosigkeit	52
2.6.2.	Unerlaubtes Entfernen	53
2.6.3.	Sachverständige und Unfallflucht	55
2.6.4.	Problematische Verteidigung bei Unfallflucht	58
3.	**Der Mandant will seinen Führerschein wieder haben**	60
3.1.	Vor einem etwaigen vorläufigen Entzug der Fahrerlaubnis gem. § 111a StPO	60
3.1.1.	Herausgabe des Führerscheins	61
3.1.2.	Ausnahmen vom vorläufigen Entzug der Fahrerlaubnis	64
3.2.	Nach dem vorläufigen Entzug der Fahrerlaubnis	67
3.3.	Entzug der Fahrerlaubnis im Urteil oder Strafbefehl	69
3.4.	Nach Verhängung der Sperrfrist	70
3.5.	Entschädigung bei unberechtigter Einbehaltung des Führerscheins	75

Inhaltsverzeichnis

4.	**Der Mandant will es nicht zur Hauptverhandlung kommen lassen**	**78**
4.1.	Einstellung des Verfahrens gemäß § 170 Abs. 2 StPO	78
4.2.	Einstellung gemäß § 153 StPO	80
4.3.	Einstellung gemäß § 153a StPO	82
4.4.	Einstellung gemäß § 153b StPO	84
4.5.	Einstellung gemäß § 154 StPO	85
4.6.	Abschließende Betrachtung zur Verfahrenseinstellung	85
5.	**Die Staatsanwaltschaft hat Anklage erhoben**	**87**
5.1.	Einstellung des Verfahrens?	87
5.2.	Verteidigertätigkeit vor Eröffnung des Hauptverfahrens	90
5.3.	Vorbereitung der Hauptverhandlung	90
5.3.1.	Werden Sachverständige benötigt?	93
5.3.2.	Auseinandersetzung mit einem schriftlichen Sachverständigengutachten	95
5.3.3.	Einzelprobleme der Begutachtung	97
6.	**Hauptverhandlung**	**112**
6.1.	Zeugen	112
6.2.	Sachverständige	123
6.3.	Beweisanträge	126
6.4.	Vor dem Abschluß der Beweisaufnahme	129
6.5.	Plädoyer	130
6.5.1.	Ziel: Freispruch	131
6.5.2.	Ziel: Milde Strafe	133
7.	**Kostenprobleme nach einem Urteil**	**141**
7.1.	Kostenpflicht bei Teil-Freispruch	141
7.2.	Kostenverteilung nach dem Ermessensprinzip	142
7.3.	Rechtsmittel gegen Kosten- und Auslagenentscheidungen	143
7.4.	Kostenfestsetzung	144
8.	**Berufung**	**146**
8.1.	Einlegung der Berufung	146
8.2.	Lohnt sich die Berufung?	148
8.3.	Vor der Berufungsverhandlung	150
8.4.	Berufungsverhandlung	152

9.	**Revision**	**154**
9.1.	Allgemeine Überlegungen	154
9.2.	Revisionseinlegung und -begründung	155
10.	**Nebenklage**	**159**
10.1.	Nebenklage – ein Problem?	159
10.2.	Annahme des Mandats	161
10.3.	Exkurs: Schmerzensgeld nicht vergessen!	163
10.4.	Zulassung der Nebenklage	164
10.5.	Nebenklagevertretung in der Hauptverhandlung	164
10.6.	Rechtsmittel des Nebenklägers	165
10.7.	Kosten der Nebenklage	166
11.	**Verletzten- und Nebenklagebeistand**	**169**
12.	**Adhäsionsverfahren**	**171**
13.	**Muster von Verteidigeranträgen bzw. sonstigen Verteidigerschreiben**	**174**

Literaturverzeichnis ... 207
Verzeichnis der Gesetzesstellen ... 211
Stichwortverzeichnis ... 215

Abkürzungsverzeichnis

AFG	Arbeitsförderungsgesetz
AG	Amtsgericht
AnwBl.	Anwaltsblatt
ARB	Allgemeine Bedingungen für die Rechtsschutzversicherung
BA	Blutalkohol (Zeitschrift), zitiert nach Band (= Vol.) und Jahrgang
BAB	Bundesautobahn
BAG	Bundesarbeitsgericht
BAK	Blutalkohol-Konzentration
BayObLG	Bayerisches Oberstes Landesgericht
Beulke, Strafprozeßrecht	Beulke, Strafprozeßrecht, 2. Aufl., 1996
Beulke, Strafbarkeit des Verteidigers	Beulke, Die Strafbarkeit des Verteidigers, 1989, PSt Band 11
BGB	Bürgerliches Gesetzbuch
BGBl.	Bundesgesetzblatt
BGH	Bundesgerichtshof
BGHSt	Entscheidungen des Bundesgerichtshofs in Strafsachen
BRAGO	Bundesgebührenordnung für Rechtsanwälte
BRAK-Mitt.	BRAK-Mitteilungen
BRAO	Bundesrechtsanwaltsordnung
BtMG	Betäubungsmittelgesetz
BVerwG	Bundesverwaltungsgericht
BZRG	Bundeszentralregistergesetz
DAR	Deutsches Autorecht (Zeitschrift)
DAV	Deutscher Anwaltverein
Dreher/Tröndle	Dreher/Tröndle, Strafgesetzbuch, 47. Auflage, 1995
DRiZ	Deutsche Richterzeitung
DZgerichtlMed.	Deutsche Zeitschrift für die gesamte gerichtliche Medizin
EGGVG	Einführungsgesetz zum Gerichtsverfassungsgesetz
FamRZ	Zeitschrift für das gesamte Familienrecht
GA	Goltdammer's Archiv für Strafrecht (Zeitschrift)
GewO	Gewerbeordnung
GKG	Gerichtskostengesetz
Grundsätze	Grundsätze des anwaltlichen Standesrechts (= Richtlinien des anwaltlichen Standesrechts)
GVG	Gerichtsverfassungsgesetz

Abkürzungsverzeichnis

Hentschel/Born	Hentschel/Born, Trunkenheit im Straßenverkehr, 6. Auflage, 1992
Himmelreich/Bücken	Himmelreich/Bücken, Verkehrsunfallflucht, 2. Aufl., 1995, PSt Band 15
Himmelreich/Hentschel	Himmelreich/Hentschel, Fahrverbot – Führerscheinentzug, 7. Auflage, 1992
Jagusch/Hentschel	Jagusch/Hentschel, Straßenverkehrsrecht, 33. Auflage, 1995
Janiszewski	Janiszewski, Verkehrsstrafrecht, 4. Auflage, 1994
JGG	Jugendgerichtsgesetz
JR	Juristische Rundschau
JurBüro	Das juristische Büro (Zeitschrift)
JuS	Juristische Schulung
JZ	Juristenzeitung
Kleinknecht/Meyer-Goßner	Kleinknecht/Meyer-Goßner, StPO, 42. Auflage, 1995
KK	Karlsruher Kommentar zur Strafprozeßordnung, hrsg. von Pfeiffer, 3. Auflage, 1993
KostRspr.	Kostenrechtsprechung (Nachschlagewerk), bearbeitet von Lappe, von Eicken, Noll, Schneider, Herget
Kahlert	Kahlert, Verteidigung in Jugendstrafsachen, 2. Auflage, 1986, PSt Band 2
KG	Kammergericht
Kriminalistik	Kriminalistik (Zeitschrift für die gesamte kriminalistische Wissenschaft und Praxis)
LG	Landgericht
LK	Leipziger Kommentar zum Strafgesetzbuch, herausgegeben von Jescheck, Ruß und Willms, 11. Auflage, Lieferungen seit 1992
LR	Löwe/Rosenberg, Strafprozeßordnung und das Gerichtsverfassungsgesetz, 23. Auflage, 1976–1979; 24. Auflage, 1985 ff; ohne Vermerk handelt es sich um die 23. Auflage
LSE	Lexikon straßenverkehrsrechtlicher Entscheidungen
Madert	Madert, Gebühren des Strafverteidigers, 1987, PSt Band 5
MDR	Monatsschrift für Deutsches Recht
MschrKrim.	Monatsschrift für Kriminologie und Strafrechtsreform
Müller, Überblick	Müller, Strafverteidigung im Überblick, 1989, PSt Band 12
MMW	Münchener Medizinische Wochenschrift
NdsRpfl.	Niedersächsische Rechtspflege
NJW	Neue Juristische Wochenschrift
NStZ	Neue Zeitschrift für Strafrecht
NZV	Neue Zeitschrift für Verkehrsrecht
OLG	Oberlandesgericht

Abkürzungsverzeichnis

OWiG	Gesetz über Ordnungswidrigkeiten
PSt	Reihe „Praxis der Strafverteidigung"
Recht und Schaden	Recht und Schaden (Zeitschrift)
RichtlRA	Richtlinien gem. § 177 II Nr. 2 BRAO
RiStBV	Richtlinien für das Strafverfahren und das Bußgeldverfahren
RPflG	Rechtspflegergesetz
SchlHA	Schleswig-Holsteinische Anzeigen
Schlothauer	Schlothauer, Vorbereitung der Hauptverhandlung durch den Verteidiger, 1988, PSt Band 10
Schlothauer/Weider	Schlothauer/Weider, Untersuchungshaft, 2. Aufl., 1996, P St Band 14
Schlüchter	Schlüchter, Das Strafverfahren, 2. Auflage, 1983
SG	Sozialgericht
StA	Staatsanwaltschaft
StGB	Strafgesetzbuch
StPO	Strafprozeßordnung
StrEG	Gesetz über die Entschädigung für Strafverfolgungsmaßnahmen
StRL	Standesrichtlinien
StV	Strafverteidiger (Zeitschrift)
StVÄG	Strafverfahrensänderungsgesetz
StVG	Straßenverkehrsgesetz
StVO	Straßenverkehrs-Ordnung
StVZO	Straßenverkehrs-Zulassungs-Ordnung
TB	Taschenbuch
Verkbl.	Verkehrsblatt
VerkMitt.	Verkehrsrechtliche Mitteilungen
Verkehrsunfall und Fahrzeugtechnik	Verkehrsunfall und Fahrzeugtechnik (Zeitschrift; früher: Der Verkehrsunfall)
VersR	Versicherungsrecht (Zeitschrift)
VGT	Verkehrsgerichtstag (in Goslar), Veröffentlichung der Referate und Entschließungen (mit Jahr), Deutsche Akademie für Verkehrswissenschaft, Hamburg
VO (EWG)	Verordnung der Europäischen Wirtschaftsgemeinschaft
VRS	Verkehrsrechts-Sammlung
VVG	Gesetz über den Versicherungsvertrag
VZR	Verkehrszentralregister (in Flensburg)
Weihrauch	Matthias Weihrauch, Verteidigung im Ermittlungsverfahren, 4. Auflage, 1995, PSt Band 3
ZPO	Zivilprozeßordnung
ZStW	Zeitschrift für die gesamte Strafrechtswissenschaft

1. Zur Mandatsübernahme

1.1. Problemmandanten und Probleme mit Mandanten

Die heftigen Diskussionen, die derzeit um Leitbilder der Strafverteidigung geführt werden[1], spielen bei der Strafverteidigung in Straßenverkehrssachen keine Rolle, da hier selten eine **Konfliktverteidigung** geführt wird, sich zudem auch – im Gegensatz zu anderen Strafverfahren – der Umgang mit der Mandantschaft und den Behörden meist konfliktfrei gestaltet. Möglicherweise hängt dies aber auch mit der andersgearteten Mentalität der Straßenverkehrstäter zusammen.

Bevor das Mandat angenommen wird, sollte sich der Anwalt Klarheit über die Persönlichkeit des neuen Mandanten verschaffen. Ist oder wird es ein **Problemmandant?** Wird er häufiger als üblich den Anwalt in Anspruch nehmen, sei es telefonisch, sei es in der Kanzlei oder in der Hauptverhandlung? Wenn sich auch erfahrungsgemäß die meisten Mandanten dem Rat des Verteidigers anschließen, bleibt eben doch immer ein Teil der Klientel, der mit dem Anwalt unzufrieden ist, ihm bestimmte Verteidigungsstrategien aufzwingen will, ihn mit ständig neuen Ideen traktiert oder ihn gar attackiert. Die Erfahrung lehrt, daß es bei solch schwierigen Mandanten letztlich zur Mandatsniederlegung kommen muß, da dem Anwalt ab einem bestimmten Punkt nicht mehr zugemutet werden kann, sich für diesen Mandanten weiterhin einzusetzen. Zeichnet sich schon beim ersten Kontaktgespräch ab, daß es irgendwann einmal zu schwerwiegenden Differenzen kommen wird, sollte man erst gar nicht dieses Mandat annehmen, zumal dem Verteidiger immer noch genügend Problemfälle verbleiben, mit denen er seine Mühe und Not hat. 1

In der Annahme des Mandats ist der Rechtsanwalt grundsätzlich frei. Dies ist auch fixiert gewesen in § 34 RichtlRA, der insoweit inhaltlich auch nach der Entscheidung des BVerfG zum Standesrecht[2] noch immer Geltung beanspruchen kann. Die Kündigung des Mandats ist weit schwieriger, denn sie 1a

---

1 Dazu ausführlich: *Beulke,* Der Verteidiger im Strafverfahren, 1980; *ders.,* Die Strafbarkeit des Verteidigers, 1989, Rdnr. 10 ff. *Senninger,* Deregulierung und Selbstbestimmung, AnwBl. 90, 238.
2 *BVerfG* NJW 1988, 191; zur Übergangsregelung s. die Stellungnahme d. Richtlinienausschusses der BRAK, BRAK-Mitt. 1/1988, S. 11 sowie *Feuerich,* AnwBl. 1988, 502 ff.

1 Zur Mandatsübernahme

darf nicht zur Unzeit erfolgen[3]; im Klartext: den Mandanten wieder loszuwerden, ist weit schwieriger als bei der Mandatsübernahme nein zu sagen.

2 Unangenehm kann die Mandatsübernahme werden, wenn sich der Mandant zuvor anderweitigen anwaltlichen Rates erfreute. Diesen Mandanten gegenüber ist Vorsicht am Platze. In diesem Fall hat sich der Anwalt davon zu überzeugen, daß das **frühere Auftragsverhältnis** beendet ist[4]. Findet sich z. B. in den Akten ein Schriftsatz des früheren Verteidigers, mit dem er das Mandat niederlegt, wird eine Nachfrage beim Kollegen entbehrlich, ob er Bedenken gegen die Mandatsübernahme anmeldet, indes ist dem früheren Verteidiger die Annahme des Auftrages anzuzeigen[5]. Falls das frühere Mandatsverhältnis noch nicht beendet wurde, muß der Mandant angehalten werden, den Anwaltsvertrag zu kündigen. Keinesfalls kann und darf der Anwalt im Auftrag des neuen Mandanten kündigen, denn das wäre standeswidrig.

Es ist nicht erforderlich, sich davon zu überzeugen, ob das Honorar des Kollegen bezahlt wurde[6]; eine diesbezügliche Nachfrage beim Kollegen ist aber auch nicht verboten.

Das Problem der aussichtslosen Verteidigung existiert nicht; daß es sich bei einem aussichtslosen Prozeß anders verhält, wird als bekannt vorausgesetzt[7].

3 Um die Annahme eines **Doppelmandats** zu verhindern, ist es dringend geboten, in der Unfallkartei abzuklären, ob der Mandatsübernahme nicht das Hindernis des Doppelmandats entgegensteht. In Unfallsachen sollte jeder Anwalt eine solche Unfallkartei führen, die nach Unfalltag, Unfallort, Mandantenname/Geschädigtenname aufgegliedert sein sollte.

4 Vor der Mandatsannahme sollte auch abgeklärt werden, wer die Kosten trägt. Die meisten Mandanten sind rechtsschutzversichert. Obwohl der Anwalt nicht verpflichtet ist, von sich aus das Bestehen einer **Rechtsschutzversicherung** aufzuklären und er darauf vertrauen kann, daß sein Klient im Wissen um den vorhandenen Rechtsschutzversicherungsvertrag ihn aus eigenem

---

3 Früher: § 34 Abs. 4 RichtlRA, s. auch Anm. 2.
4 Früher: § 26 Abs. 1 RichtlRA, s. oben Anm. 2.
5 Früher: § 26 Abs. 2 RichtlRA, s. auch Anm. 2.
6 BRAK-Mitt. 2/1978 v. 15. 7. 1978, S. 36.
7 Der Anwalt ist unter haftpflichtversicherungsrechtlichen Gesichtspunkten verpflichtet, das Mandat niederzulegen, wenn ihm der Mandant zumutet, einen Rechtsstreit zu führen, dessen völlige Aussichtslosigkeit er bei der zuzumutenden Sorgfalt hätte erkennen können (*OLG Düsseldorf*, mitgeteilt im AnwBl. 1973, 296). Lediglich im Arzthaftungsprozeß kann etwas anderes gelten; in der Regel können derartige Prozesse nicht von vornherein für aussichtslos gehalten werden, da der Prozeßausgang von der Beweisaufnahme abhängt (*OLG Düsseldorf*, Urt. vom 15. 3. 1984, VersR 85, 552).

Zur Mandatsübernahme 1

Antrieb darauf hinweist[8], sollte spätestens bei der Mandatsannahme an den Mandanten die Frage nach dem Bestehen einer Rechtsschutzversicherung gestellt und um Vorlage der Police (oder wenigstens der Einzahlungsquittung der letzten Prämienzahlung) gebeten werden. Hat man so Kenntnis von dem Rechtsschutzversicherer erlangt, sollte dort umgehend schriftlich angefragt werden, ob kostendeckender Rechtsschutz bewilligt wird. Die Befürchtung des einen oder anderen Mandanten, nur der vom Rechtsschutzversicherer empfohlene Anwalt erhalte die Deckungszusage, kann mit dem Hinweis auf § 2 Ziff. 6 ARB zerstreut werden, da der Versicherungsnehmer grundsätzlich freie Anwaltswahl hat.

Berufskraftfahrer sind zu befragen, ob möglicherweise der Arbeitgeber für das Fahrzeug, das von ihm gesteuert wurde, einen Rechtsschutzversicherungsvertrag abgeschlossen hat. Auch wenn dies nicht der Fall ist, kann der Arbeitgeber dann verpflichtet sein, die Verteidigerkosten gemäß der gesetzlichen Gebühr zu übernehmen, wenn der Berufskraftfahrer in Ausübung betrieblicher Tätigkeit unverschuldet einen Unfall verursachte[9]. Von Bedeutung ist in diesem Zusammenhang, daß ein Berufskraftfahrer nicht verpflichtet ist, eine Rechtsschutzversicherung abzuschließen.

In wenigen Ausnahmefällen kommt eine **Pflichtverteidigung** in Betracht. So handelt es sich um eine notwendige Verteidigung, wenn eine Gesamtfreiheitsstrafe von 6 Monaten ohne Bewährung und eine lebenslängliche Sperrfrist zu erwarten steht. Auch bei einer Sperrfrist von 5 Jahren kann die Verpflichtung bestehen, einen Pflichtverteidiger zu bestellen[10].

Die Auffassung von *Herzig*[11], wonach bei Vergehen gemäß § 222 StGB in der Regel ein Pflichtverteidiger bestellt werden soll, dürfte zwar die Zustimmung vieler Verteidiger finden, sie wird sich aber in der Praxis nur im Ausnahmefall durchsetzen. Dasselbe gilt etwa für die Forderung des 20. Jugendgerichts-

---

8 So auch unveröffentlichtes Urteil des *LG Saarbrücken* vom 13. 6. 1983 – 13 S 29/83.
9 *BAG*, Urt. v. 16. 3. 1995, NJW 95, 2372 unter Bezugnahme auf eine frühere Entscheidung, die in NJW 84, 316 abgedruckt ist.
10 *OLG Köln*, unveröffentlichtes Urteil vom 17. 11. 1970 bzw. *OLG Oldenburg*, unveröffentlichter Beschluß vom 19. 7. 1977, jeweils zitiert nach *Molketin*, Die Schutzfunktion des § 140 Abs. 2 StPO zugunsten des Beschuldigten im Strafverfahren, 1986, S. 57. *Molketin*, NZV 1989, 93 ff.
Ausführlich auch *Beulke*, Die notwendige Verteidigung, in: Verteidigung in Jugendstrafsachen (Kölner Symposium), 2. Aufl., 1988, S. 170 ff.; hrsg. v. Bundesministerium der Justiz; LR-*Lüderssen* (24. A.), § 140 Rdnr. 44 ff.
11 *Herzig*, NJW 1980, 164; ebenso *Beulke* (wie Fußn. 9), S. 176; LR-*Lüderssen* (24. Aufl.), § 140 Rdnr. 51; *Molketin* NZV 1989, 93; ebenso auch *OLG Hamm* NJW 1957, 1530, wenn eine mehrmonatige nicht zur Bewährung ausgesetzte Freiheitsstrafe zu erwarten ist.

1 *Zur Mandatsübernahme*

tags, in allen Jugendschöffengerichtssachen einen Pflichtverteidiger zu bestellen[12].

1.2. Vollmacht

5 Stehen einem Mandatsverhältnis keine Hindernisse entgegen, wird vom Mandanten eine **Strafprozeßvollmacht** unterschrieben. Diese Strafprozeßvollmacht dient zum einen dem Nachweis, daß ein Mandatsverhältnis zustande kam, zum anderen dient sie dem Verteidiger als Legitimation bei der Behörde, bei der er sich zum Verteidiger des Beschuldigten oder Betroffenen, des Angeschuldigten oder Angeklagten (§ 137 StPO) bestellt. Entgegen einer weitverbreiteten Auffassung ist eine besondere Form für die Wahlverteidigung nicht vorgeschrieben. Es genügt, daß der Verteidiger anzeigt, er sei mit der Wahlverteidigung beauftragt worden. So spricht auch die Vermutung für eine ordnungsgemäße Bevollmächtigung.

Im OWi-Verfahren kann ohne Vollmachtsformular Einspruch eingelegt werden; der Einspruch durch den Anwalt hat die Vermutung für sich, daß dieser auch bevollmächtigt ist. Dies gilt jedenfalls immer dann, wenn er sich als „Verteidiger" bezeichnet oder im OWi-Verfahren „für den Betroffenen" tätig wird[13]. Daß in einer Reihe von Fällen eine besondere schriftliche Vertretungsvollmacht erforderlich sein kann, die mit der Verteidigervollmacht nicht identisch ist (§§ 234, 329 I, 350 II, 387 I, 411 II, 434 I StPO), sei am Rande erwähnt.

Zwar mag die Forderung nach der Vollmachtsunterschrift banal klingen, indes soll es vorkommen, daß Anwälte sich zwar zum Verteidiger einer bestimmten Person bestellen, dann aber keine Vollmacht vorlegen können. Die Sache wird um so peinlicher, wenn der angeblich bevollmächtigende Mandant eine solche Vollmacht mit Nachdruck in Abrede stellt.

Vollmachtsformulare werden von einschlägigen Verlagen angeboten[14]. Muster für die übliche Einteilung einer Strafprozeßvollmacht finden sich ferner

---

12 Siehe dazu die „Kölner Richtlinien" für die Bestellung eines Pflichtverteidigers in Jugendstrafsachen, NJW 1989, 1024.
13 *LG Bremen*, Beschluß vom 22. 4. 1982, StV 1982, 595; *Thiele*, Die Vollmacht im gerichtlichen Bußgeldverfahren, DAR 1981, 11; *Kaiser*, Die Verteidigervollmacht und ihre Tücken, NJW 1982, 1367.
14 Hans-Soldan GmbH, Postfach 100351, 45003 Essen; Dreske & Krüger Verlag GmbH & Co., Postfach 1640, 30016 Hannover; Richard Boorberg Verlag, Scharrstraße 2, 70563 Stuttgart; Hermann Lammert KG, Postfach 101508, 44715 Bochum.

in meinem Beitrag „Strafverteidigung im Überblick"[15], Rdnr. 150 sowie bei *Weihrauch*, Rdnr. 19[16].

Zu beachten ist, daß die Kopie einer Vollmacht nie das Original zu ersetzen vermag, da das Original bereits zurückgegeben oder für kraftlos erklärt worden sein könnte (§ 172 Abs. 2 BGB).

Wichtig ist, daß der Mandant die Vollmacht unterschreibt, nicht etwa dessen Ehefrau, Bruder oder Schwester. Beim noch nicht volljährigen Mandanten unterschreiben die gesetzlichen Vertreter; die Vorschrift des § 67 JGG ist zu beachten.

Bei **Firmenvollmachten** ist Vorsicht geboten; solche Vollmachten können in OWi-Verfahren Bedeutung erlangen, so z. B., wenn es um die Haltereigenschaften von Fahrzeugen geht. In diesen Fällen sollte folgendes abgeklärt werden: Handelt es sich überhaupt um eine Firma? Falls es sich um eine Handelsgesellschaft handelt, wer vertritt die juristische Person? Es empfiehlt sich, neben der Unterschrift auf der Vollmacht in Maschinenschrift den Namen des Unterzeichners zu setzen, nach Möglichkeit mit dessen Rechtsstellung, etwa „Geschäftsführer".

Spätestens bei der Unterschriftsleistung auf der Vollmacht sollte sich herausstellen, daß man von möglichen mehreren Beschuldigten (Betroffenen) in einer Strafsache (OWi-Sache) nur einen verteidigt (§ 146 StPO).

Das Strafverfahrensänderungsgesetz (StVÄG 1987 vom 27. 11. 1987, BGBl. I, S. 475) hat das Verbot der **Mehrfachverteidigung** beibehalten, indes die Möglichkeit geschaffen, bei der sog. sukzessiven Mehrfachverteidigung (§ 146 StPO n. F.) einen zweiten Beschuldigten zu verteidigen, wenn das Verteidigungsverhältnis zu einem früheren Mandanten durch Mandatsbeendigung oder bei der Pflichtverteidigung durch Rücknahme der Bestellung als Pflichtverteidiger beendet wurde. Auch gestattet die Neufassung des § 146 StPO einen Mandatswechsel während des laufenden Verfahrens[17].

Liegt die Vollmacht vor, ist umgehend die **Verteidigerbestellung** abzusenden. Ob die Verteidigerbestellung an die Polizei, die Staatsanwaltschaft oder das Gericht geht, sie hat in meiner Kanzlei jeweils denselben Standardtext (vgl. **Muster 1: Verteidigerbestellung**, unten Rdnr. 120).

---

15 *Müller*, Überblick.
16 *Weihrauch*, Verteidigung im Ermittlungsverfahren, 4. Aufl., 1995.
17 Vgl. dazu auch *Müller*, Überblick, Rdnr. 12.

1 Zur Mandatsübernahme

1.3. Vor Akteneinsicht nichts zu den Akten reichen

8 Obwohl Mandanten bei Mandatsannahme bereits darauf drängen, daß nunmehr umgehend „etwas unternommen werde", weise ich derartiges Ansinnen stets zurück. Eigene leidvolle Erfahrung hat mich gelehrt, daß den Erklärungen und Unfalldarstellungen der eigenen Mandanten nicht immer zu folgen ist. Daher weigere ich mich, vor **Akteneinsicht** irgendeine Erklärung zu den Akten zu reichen[18]. Ob unabhängig von einer Einlassung des Beschuldigten der Antrag gestellt werden soll, etwa den Führerschein des Beschuldigten herauszugeben bzw. eine Entscheidung des Gerichts herbeizuführen, kann nur von Fall zu Fall entschieden werden. Keinesfalls bin ich aber der Auffassung anderer Kollegen, eine schriftliche Aussage vor Kenntnis der Ermittlungsakten habe erhebliche Vorteile bzw. bei einem einfach gelagerten Sachverhalt könne unbedenklich ohne Aktenkenntnis eine Einlassung des Beschuldigten schriftlich fixiert und zu den Akten gereicht werden[19].

Etwas anderes könnte dann gelten, wenn der Beschuldigte (gleich, auf welchen verschlungenen Pfaden auch immer) Akteneinsicht nehmen konnte, ohne daß dies in den Akten irgendwie in Erscheinung tritt. Dann sollte es dem Beschuldigten nicht verwehrt bleiben, so zu tun, als kenne er den Akteninhalt nicht. Die Einlassung des Beschuldigten kann von diesem auch entsprechend formuliert werden, allerdings darf sich der Anwalt nicht dazu hergeben, seinerseits zu behaupten, sein Mandant habe bisher noch keine Gelegenheit gehabt, einen Blick in die Akten zu werfen.

Nur dann, wenn man weiß, was in der Akte steht, ist es sinnvoll, sich entsprechend einzulassen. Besteht die Möglichkeit, daß die Polizei nach Eingang der Einlassung des Beschuldigten ihrerseits erst eine gewisse Sachdarstellung abgibt, kann es durchaus passieren, daß diese Sachdarstellung der Polizei (so etwas soll es im Bereich der relativen Fahruntüchtigkeit geben) auf einmal Dinge enthält, die die Einlassung des Beschuldigten, die dieser vor Aktenkenntnis abgegeben hat, aus den Angeln hebt.

Daß sich der Verteidiger um **Akteneinsicht** bemühen muß, ist selbstverständlich[20]. Wer die Dinge treiben läßt, wird länger darauf warten müssen, bis ihm die Staatsanwaltschaft oder das Gericht die Akten zugänglich ma-

---

18 So auch *Weihrauch*, Rdnr. 37; *Schlothauer/Weider*, Rdnr. 176; *Ulsenheimer*, Arztstrafrecht, Rdnr. 454.
19 So z.B. *Waldowski* in: *Wagner/Schneider/Engels*, Bürobuch für Rechtsanwälte und Notare, Bd. 2, 28. Aufl., S. 25.
20 Muster für Anträge auf Akteneinsicht bei *Müller*, Überblick, Rdnr. 152; *Kahlert*, Rdnr. 107; *Schlothauer*, Rdnr. 36.

chen. Wer ständig bei Staatsanwaltschaft und Gericht nach den Akten Nachfrage hält, kann aber auch das Gegenteil von dem bewirken, was er eigentlich wünscht.

Beschwerden gegen jeweils bearbeitende Dienststellen bringen vielleicht (dann aber auch nur in Ausnahmefällen) Erfolg; sie verzögern aber mit Sicherheit das Verfahren. Daher ist dringend davon abzuraten, ohne wichtigen Grund Beschwerden einzulegen.

1994 wurde die **Aktenversendungspauschale** in Höhe von 15,– DM in die Nr. 9003 des Kostenverzeichnisses zum GKG eingefügt. Danach kann die Staatsanwaltschaft oder das Gericht von demjenigen, der Akten anfordert, die Aktenversendungskostenpauschale erheben. Durch die Entscheidung des Bundesverfassungsgerichts[21] sind die Zweifelsfragen, die nach 1994 entstanden sind, beseitigt. Es ist festzuhalten, daß die Auslagenpauschale keinen Verstoß gegen verfassungsrechtliche Grundsätze darstellt. Sie wird gestützt auf § 1 Abs. 1d i.V. mit § 11 Abs 1 GKG und Nr. 9003 KV GKG.

Kostenschuldner ist gem. § 56 Abs. 2 GKG derjenige, der die Aktenversendung beantragt hat, d. h. im Strafverfahren grundsätzlich der Strafverteidiger, da dessen Mandant kein persönliches Akteneinsichtsrecht beanspruchen kann. Die Folge davon ist, daß der Strafverteidiger die Kosten persönlich schuldet. Obwohl die Auslagenpauschale sofort nach ihrer Entstehung fällig wird, kann in Straf- und OWi-Sachen die Aktenversendung nicht von der Zahlung eines Auslagenvorschusses (abweichend von § 64 Abs. 2 GKG) abhängig gemacht werden (§ 68 Abs. 2 GKG).

Werden die Akten lediglich in den Diensträumen des Absenders bereitgelegt, holt sie der Rechtsanwalt selbst bei der Staatsanwaltschaft oder bei Gericht ab, fällt selbstverständlich keine Aktenversendungspauschale an[22].

Gelegentlich wird es angezeigt sein, vor Akteneinsicht bereits für den Mandanten aktiv zu werden, etwa selbst zu ermitteln. Die **eigene Ermittlungstätigkeit** des Verteidigers ist bei Staatsanwaltschaft und Gerichten nicht gerne gesehen, desungeachtet hat der Strafverteidiger das Recht, in jeder Sache selbst zu ermitteln[23].

---

21 Beschl. v. 6. 3. 1996, StV 96, 331.
22 Weitere Einzelheiten bei *Notthoft*, Auslagenpauschale bei Aktenversendung, AnwBl 95, 538 ff.; *Henke*, Aktenversendungspauschale, AnwBl 96, 403).
23 *Beulke*, Strafbarkeit des Verteidigers, Rdnr. 86 ff.; *Jungret*, StV 1981, 100; *Rückel*, Rdnr. 9 ff.; *Schlothauer*, Rdnr. 47; *Weihrauch*, Rdnr. 92 ff.

1 Zur Mandatsübernahme

In Verkehrsstrafsachen empfiehlt es sich gelegentlich, die Unfallstelle zu besichtigen, möglicherweise auch unter Beiziehung eines Sachverständigen. Möglichst bald nach dem Unfall sollten zur späteren Verwendung in der Hauptverhandlung Lichtbilder von der Unfallstelle gefertigt werden, vor allem wenn mit örtlichen Veränderungen zu rechnen ist (Beispiel: Sichtverhältnisse an einer Kreuzung nach einem Getreidefeld; bis zur Hauptverhandlung hat sich dort viel geändert). U.U. ist auch die Sicherung des Verletzungsbildes durch ein entsprechend großformatiges Buntfoto ratsam.

10 Die **Anhörung von Zeugen** ist gewiß nicht unproblematisch. Der Verteidiger kommt schnell in den Verdacht, er habe zumindest den Anschein einer unzulässigen Zeugenbeeinflussung gesetzt. Erscheint der Mandant zusammen mit einem Zeugen und wünscht die Anhörung dieses Zeugen durch seinen Verteidiger, sollte in jedem Falle ein Vermerk gefertigt werden, der vom Zeugen zu unterschreiben ist[24]. Der Vermerk sollte die Tatsache festhalten, daß der Zeuge in der Kanzlei erschien, von dem Anwalt darauf hingewiesen wurde, daß er, der Zeuge, nicht verpflichtet ist, dem Anwalt Auskunft über seine Beobachtungen zu geben. Von wesentlicher Bedeutung ist, daß der Zeuge darauf hinzuweisen ist, daß er sowohl der Staatsanwaltschaft als auch dem Gericht gegenüber keineswegs verschweigen darf, daß er von dem Anwalt befragt wurde. Auch diese Belehrung sollte der Zeuge unterschreiben. Wird die Belehrung unterlassen, setzt sich der Verteidiger selbst, aber auch den Zeugen, peinlichen Situationen aus. Peinlich kann es in der Hauptverhandlung werden, wenn ein Zeuge auf Befragen einräumen muß, daß er überhaupt keine Schreibmaschine besitzt und die schreibmaschinengeschriebene Unfalldarstellung des Zeugen, die zu den Akten gereicht wurde (etwa auch auf der Rückseite des Zeugenanhörungsbogens), nicht von ihm stammt, sondern in der Anwaltskanzlei des Verteidigers bzw. des Nebenklägervertreters geschrieben wurde. Häufig wird jedoch der Zeitaufwand, der mit eigenen Ermittlungen des Verteidigers verbunden ist, diese ungewöhnliche Verteidigertätigkeit verbieten.

Wie mißtrauisch Richter den Bemühungen des Verteidigers gegenüberstehen, durch eigene Vernehmung eines Zeugen der Wahrheit näherzukommen, hat *Plambeck*[25] (nach eigenem Bekunden: früher Schwurgerichtsvorsitzender und Vorsitzender eines erstinstanzlichen Strafsenats) auf der Eröffnungsveranstaltung der Arbeitsgemeinschaft Strafrecht im DAV im November 1984 wie folgt begründet:

---

24 Vorschläge für derartige Vermerke bei *Rückel*, Rdnr. 175; *Weihrauch*, Rdnr. 106.
25 *Plambeck*, Möglichkeiten und Risiken einer effizienten Strafverteidigung, Schriftenreihe der Arbeitsgemeinschaft des DAV, Mainzer Tagung 1984, S. 36.

Nach Akteneinsicht 1

„Es ist immer wieder die Gefahr gegeben, daß einem Zeugen, bei welchem der Verteidiger den „ersten Zugriff" hatte, oft gewiß zu Unrecht, mit Zurückhaltung begegnet wird, der Zeuge irgendwie als „verbraucht" angesehen wird. Im Zweifel sollte der Strafverteidiger deshalb wohl eher den Weg gehen, die Vernehmung des Zeugen durch die Ermittlungsbehörden oder das Gericht anzuregen und ihn auch erst und nur dann zu sistieren, wenn seine Ladung vom Gericht abgelehnt worden ist."

1.4. Nach Akteneinsicht

Sobald die Akten zur Einsichtnahme vorliegen, hat der Anwalt (und nur dieser!, nicht etwa der Bürovorsteher) zu entscheiden, welche Seiten aus den amtlichen Ermittlungs- oder Strafakten zu **kopieren** sind. Nur der Anwalt kann beurteilen, ob scheinbar harmlose Aktenvermerke oder handschriftliche Anmerkungen des Staatsanwaltes oder des Richters für das Verfahren von Bedeutung sein können. Möglicherweise haben wegen bestimmter Fristwahrungen auch Zustellungsurkunden für das Verfahren Bedeutung, sind also zu kopieren.

11

Was kopiert werden muß, entscheidet der Verteidiger alleine. Er muß allerdings eine vorausschauende Würdigung treffen, welche Seiten der Akten für die Verteidigung notwendig sind. Nur in diesem Rahmen kann nach Ansicht des *AG Bremen* später mit der Erstattung der Fotokopierkosten gerechnet werden[26].

Nicht so eng wie das AG Bremen beantwortet das *LG Frankfurt*[27] die Frage nach der Erstattungsfähigkeit der Fotokopierkosten, denn es billigt dem Verteidiger zu, grundsätzlich jede Seite der Ermittlungsakte zu kopieren und nicht nur auf die auf den ersten Anschein bedeutend erscheinenden Seiten. Nach Meinung der Frankfurter Richter liegt die Entscheidung darüber, welche Ablichtungen im Interesse des Beschuldigten geboten sind, alleine beim Strafverteidiger, der sich auch dafür entscheiden kann, die gesamte Strafakte abzulichten, wenn er dies für erforderlich hält. Je umfangreicher die Ermittlungsakten sind, um so großzügiger wird das Gericht bei der Beurteilung der Notwendigkeit der Kopien sein, denn die Frankfurter Richter gehen z. B. davon aus, bei umfangreichen Akten erteile der Anwalt seinen Angestellten die Weisung, die Akte zu kopieren, ohne daß er dabei bestimmte Aktenteile in der Regel ausscheiden könne.

---

26 *AG Bremen*, Beschl. v. 31. 5. 1985, StV 1986, 210.
27 *LG Frankfurt/M.*, Beschl. v. 12. 6. 1987, StV 1987, 450; vgl. auch *AG Bochum*, Beschl. v. 1. 7. 1987, StV 1987, 450.

1   Zur Mandatsübernahme

Nach Herstellung der erforderlichen Kopien sollte jeweils überprüft werden, ob das Büropersonal auch tatsächlich alle Seiten kopiert hat, die zu kopieren waren. Diese Prüfung sollte solange geschehen, solange sich die Original-Akten noch in der Kanzlei des Anwaltes befinden. Wer den Kopien nicht die gebührende Aufmerksamkeit widmet, erlebt spätestens in der Hauptverhandlung Überraschungen. Es kann nicht angehen, daß dem Anwalt weniger an wichtigem Aktenmaterial vorliegt als dem Richter.

Besonderes Augenmerk ist darauf zu richten, ob dem Verteidiger die Akten komplett zur Einsichtnahme überlassen werden, also nicht etwa Beiakten oder Vorstrafenlisten fehlen, was leider häufig zu bemängeln ist. Der Verteidiger hat auch auf Einsicht in diese Aktenteile einen Anspruch gemäß § 147 StPO[28].

11a Sollten ausnahmsweise in einer Verkehrsstrafsache wegen Unfallflucht mehrere sog. „**Spurenakten**" angelegt, aber nicht dem Gericht vorgelegt worden sein, besteht selbstverständlich auch hier ein Akteneinsichtsrecht, wenn auch besonderer Art. Einzelheiten zu diesem Sonderfall sind der Entscheidung *BGHSt* 30, 131 zu entnehmen[29]. Wird die Einsichtnahme in die polizeilichen Spurenakten versagt, kann (theoretisch) der Rechtsweg über § 23 EGGVG gewählt werden[30].

Die Akten sind nach Fertigung der Kopien auch daraufhin zu überprüfen, ob die Kopien tatsächlich das hergeben, was z.B. bei den Akten befindliche Originalfotos hergeben. Gegebenenfalls sind Anmerkungen zu mangelhaften Kopien zu fertigen.

Erst wenn der Akteninhalt erarbeitet wurde, kann der Anwalt entscheiden, wie die Verteidigung zu führen ist.

Mit dem Mandanten ist alsdann der Akteninhalt zu erörtern und abzuklären, ob der Mandant eine Äußerung zu den Akten gibt oder von seinem Recht Gebrauch macht, zu schweigen.

11b Oft wird es schwierig für den Verteidiger sein, seinen Mandanten, der fast immer reden will, davon zu überzeugen, daß **Schweigen** in seinem Fall Gold ist. Zu bedenken ist stets, ob nicht trotz des Schweigens andere Umstände für eine Tatbeteiligung sprechen.

---

28 *BVerfG*, Beschl. v. 7.12. 1982, StV 1983, 137 = NJW 1983, 1043 = NStZ 1983, 131, *OLG Schleswig*, StV 1989, 95.
29 S. auch *BVerfG* NStZ 1983, 273. Weitere Einzelheiten bei *Amelung*, StV 1981, 177, 181; *Weihrauch*, Rdnr. 59.
30 *OLG Hamm* StV 1984, 194; *Weihrauch*, Rdnr. 59.

Die Haltereigenschaft alleine reicht zum Tatnachweis (etwa der Trunkenheitsfahrt, einer Nötigung oder einer Unfallflucht) nicht aus. Mehrere belastende Umstände können sich indes zu einem ernsthaften Tatverdacht verdichten, der dann vom Beschuldigten zu widerlegen wäre, will er der drohenden Verurteilung entgehen. Als solche spezifischen Umstände kommen in Betracht:
– nahe Beziehung zum Fahrzeug bzw. dessen Halter,
– alleinige Anwesenheit am Unfallort unmittelbar nach einem Unfall, wobei es allerdings ausgeschlossen sein muß, daß ein anderer als der Verdächtige das Fahrzeug lenkte,
– Unfallverursachung, die im Zusammenhang mit dem Zustand des Verdächtigen (etwa Trunkenheit) erklärbar wäre,
– Spuren im Fahrzeug, und zwar im Bereich des Fahrersitzes, die mit Verletzungen oder besonderen Merkmalen (z. B. Haare, Textilfasern, markante Schuhsohlenabdrücke) übereinstimmen, die nur beim Verdächtigen vorliegen.

Es hat sich bewährt, dem Mandanten bereits bei der Mandatsübernahme anzuraten, zunächst bei der Polizei keine Einlassung abzugeben. So wird zumindest verhindert, daß mögliche unsinnige Einlassungen des Mandanten zu den Akten gelangen.

Wann und ob sich der Beschuldigte zur Sache einlassen, ob er sich bei der Polizei vernehmen lassen oder ob der Verteidiger eine schriftliche Einlassung des Beschuldigten zu den Akten reichen soll, ist generell nicht zu beantworten. Es hängt immer vom Einzelfall ab. Als Faustregel wird wohl gelten: In einfach gelagerten Verkehrssachen (in anderen Strafsachen kann durchaus etwas anderes gelten) sollte sich der Beschuldigte nur über seinen Verteidiger schriftlich zur Sache äußern. Zwar kann eine schriftliche Äußerung des Beschuldigten, soweit sie von dem Beschuldigten stammt und von ihm unterschrieben wurde, selbst dann in der Hauptverhandlung gem. § 249 StPO verlesen werden, wenn der Beschuldigte nicht mehr zur Sache auszusagen bereit ist, während eine Schutzschrift des Verteidigers, auch wenn sie Äußerungen in der Formulierung des Beschuldigten enthält, nicht verlesen werden kann[31], denn bei einer Stellungnahme des Verteidigers für den Angeklagten kann in der Regel wohl nicht davon ausgegangen werden, der Angeklagte habe diese Erklärung so gebilligt und man könne sie ihm zurechnen.

Im Gegensatz zu *Weihrauch*[32] bin ich allerdings der Auffassung, daß jede Einlassung des Beschuldigten, die über den Verteidiger zu den Akten gelangt,

---

31 *BGH* StV 1993, 623; *OLG Celle* NStZ 1988, 426; *Weihrauch*, Rdnr. 147.
32 *Weihrauch*, Rn. 147.

1 Zur Mandatsübernahme

auch die Unterschrift des Beschuldigten enthalten soll. Damit wird nämlich vermieden, daß der Beschuldigte in der Hauptverhandlung plötzlich erklärt, dies alles habe er nicht so gesagt, das seien ja nur die Formulierungen (und wenn er gar bösartig geworden ist: die Lügen), die sein Verteidiger sich für ihn ausgedacht habe. Es ist allerdings stets zu bedenken, daß eine schriftliche Erklärung des Angeklagten, die dessen Unterschrift trägt, dann eben im Wege des Urkundenbeweises gem. § 249 StPO in die Hauptverhandlung eingeführt und verwertet werden kann, obwohl der Angeklagte in der Hauptverhandlung von seinem Recht Gebrauch macht, sich zur Sache nicht einzulassen. Voraussetzung für die Verwertung im Urkundenprozeß wäre allerdings die eindeutige Feststellung, daß es sich um eine Äußerung des Angeklagten selbst handelt.

11c In diesem Zusammenhang erscheint es wichtig, darauf hinzuweisen, daß es häufig geschieht, daß Mandanten von einem die beste **Ausrede** erfahren wollen. Solche Ansinnen muß der Verteidiger grundsätzlich zurückweisen, ist er doch nicht das „Mietmaul"[33], das manche Richter in ihm gelegentlich sehen wollen. Recht instruktiv ist in diesem Zusammenhang die Entscheidung des Ehrengerichts Hamburg[34]: In einer monatlich erscheinenden Broschüre „Intertours Hamburg-Führer" hatte ein Kollege in einem Artikel mit der Überschrift „Alkohol am Steuer" u. a. folgendes ausgeführt:

„Kommt es zur Kontrolle durch die Polizei, werden Sie meist mit der Frage konfrontiert, ob Sie Alkohol getrunken haben. Die meisten machen den Fehler, wenn sie etwas getrunken haben, eine geringe Menge anzugeben. Denken Sie daran: Sie sind nicht verpflichtet, wahrheitsgemäß gegenüber der Polizei anzugeben, Sie hätten Alkohol getrunken. Sie dürfen vielmehr sagen, Sie hätten nichts getrunken. Wenn Sie nämlich zugeben, ein oder zwei Bier getrunken zu haben, ist die Gefahr, daß Sie in die vielgerühmte Tüte pusten müssen, viel größer, als wenn Sie glaubhaft erklärt haben, nichts getrunken zu haben..."

Das Ehrengericht stellte sich auf den Standpunkt, daß der Anwalt zwar einen Täter dahingehend belehren darf, daß er keine Verpflichtung zur wahrheitsgemäßen Aussage habe, er dürfe aber als Anwalt nicht eine für den Täter günstige unwahre Einlassung veranlassen.

Die herrschende Ansicht zieht auch bei der Strafbarkeit des Verteidigers gem. § 258 StGB diese Grenze: das Erfinden von unwahren Einlassungen kann eine Strafvereitelung darstellen[35].

---

33 Wie Bundesverfassungsrichter *Rottmann* berichtet (BRAK-Mitt. 4/1984, S. 166), soll ein „jüngerer, überheblicher Bundesrichter" Anwälte so bezeichnet haben.
34 Urteil vom 10. 12. 1979, Ehrengerichtliche Entscheidungen 14, 293.
35 S. *Strafrechtsausschuß der Bundesrechtsanwaltskammer*, Thesen zur Strafverteidigung, 1992, S. 11 ff.; Einzelheiten bei *Beulke*, Strafprozeßrecht, Rdnr. 174 ff.; *ders.*, Strafbarkeit

Häufig will der Geschädigte seinen Anspruch aus der **Kasko-** oder **Teilkas-** 11d
koversicherung nicht verlieren. Er wünscht dann vom Anwalt Hilfe beim
Ausfüllen des Unfallfragebogens. Wenn der Anwalt weiß, daß der Geschädigte zum Unfallzeitpunkt alkoholisiert war und deshalb keine Ansprüche
gegenüber dem Kaskoversicherer bestehen, sollte er es grundsätzlich ablehnen, beim Ausfüllen des Unfallfragebogens behilflich zu sein. Es ist überhaupt generell Vorsicht geboten, wenn etwa innerhalb der Familie bestimmte
Fahrerkonstellationen möglich sind, der Kaskoversicherer aber ganz bestimmte Angaben über den Fahrer wünscht. Hier ist es sinnvoll, den Mandanten darauf hinzuweisen, daß man nicht auf der einen Seite wegen einer
möglichen Unfallflucht oder auch wegen einer Trunkenheitsfahrt freigesprochen werden kann und auf der anderen Seite vom Kaskoversicherer bedingungsgemäß entschädigt wird. Vor allen Dingen ist aber der Mandant darauf
hinzuweisen, daß seine Unfallmeldung (sei sie jetzt gegenüber dem Haftpflicht- oder dem Kaskoversicherer abgegeben) stets im Strafverfahren gegen
ihn verwendet werden kann, insbesondere kann der Sachbearbeiter des Versicherers als Zeuge vernommen werden, selbst wenn der Angeklagte dem
widersprechen sollte[36].

Mit dem Mandanten ist auch abzusprechen, ob er willens bzw. in der Lage 12
ist, ein aufwendiges und kostspieliges **Sachverständigengutachten** in Auftrag zu geben. Wer das Glück hat, einen Haussachverständigen zu haben,
kann mit diesem vereinbaren, daß etwaige bei den Akten befindliche Gutachten vom Haussachverständigen (meist gegen geringes Entgelt) überprüft
werden, damit nur in den Fällen ein Gegengutachten erstattet wird, in denen
sich dies tatsächlich lohnt.

Erst nach der Akteneinsicht kann entschieden werden, welchen Arbeits- und
Zeitaufwand das Verfahren voraussichtlich verursachen wird. Hier spielt
selbstverständlich auch die Erfahrung und das Geschick des Anwalts eine
große Rolle, denn mit einiger Mühe kann jedes Verfahren unnötig verlängert,
mit Wissen und Können aber auch gebührend gestrafft werden.

Wenn der Arbeits- und Zeitaufwand festliegt, ist es auch Zeit, über das liebe
Geld nachzudenken und darüber mit dem Mandanten zu sprechen.

---

des Verteidigers, Rdnr. 29 ff.; *Bottke*, ZStW 96 (1984), 726 ff.; *Pfeiffer*, DRiZ 1984, 341 ff. Für ein Beratungsrecht bei der Lüge hingegen u. a.: *Krekeler*, NStZ 1989, 146 ff. jew. m. w. Nachw.
36 *OLG Celle*, Urteil vom 19. 9. 1984, VersR 85, 1075.

1 Zur Mandatsübernahme

1.5. Vom lieben Geld

Anwälte reden nicht gern vom Geld, vielleicht deshalb, weil sich die materielle Lage der Rechtsanwälte in der Bundesrepublik in den letzten Jahren immer weiter verschlechterte. So berichtete mir vor einiger Zeit ein Kollege, Senior einer Großpraxis, er habe doch früher (womit er die goldenen fünfziger Jahre meinte) sich jedes Jahr ein Haus kaufen können; diese Zeiten seien ja nun wohl für immer vorbei.

Wer sich um Zahlen kümmert, wird feststellen, daß 1971 rund 50% der Einzelpraxen ohne Notariat einen **Umsatz** erzielten, der unter der 100000,- DM-Linie lag. 62% der Rechtsanwälte in Einzelpraxen verdienten seinerzeit brutto weniger als 50000,- DM pro Jahr[37].

Das durchschnittliche Jahreseinkommen der Rechtsanwälte soll zwar von 1974 bis 1977 von rund 94000,- DM auf rund 117000,- DM gestiegen sein, allerdings stand dieser Einkommenssteigerung von rund 24% eine Steuersteigerung von rund 41% gegenüber, so daß der durchschnittliche Nettoertrag von 1974 bis 1977 lediglich von 66 auf 77 Tausend Mark stieg[38]; berücksichtigt man auch die inflationäre Einkommenseinbußen, wird von einer Einkommenssteigerung wohl nicht mehr die Rede sein können.

1993 verdiente der Anwahlt in den alten Bundesländern bei einer Mindest-Wochenarbeitszeit von 40 Stunden 139.000,- DM; in den neuen Bundesländern belief sich das durchschnittliche Einkommen bei einer 55-Stunden-Woche auf 84.000,- DM[39].

Einer Statistik für das Jahr 1980 aus dem Bezirk der Rechtsanwaltskammer Koblenz[40] entstammen die nachfolgenden Daten:

Die Zahl der Anwälte belief sich 1980 im Kammerbezirk auf 851.
Die Auswertung von 753 Umsatzmeldungen für das Jahr 1980 ergab einen Durchschnittsumsatz aus reiner Anwaltstätigkeit von 146902,- DM.
50% der zugelassenen Anwälte erreichten 1980 den Durchschnittsumsatz nicht.
Bei 307 Anwälten lag der Umsatz unter 100000,- DM. Hervorgehoben werden muß, daß vom Umsatz je nach Lage und Größe der Praxis 50–60% für Bürounkosten abzuziehen sind; das verbleibende Bruttoeinkommen ist zu kürzen um die Steuern und die Aufwendungen für Alters- und Krankenfürsorge.

---

37 *Marcus*, Wer je vor einem Richter steht, Droste-Verlag Düsseldorf 1976, S. 90.
38 *Weiler/Kayser*, Einkommen und Kosten von Rechtsanwälten..., AnwBl. 1982, 352.
39 *Passenberger*, Daten zur wirtschaftlichen Lage der Anwaltskanzleien in den neuen Bundesländern, BRAK-Mitt 1995, 230.
40 AnwBl. 1983, 502.

Vom Geld 1

Daß sich in den Jahren 1980 bis 1984 die Dinge weiter verschlechtert haben, ergibt sich aus einer Umfrage der Rechtsanwaltskammer Hamm, derzufolge z. B. nur etwa 25% der neuzugelassenen Anwälte ein Einkommen erzielten, das einen ausreichenden Lebensstandard ermöglichte, aber immerhin rd. 47% der jungen Anwälte noch der Unterstützung durch Familienangehörige bedurften[41].

Wer viel Geld verdienen will, sollte besser den Beruf des Zahnarztes ergreifen, lag doch deren Durchschnittseinkommen in den letzten Jahren bald 100% über dem Durchschnittseinkommen der Anwälte[42].

Daß ein Zahnarzt ein monatliches Nettoeinkommen von 40000,- DM erzielen kann, wissen wir spätestens aus der Unterhaltsrechtsentscheidung des *OLG Düsseldorf* vom 4. 10. 1985[43].

Daß Strafverteidigung kein lukratives Feld anwaltlicher Tätigkeit ist, beweist die Tatsache, daß sie nur von einer Minderheit betrieben wird[44]. Wie sich der Umsatz und die Kosten einer Strafverteidigerpraxis konkret gestalten, legte erstmals der Bremer Kollege *Heinrich Hannover* für seine Praxis offen[45]; der Umstand, daß der Kollege *Hannover* einmal mit Defizit arbeitete, wird manchen jungen Kollegen davon abhalten, sich der Strafverteidigung zuzuwenden.

Über das Geld sollte man gleich zu Beginn des Mandatsverhältnisses mit der Klientel reden. Es wäre illusionär, ein derartiges Gespräch zu unterlassen, weil man auf die Großzügigkeit des Mandanten baut. Großzügige Mandanten sind selten. Mir ist weder aus eigener Praxis, noch aus der Strafverteidigung befreundeter Kollegen ein Fall bekannt, in dem Klienten eine Großzügigkeit an den Tag legten, wie sie vor der französischen Revolution in Frankreich sicher nicht alltäglich war, aber immerhin doch hie und da angetroffen wurde. Der große französische Advokat *Berryer* schildert jedenfalls in seinen Lebenserinnerungen[46] Erstaunliches über dankbare Klienten. Da

---

41 *Winters*, Jahresbericht 1984, 1985, AnwBl. 1985, S. 340. Über Einzelheiten der Einkommenssituation der Anwälte, insbesondere der Zulassungsjahrgänge 1980–1985, informiert die sog. „Hommerich-Studie" (vgl. Beilage zu AnwBl. 5/1988, S. 26 ff.).
42 S. oben Fußn. 38.
43 FamRZ 1986, 93.
44 *Schlothauer*, StV 1981, 433. Im benachbarten Ausland scheint es ähnlich zu sein. So beträgt z. B. in Belgien die Gebühr für die Verteidigung in einem OWi-Verfahren vor dem Polizeigericht 4000 bfrs = 200,- DM und in einer einfach gelagerten Verkehrsstrafsache 7000,- bfrs = 340,- DM (*Maier-Kocks*, Das anwaltliche Gebührenrecht in Belgien, BRAK-Mitt. 1995, 190 ff. mit weiteren Hinweisen).
45 *Hannover*, StV 1981, 487 ff.
46 Souvenirs de M. Berryer, Paris, 1839, Tome I, S. 88 ff.

1   *Zur Mandatsübernahme*

erhält der Advocat *Gerbier* ein Verteidigerhonorar von 300 000 frs, Maitre *Duvaudier* wird von einer dankbaren Klientin mit einer Kutsche, zwei Pferden und einer lebenslänglichen Jahresrente von 4000 frs zur Deckung der laufenden Unterhaltskosten belohnt, während eine andere Klientin ihrem Anwalt, dem Maitre *Boudot*, während dessen zwei Monate dauernder Abwesenheit von daheim einen kompletten Pavillon erbauen und einrichten läßt.

1.5.1. Honorarvereinbarung[47]

14   Wer sich beim nicht rechtsschutzversicherten Mandanten vor Überraschungen schützen will, der schaffe bereits bei der Mandatsübernahme, spätestens aber ausreichende Zeit vor der ersten Hauptverhandlung, über die ihm zustehenden Gebühren Klarheit.

Nicht rechtsschutzversicherte Mandanten stellen gelegentlich die Frage, ob sie keinen Anspruch auf einen Pflichtverteidiger haben. Obwohl wie bereits dargelegt (oben Rdnr. 4) im Schrifttum z. T. die Auffassung vertreten wird, auch bei Verkehrsdelikten, insbesondere in Fällen der fahrlässigen Tötung und immer dann, wenn der Entzug der Fahrerlaubnis drohe, könne es sich um einen Fall der notwendigen Verteidigung gem. § 140 Abs. 2 StPO handeln[48], ist der Mandant dahingehend zu belehren, daß ein derartiger Antrag erfahrungsgemäß in der Praxis daran scheitern wird, daß die Gerichte die Auffassung vertreten, es läge kein Fall der notwendigen Verteidigung vor. Dies soll aber die Verteidigung nicht hindern, in geeignet erscheinenden Fällen einen Antrag auf Beiordnung als Pflichtverteidiger zu stellen. Damit zwischen dem Mandanten und dem Anwalt aber klare Verhältnisse geschaffen werden, muß der Mandant zumindest darauf hingewiesen werden, daß dann, wenn das Gericht die Beiordnung als Pflichtverteidiger ablehnt, der Mandant die Gebühren des Verteidigers aus der eigenen Tasche zahlen muß.

Um alle Zweifel auszuschalten, veranlasse ich meine Mandanten regelmäßig, eine Honorarvereinbarung abzuschließen (vgl. **Muster 2: Honorarvereinbarung**, unten Rdnr. 121). Dabei hat es sich als zweckmäßig herausgestellt, für einzelne Verfahrensabschnitte bestimmte Gebühren zu vereinbaren. Bei einem Pauschalhonorar treten erfahrungsgemäß Schwierigkeiten auf, wenn das Honorar für das Ermittlungsverfahren und eine möglicherweise länger

---

47   Ausführlich: *Madert*, Anwaltsgebühren in Straf- und Bußgeldsachen, 2. Aufl., 1996.
48   S. oben Fußn. 11, ausführlich *Molketin*, Die notwendige Verteidigung bei Verkehrsdelikten, NZV 1989, 93.

dauernde Hauptverhandlung vereinbart wurde, jedoch das Verfahren durch die Staatsanwaltschaft eingestellt wird oder aber bereits nach einer kurzen Hauptverhandlung das Verfahren beendet wird.

Bei der Verteidigung eines Kollegen fordert man in der Regel kein Honorar, da davon auszugehen ist, daß der Kollege, so er denn ein Herr (eine Dame) ist, weiß, wie er (sie) sich in derartigen Fällen seinerseits (ihrerseits) zu verhalten hat. Kommt aber eine Honorarvereinbarung zustande, sollte in analoger Anwendung des § 6 AGOAL (Ärzterabatt) ein in der BRAGO nicht vorgesehener „Anwaltsrabatt" von 15% gewährt werden.

Erfolgshonorare sind grundsätzlich nicht zu fordern, da sie standesrechtlich unzulässig wären (§ 41 Abs. 2 der bisher geltenden Standesrichtlinien)[49], zum anderen der Mandant unabhängig vom Erfolg den Arbeitsaufwand des Verteidigers ausgleichen soll.

Bei vereinbarten Honoraren ist zu beachten, daß diese das Fünf- bis Siebenfache der gesetzlichen Gebühr nicht überschreiten sollen. Kommt es nämlich zur Auseinandersetzung zwischen Anwalt und Mandant wegen des Honorars, d. h. muß der Anwalt gerichtliche Hilfe in Anspruch nehmen, wird zwar die Honorarvereinbarung als wirksam angesehen, wenn sie schriftlich vorliegt, indes kann das Gericht das Honorar herabsetzen, wenn das vereinbarte Honorar unter Berücksichtigung aller Umstände unangemessen hoch wäre (§ 3 Abs. 2 Satz 1 BRAGO). Frei vereinbarte Honorare sind nicht zu beanstanden, wenn sie im Rahmen des „Regelmäßigen" liegen. Dies ist immer dann der Fall, wenn das geforderte Honorar nicht höher liegt als das Fünf- bis Siebenfache der gesetzlichen Gebühren[50].

Von Bedeutung sind die gesetzlichen **Mittelgebühren** gemäß § 83 BRAGO. 15

Bei einer fahrlässigen Tötung liegt die Mittelgebühr für eine Hauptverhandlung vor dem Schöffengericht bei 570,– DM. Ein vereinbartes Honorar sollte in diesem Fall den Betrag von 3 990,– DM nicht überschreiten, obwohl anzumerken ist, daß nicht viele Mandanten in der Lage sind, ein solches Honorar aufzubringen.

Sollte ausnahmsweise eine Honorarvereinbarung über das Siebenfache der gesetzlichen Gebühren hinausgehen, empfiehlt sich die Angabe der besonderen Gründe für diese Honorarhöhe in der Honorarvereinbarung. Ein Maßstab für die Honorarvereinbarung ist die Arbeitsbelastung des Verteidigers.

---

49 S. oben bei Fußn. 2.
50 *LG Berlin*, Urteil v. 21. 9. 1981, AnwBl. 1982, 262.

1 Zur Mandatsübernahme

Werden pro Stunde Arbeitsbelastung 200,– bis 300,– DM in Ansatz gebracht, so liegt eine durchschnittliche Kostenkalkulation vor. Mit diesem Betrag würde sie allerdings über der französischen Praxis liegen, die in Paris von einer Stundenvergütung von 350–700 frs (also 100–200,– DM) ausgeht, sie würde aber in etwa der niederländischen Praxis entsprechen, wo sich das Anwaltshonorar u. a. sowohl nach dem Zeitaufwand als auch nach einem bestimmten Stundenhonorar errechnet, das jedes Jahr neu festgelegt wird und das 1985 236,– hfl betrug[51]. Auch die amerikanischen Anwälte rechnen in aller Regel auf Stundenbasis ab. Während in ländlichen Gebieten der Stundenlohn bei 50–150,– Dollar liegt, muß man etwa in New York mit 150–400,– Dollar rechnen[52]. In Verkehrssachen ist vom Mandanten sicher nicht das große Geld zu erwarten, verspricht Ihnen ein Mandant aber das Blaue vom Himmel, vertrauen Sie derartigen Versprechungen nicht. Vorsicht ist bei Mandanten am Platz, bei denen „Geld keine Rolle" spielt; wer sich ernsthaft überlegt, wie er ein Honorar in Raten bezahlen kann, der wird das Honorar nicht schuldig bleiben, denn für ihn „spielt Geld sicher eine Rolle".

15a Neben der Vereinbarung des Honorars sollte der Anwalt die Vereinbarung eines **Vorschusses** nicht vergessen. Der Anwalt hat das Recht, nicht nur für entstandene, sondern auch für voraussichtlich entstehende Gebühren und Auslagen einen angemessenen Vorschuß zu verlangen (§ 17 BRAGO). Da nach Prozeßende Mandanten recht häufig an der Höhe des vereinbarten Honorars herummäkeln, wenn ein Strafverfahren nicht den Verlauf nahm, den der Mandant erwartete, sollte der Anwalt rechtzeitig genug seine Gebührenforderung sichern. Dies geht am einfachsten immer noch mit der Anforderung eines angemessenen Vorschusses. Entgegen der weitverbreiteten Auffassung in Anwaltskreisen, ein angemessener Vorschuß bestehe allenfalls in etwa 1/2 der voraussichtlich entstehenden Gebühren, ist darauf hinzuweisen, daß der Vorschuß in der vollen Höhe der zu erwartenden Ansprüche des Anwalts gefordert werden kann.

Bleibt der Mandant das Honorar schuldig, bestehen keine Bedenken, den säumigen Schuldner mittels Mahnbescheid an die säumige Schuld zu erinnern. Schlechter anwaltlicher Stil ist es indes, den früheren Mandanten bei Nichtzahlung des Honorars bei der Staatsanwaltschaft wegen Betrugs anzuzeigen.

---

51 Frankreich: AnwBl. 1983, 443; neuere Zahlen: AnwBl. 89, 320; Niederlande: *Kuijper*, Die Anwaltschaft in den Niederlanden, BRAK-Mitt. 3/1985, S. 135.
52 *Allerkamp*, BRAK-Mitt. 1/1985, S. 22.

1.5.2. Gesetzliche Gebühren

Fehlt eine Honorarvereinbarung, kann der Anwalt lediglich die gesetzlichen Gebühren vom Mandanten verlangen. Diese Gebühren sind nicht üppig, indes kann der Anwalt davon leben, insbesondere, wenn ihm der Mandant tatsächlich die geschuldeten Gebühren auch zahlt. 15b

In besonders schwierigen Fällen, die einen erheblichen Arbeitsaufwand erfordern, kann von der Mittelgebühr abgewichen und ein Betrag verlangt werden, der bis zur Höchstgebühr geht. 285,– DM für das vorbereitende Verfahren (Mittelgebühr gem. § 84 BRAGO) ist in der Regel zu wenig, um den Arbeitsaufwand des verantwortungsvollen Verteidigers auszugleichen. Wer allerdings bis zur Eröffnung des Hauptverfahrens lediglich die Verteidigerbestellung zu den Akten reichte und sich weder mit dem Mandanten unterhielt noch Akteneinsicht begehrte, der ist bereits mit der Mittelgebühr von 285,– DM im Vorverfahren überbezahlt. Wer die Höchstgebühr für die Tätigkeit außerhalb der Hauptverhandlung in Revisionssachen auf 1030,– DM festsetzte (§ 86 BRAGO), der hat sicherlich nie eine Revisionsbegründung entworfen. Wer allerdings die Revision nur damit begründet, daß er die Verletzung materiellen Rechts rügt, ohne diese Sachrüge weiter auszuführen, der wird bereits mit der Mindestgebühr von 70,– DM hinreichend entlohnt.

Wer seine Gebühren allzu forsch und möglicherweise falsch berechnet, sollte gelegentlich an die Strafvorschrift des § 352 StGB denken.

Rechtsschutzversicherungen gegenüber werden normalerweise die Mittelgebühren in Rechnung gestellt. Angesichts nachlassender Erträge der Rechtsschutzversicherer ist es verständlich, daß die Rechtsschutzversicherer häufig den Versuch unternehmen, die Anwaltsgebühren zu schmälern. Bei normalen Straßenverkehrssachen ist dies allerdings nicht so häufig wie gerade bei OWi-Sachen. In OWi-Verfahren wird sehr häufig der Versuch unternommen, die geltendgemachten Gebühren zu kürzen. In diesem Falle empfiehlt es sich, dem Rechtsschutzversicherer die einzelnen Stationen der anwaltlichen Tätigkeit kurz zu skizzieren, um darzulegen, daß der Gebührenanspruch des Verteidigers begründet ist. Eine Orientierungshilfe für die Forderung angemessener Gebühren liefert die umfangreiche Rechtsprechung im Zusammenhang mit der Kostenfestsetzung der dem Freigesprochenen erwachsenen notwendigen Auslagen. 16

Die Überlegungen zum **Vorschuß** nach einer Honorarvereinbarung (vgl. Rdnr. 15) gelten auch gegenüber dem Rechtsschutzversicherer. Zwar besteht zwischen dem Verteidiger und der Rechtsschutzversicherung keine unmittel-

1 Zur Mandatsübernahme

bare Rechtsbeziehung, jedoch hat der Versicherungsnehmer gem. § 1 Abs. 2 der Allgemeinen Bedingungen für die Rechtsschutzversicherung einen Anspruch gegen seinen Versicherer auf Freistellung von der Vorschußpflicht. Fordert daher der Anwalt von seinem Mandanten einen Vorschuß an, so hat der Rechtsschutzversicherer den Vorschuß zu zahlen. Da der Rechtsschutzversicherer in Erfüllung einer Verpflichtung aus dem Versicherungsvertrag den Vorschuß an den Anwalt überweist, kann der Rechtsschutzversicherer nie gezahlte Vorschüsse vom Anwalt zurückverlangen, selbst dann, wenn nachträglich eine Deckungszusage widerrufen wird oder aber nachträglich der Deckungsanspruch entfällt, etwa weil der Versicherungsnehmer wegen einer vorsätzlichen Tatbegehung verurteilt wurde.

Gerade in den Fällen, in denen der Versicherungsnehmer Gefahr läuft, wegen eines Vorsatzdeliktes verurteilt zu werden (z. B. in den Fällen des § 316 StGB), empfiehlt es sich immer, einen angemessenen Vorschuß beim Rechtsschutzversicherer anzufordern.

Bei **Ratenzahlungsanträgen** ersetzt der Rechtsschutzversicherer nur dann die Gebühren des Anwalts gem. § 91 BRAGO, wenn die verhängte Geldstrafe oder -buße über 500,– DM liegt (§ 21 Abs. 4, lit. c ARB).

2. Die wichtigsten Straftatbestände

Wer sich mit Verkehrsstrafrecht befaßt, befindet sich in der scheinbar glücklichen Situation, nur wenige Straftatbestände kennen zu müssen. Das verführt dazu, relativ selten den Kommentar zu Rate zu ziehen, da man meint, die Problematik der einzelnen Straftatbestände genau zu kennen. Vor dieser Auffassung kann nicht dringend genug gewarnt werden.

Die nachfolgenden Erläuterungen und Hinweise zu einzelnen Straftatbeständen sollen und können das Studium der einschlägigen Kommentare oder Monographien nicht ersetzen. Die nachfolgenden Anmerkungen zu den einzelnen Tatbeständen sollen einen Überblick zur Problematik der einzelnen Straftatbestände verschaffen. Die einzelnen Fundstellen zur höchstrichterlichen Rechtsprechung oder Literatur sind im Zweifelsfall im Original nachzulesen.

Abschließend ist dringend davor zu warnen, der Auffassung zu huldigen, Verkehrsstrafrecht könne man mit links erledigen und praktizieren. Wie verantwortungsvoll auch im Verkehrsstrafrecht die Tätigkeit des Verteidigers sein kann, zeigt die Rechtsprechung zum Problem des Tötungsvorsatzes bzw. der Widerstandsleistung durch Gewalt in den Fällen, in denen ein Kraftfahrer auf einen Polizisten zufährt, um sich einer Verkehrskontrolle zu entziehen[1].

2.1. Fahrlässige Tötung (§ 222 StGB)

Rechtsgut i. S. d. § 222 StGB ist der **lebende** Mensch. Daher kann die Tatsache, daß ein Unfallopfer bereits vor dem Verkehrsunfall tot war, Bedeutung im Rahmen der Tatbestandsprüfung erlangen. Zu denken ist in diesem Zusammenhang an die Fälle, in denen z. B. ein Fußgänger vor dem Überrolltwerden durch den PKW des A vorher durch den PKW des B zu Fall gebracht und getötet wurde, oder, in denen ein Autofahrer oder Fußgänger kurz vor dem Unfall einen tödlichen Herzinfarkt erlitt[2].

17

---
1 *OLG Hamm*, Urteil vom 28. 2. 1973, NJW 1973, 1240; *OLG Zweibrücken*, Beschl. vom 1. 7. 1974, VRS 48, 20; *BGH*, Urteil vom 24. 7. 1975, NJW 1975, 1934; Beschl. vom 18. 6. 1982, StV 1982, 509 = VRS 64, 112; Urteil vom 21. 10. 1982, VRS 64, 191; Urteil vom 7. 6. 1983, VRS 65, 351.
2 Dazu *Hartmann*, Der Tod am Volant, DZgerichtlMed. 57 (1966), 357. *Hartmann* berichtet aus dem Erfahrungsgut des Züricher Gerichtsmedizinischen Instituts (Zeitraum: 1933 bis 1964).

2 Straftatbestände

Die Behauptung, das Unfallopfer, das erst einige Wochen nach dem Unfall starb, sei nicht an den Unfallverletzungen gestorben, wird zwar im Rahmen des § 222 StGB beachtlich werden, indes besteht keine Aussicht, den Tatbestand des § 230 StGB aus der Welt zu schaffen, wenn die Unfallverletzung selbst nicht geleugnet werden kann.

Der Nachweis in den vorstehend genannten Beispielen wird mitunter schwierig zu führen sein, er wird stets eine Obduktion voraussetzen. Ob es immer taktisch klug ist, die Obduktion (und möglicherweise auch die Exhumierung) des Verkehrsopfers zu beantragen, kann nur im Einzelfall entschieden werden. Jedenfalls existiert kein Erfahrungssatz, demzufolge etwa der acht Tage nach einem schweren Unfall mit Schädelverletzungen und schwerem Unterschenkelbruch im Krankenhaus eingetretene Tod eines 74 Jahre alten Verkehrsopfers nur auf den vorausgegangenen Unfall zurückzuführen ist (*OLG Hamm*, Urteil vom 6.3.1970, VRS 39, 335).

Zwischen dem Verkehrsverstoß, der grundsätzlich das fahrlässige Handeln indiziert, und dem Tod des Opfers muß Kausalität bestehen. Die Tatsache, daß ein erheblich angetrunkener PKW-Fahrer einen tödlichen Unfall verursacht, bedeutet nicht in jedem Falle, daß er auch den Unfall **schuldhaft** verursacht hat, da ungeachtet der Fahruntüchtigkeit das alleinige Verschulden am Zustandekommen des Unfalles beim Unfallgegner liegen kann (etwa beim entgegenkommenden Mofafahrer, der plötzlich in die Fahrbahn des angetrunkenen PKW-Fahrers gerät).

Ähnlich verhält es sich beim Fahren mit Reifen ohne Profil. Wird mit solchen Reifen auf trockener Fahrbahn gebremst, verbessert sich die Bremswirkung, d.h. der Verstoß gegen § 36 Abs. 2 Satz 3 StVZO kann im Ausnahmefall bessere Bremsbedingungen schaffen; wer seine Geschwindigkeit dem schlechten Reifenzustand anpaßt, kann nicht wegen mangelnder Bereifung für einen Unfall verantwortlich sein[3].

Ob ein Verkehrsverstoß vorliegt, ist den Vorschriften der StVO, StVZO und den übrigen Verkehrsgesetzen zu entnehmen. Im einzelnen ist auf die reichhaltige Kasuistik in den einschlägigen Kommentaren hinzuweisen. Im Rahmen der Fahrlässigkeitsprüfung spielt der Umfang der Sorgfaltspflichtverletzung die entscheidende Rolle. Wer Verkehrsvorschriften verletzt, verhält sich grundsätzlich nicht so sorgfältig, wie dies von ihm als Verkehrsteilnehmer verlangt werden kann.

---

3 *BGH*, Urteil vom 9.7.1969, VRS 37, 276; *BayObLG* DAR 1989, 271.

Wer sich aber selbst verkehrsgerecht verhält, darf grundsätzlich darauf vertrauen (daher: **Vertrauensgrundsatz**[4]), daß sich auch die anderen Verkehrsteilnehmer – zumindest bis zum Erkennen des Gegenteils – ebenfalls verkehrsgerecht verhalten. Der Vertrauensgrundsatz gilt aber nicht: 18

– bei eigenem Fehlverhalten,
– bei erkennbar verkehrswidrigem oder unvernünftigem Verhalten anderer Verkehrsteilnehmer,
– bei kleineren Kindern oder hochbetagten Leuten,
– bei Kindern, wenn sie am Fahrbahnrand oder auf dem Bürgersteig spielen.

Schließlich ist daran zu denken, daß in Ausnahmefällen scheinbare Verkehrsopfer Selbstmörder sind. Nach meinen eigenen Untersuchungen dürften etwa 1–2% aller Straßenverkehrsunfälle einen suizidalen Hintergrund haben. Schätzungen amerikanischer Autoren, die bei 5% der Verkehrstoten Selbstmörder vermuten, sind ebenso unrealistisch wie gelegentlich in der Literatur zu findende Prozentsätze zwischen 5 und 50%.[5]

Handelt es sich bei dem Getöteten um einen Beifahrer bzw. sonstigen Fahrzeuginsassen, der die Defizite des Fahrers (z. B. den Grad der Trunkenheit) oder Fahrzeugs kannte, könnte man an Straflosigkeit nach dem Gesichtspunkt der eigenverantwortlichen Einwilligung des (einsichtsfähigen) Opfers denken. Die Rechtsprechung, die bei Mitwirkung an Selbstgefährdungen im Zusammenhang mit Rauschmitteln tatsächlich den Vorwurf der fahrlässigen Tötung zurückweist[6], entscheidet jedoch bei fahrlässigen Tötungen im Straßenverkehr anders. Auch wenn das spätere Tatopfer die Gefahren kannte, beseitigt seine eigenverantwortliche Entscheidung der Inkaufnahme der Gefahr nicht die Strafbarkeit gem. § 222 StGB[7]. Begründet wird das mit der Sittenwidrigkeit der Einwilligung in die Lebensgefährdung (§ 226a StGB). Diese Rechtsprechung stuft also die Tötung des Beifahrers als strafbare „einverständliche **Fremd**gefährdung" ein, im Gegensatz zur straflosen „Mitwirkung an fremder **Selbst**gefährdung"[8].

Nach der ständigen Rechtsprechung der Obergerichte wird in derartigen Fällen grundsätzlich Strafaussetzung bewilligt. Mit Strafaussetzung ist aber

---

4 Zum Vertrauensgrundsatz vgl. *Jagusch/Hentschel*, Stichwort Vertrauensgrundsatz; *Dreher/Tröndle*, § 222 StGB, Anm. 12; *Janiszewski*, Rdnr. 100–103.
5 *E. Müller*, Selbstmord und Selbstmordverhütung nach Verkehrsunfällen, Handbuch der Verkehrsmedizin, 1968, S. 1067. *Middendorff*, Untersuchungen zur Trunkenheitskriminalität im Straßenverkehr, BA 1987, 39 mit Hinweisen auf neuere Literatur. *E. Müller*, Selbsttötung im Straßenverkehr, NZV 1990, 333.
6 *BGHSt* 32, 262 (264ff.); *BGH* NStZ 1985, 319.
7 Vgl. *BGHSt* 4, 93 und weitere Nachweise bei *Dreher/Tröndle* § 226a Rdnr. 5.
8 *Dölling* GA 1984, 71ff.

2 Straftatbestände

auch dann zu rechnen, wenn ein Mitverschulden des Opfers vorliegt, so z. B., weil das Tatopfer als Fahrer oder Insasse eines Fahrzeuges den Sicherheitsgurt nicht angelegt hatte und der Unfall bei angelegtem Sicherheitsgurt keinen tödlichen Verlauf genommen hätte[9].

Zur entsprechenden Problematik bei der Verletzung eines Mitfahrers s. unten Rn. 20. Zur Gefährdung eines Mitfahrers bei § 315 c StGB s. unten Rdnr. 24. Weitere Überlegungen zur Strafzumessung finden sich unten bei Rdnr. 91.

2.2. Fahrlässige Körperverletzung (§ 230 StGB)

19 Für die **fahrlässige Körperverletzung** gilt das zum Tatbestand bei der fahrlässigen Tötung vorstehend Gesagte sinngemäß, indes mit der Einschränkung, daß hier nur die Gesundheitsschädigung oder körperliche Mißhandlung den Gegenstand der Tat bildet.

In vielen Fällen wird es sich lohnen, von dem Geschädigten behauptete HWS-Schleudertraumata näher untersuchen zu lassen. Aus Schadensersatzprozessen ist bekannt, daß relativ häufig ein HWS-Schleudertrauma behauptet wird, obwohl dies medizinisch nicht nachzuweisen bzw. in den meisten Fällen weder positiv noch negativ geklärt werden kann. Eingehende biomechanische Bewertungen des Unfallablaufs, d. h. wenn physikalische und medizinische Unfallparameter in Beziehung gesetzt werden, wird häufig eine Aussage möglich sein, ob bei einem bestimmten Unfallablauf eine unphysiologische Belastung der Halswirbelsäule auftreten konnte. Eine Untersuchung des Instituts für Rechtsmedizin der Universität München[10] ergab, daß in den Jahren 1978 bis Mitte 1992 183 Begutachtungen sog. *zweifelhafter* HWS-Schleudertrauma-Fälle zu folgendem Ergebnis führten: In 84% der Fälle konnte **kein** HWS-Schleudertrauma eingetreten sein, in 10% der Fälle war es nicht ausschließbar, aber sehr unwahrscheinlich, während lediglich in 6% der Fälle ein HWS-Schleudertrauma für möglich gehalten wurde.

Neben einer medizinischen Untersuchung ist allerdings eine begleitende biomechanische Untersuchung durch einen KFZ-Sachverständigen erforderlich, um in Zweifelsfällen Klarheit darüber zu verschaffen, ob bei leichte-

---

9 So z. B. *LG Koblenz*, Urteil vom 12. 8. 1986, StV 1987, 397 mit Rechtsprechungshinweisen.
10 *Schuller/Eisenmenger*, Die verletzungsmechanische Begutachtung des HWS-Schleudertraumas, Unfall- und Sicherheitsforschung, Straßenverkehr, Heft 89 (1993), zitiert nach NZV 94, 310.

ren Zusammenstößen, insbesondere bei Streifkollisionen, es tatsächlich zu einer Verletzung des angeblichen Opfers kam. Erste Zweifel sollten dann auftauchen, wenn sich in dem Arzttattest Bezugnahmen auf „glaubhafte Angaben bzw. Beschwerden" finden. Die „Glaubhaftigkeit", die in einem Arzttattest erwähnt wird, steht in der Regel für diagnostische Defizite und/oder fehlende traumatologische Erfahrungen des Gutachters.

In der medizinischen und technischen Literatur sollte nachgeprüft werden, ob der jeweilige Fall geeignet ist, aufwendige medizinische bzw. kfz-technische Gutachter zu beauftragen bzw. beauftragen zu lassen[11].

Das Delikt der fahrlässigen Körperverletzung bietet aber prozessuale Besonderheiten. Diese bestehen darin, daß es sich eigentlich um ein Privatklagedelikt handelt. Privatklagedelikte klagt die Staatsanwaltschaft nur dann an, wenn ein **öffentliches Interesse** an der Strafverfolgung besteht (§ 376 StPO).

Im Gegensatz zur fahrlässigen Tötung, bei der eine Einwilligung des später getöteten Mitfahrers rechtlich unbeachtlich wäre, kommt der **Einwilligung des Verletzten** bei der fahrlässigen Körperverletzung mitunter Bedeutung zu. In den letzten Jahren beschäftigten sich allerdings die Gerichte überraschend selten mit dem Tatbestand des § 226 a StGB, da kaum veröffentlichte Entscheidungen dazu zu finden sind, so daß auf die ältere Judikatur verwiesen werden muß[12].

Bloßes Mitfahren in einem Auto bedeutet noch keine schlüssige Einwilligung in Verletzungen bei einem Verkehrsunfall, so genügt insbesondere nicht die Tatsache alleine, daß Fahrer und Beifahrer Eheleute sind[13]. Die Einwilligung setzt voraus, daß der Einwilligende Kenntnis von dem Ausmaß der Gefährlichkeit einer Fahrt hat, die Folgen übersieht und sich trotzdem entschließt, das mit diesem Vorgang verbundene Risiko auf sich zu nehmen. Dies gilt zudem nur bei **leichteren** Körperverletzungen, da bei schweren, insbesondere dauernden Körperschädigungen eine Einwilligung sittenwidrig und daher unbeachtlich wäre, etwa bei einer Querschnittslähmung[14]; eine schwere

---

11 Sehr ausführlich beschäftigt sich *Elmar Ludolph* mit dem Halswirbeltrauma nach geringer Belastung in dem ausgezeichneten Werk von *Michael Weber*, Die Aufklärung des Versicherungsbetrugs, Münster, Schriftenreihe Unfallrekonstruktion, Ingenieurbüro Schimmelpfennig und Becke 1995.
12 Zusammenstellung bei *Schönke/Schröder/Stree* § 226a Rdnr. 21.
13 *OLG Oldenburg*, Urteil vom 30. 8. 1966, NJW 66, 2132 = VRS 32, 38; *BayObLG*, Urteil vom 17.1. 1968, VRS 36, 121 mit weiteren Rechtsprechungshinweisen. Nur beiläufig erwähnt der *BGH* (Urteil vom 17. 11. 1994, VersR 95, 430) die Problematik des § 226a StGB bei der Fahrt eines Epileptikers, der 13 Fußgänger (12 Verletzte, 1 Toter) zum Opfer fielen. Insassen waren die Ehefrau und der Sohn des Angeklagten, die verletzt wurden.
14 *BGH*, DAR 1961, 138.

2 Straftatbestände

Gehirnerschütterung, verbunden mit dreiwöchiger stationärer Krankenhausbehandlung und länger dauernder Arbeitsunfähigkeit, macht eine Einwilligung nicht sittenwidrig[15].

Ein wichtiges Indiz für die schlüssige Einwilligung ist der Verzicht auf den Strafantrag[16]. Bei Minderjährigen prüft das Gericht in der Regel besonders sorgfältig, ob die Voraussetzungen einer wirksamen Einwilligung vorliegen[17].

Bei einer Alkoholfahrt kann der Mitfahrer zwar wirksam in die Verletzungsfolgen einwilligen, nicht jedoch in die Rechtswidrigkeit der Straßenverkehrsgefährdung nach § 315 c StGB[18]. Deshalb kommt der Einwilligung im Strafverfahren letztlich doch keine so große Bedeutung zu.

Mit dem Mandanten muß in Fällen einer möglichen Einwilligung i. S. d. § 226 a StGB eingehend erörtert werden, daß die Einwilligung des Verletzten erfahrungsgemäß zu einer Minderung, wenn nicht gar zum Verlust seiner zivilrechtlichen Schadensersatzansprüche führen wird[19].

21 Auch wenn die übrigen Voraussetzungen des § 230 StGB erfüllt sind (insbesondere gem. § 77 StGB ein wirksamer **Strafantrag** vorliegt, der auch innerhalb der Frist des § 77 b Abs. 1 StGB gestellt wurde; daß hier der Anwalt prüfen muß, ob der Strafantrag rechtzeitig und durch die dazu Berechtigten gestellt wurde, ist selbstverständlich), wird die Staatsanwaltschaft den Antragsteller in der Regel auf den Weg der Privatklage verweisen, es sei denn, es lägen Gründe in der Person des Täters vor, die es erforderten, die Strafverfolgung durchzuführen. Die berechtigten Belange der Allgemeinheit werden bei leichteren Körperverletzungen keine wesentliche Rolle spielen. Im Gegensatz zur Einstellungsmöglichkeit gem. § 153 StPO bedeutet die Verweisung auf den Weg der Privatklage ein Mehr, denn dem Antragsteller bleibt es überlassen, seinerseits im Weg der Privatklage die Strafverfolgung zu betreiben; nach Verweisung auf den Privatklageweg unternimmt aber erfahrungsgemäß der Antragsteller nichts mehr, zumindest bilden derartige Privatklageverfahren die seltene Ausnahme.

Fehlt der Strafantrag, kann die Staatsanwaltschaft den fehlenden Strafantrag gem. § 232 StGB durch die Bejahung des „besonderen öffentlichen Interesses an der Strafverfolgung" ersetzen.

---

15 *OLG Hamm*, Urteil vom 30. 7. 1970, VRS 40, 25.
16 Vgl. den Fall des schwedischen Polizeioffiziers, der bei einer Fahrt im Funkstreifenwagen in Hannover verletzt wurde: *OLG Celle*, Urteil vom 3. 10. 1968, VRS 36, 417.
17 *BayObLG*, Beschluß vom 31. 5. 1977, VRS 53, 349.
18 *OLG Stuttgart*, Urteil vom 17. 10. 1975, VRS 50, 265; *Janiszewski*, Rdnr. 121.
19 *Fleischmann/Schulze*: Entscheidungssammlung Verkehrshaftpflicht und Verkehrsversicherungsrecht, Essen 1983, Stichwort „Stillschweigender Verzicht", Kap. 4, S. 77.

Fahrlässige Körperverletzung 2

Maßstäbe für die Bejahung des besonderen öffentlichen Interesses setzt die Nr. 243 Abs. 3 RiStBV, danach wird die Staatsanwaltschaft in folgenden Fällen einschreiten:

1. bei einschlägigen Vorstrafen des Täters,
2. bei leichtfertigem Handeln, insbesondere wenn der Täter alkoholisiert war oder unter Einfluß berauschender Mittel stand,
3. wenn der Unfall erhebliche Folgen für den Geschädigten hat.

Die einzelnen Bundesländer haben Orientierungshilfen in Fortführung dieser Richtlinien gegeben, so z.B. in Bayern der Ministerielle Runderlaß vom 18. 10. 1974 (Gz 7400-II-8680/73), auch „Knochenerlaß" genannt.

Besonders vorsichtige Staatsanwälte pflegen in ihren Anklageschriften darauf hinzuweisen, daß nicht nur die Geschädigten Strafantrag gestellt haben, sondern auch die Staatsanwaltschaft das besondere öffentliche Interesse an der Strafverfolgung bejahe; damit soll klargestellt werden, daß eine Rücknahme des Strafantrages durch den Verletzten (bis zum rechtskräftigen Abschluß des Verfahrens kann der Strafantrag gemäß § 77b StGB zurückgenommen werden) nichts daran ändert, daß die Staatsanwaltschaft die Angelegenheit weiter verfolgt wissen will. Ein Argument für die Verweisung auf den Privatklageweg oder das Absehen von dem besonderen öffentlichen Interesse könnte der Hinweis auf die schwedische Regelung sein, derzufolge die fahrlässige Körperverletzung nicht verfolgt wird, wohl aber die Verkehrsordnungswidrigkeit[20]. Auch die französische Regelung, derzufolge die fahrlässige Körperverletzung nur dann verfolgt wird, wenn eine Arbeitsunfähigkeit von mehr als drei Monaten vorliegt (Art. 320 Code pénal), sollte Anlaß zum Nachdenken sein.

Wird der Antragsteller anwaltlich vertreten, sollte nicht verabsäumt werden, mit dem Kollegen Verbindung aufzunehmen, um in geeigneten Fällen die Rücknahme des Strafantrages zu erreichen. Die Zahlung eines angemessenen Schmerzensgeldes sowie eine zufriedenstellende Schadensregulierung durch den Haftpflichtversicherer des Schädigers erleichtert die Korrespondenz mit dem Kollegen, der um Rücknahme des Strafantrags gebeten wird. Daher sollte man zunächst mit dem Haftpflichtversicherer des eigenen Mandanten die strittigen Fragen zuvor abklären.

Im Vorverfahren wird die Rücknahme des Strafantrages möglicherweise am Kostenproblem scheitern; dann sollte aber zumindest für die Hauptverhandlung bereits abgeklärt sein, daß spätestens dort der Strafantrag zurückgenommen wird.

---

20 *Janiszewski*, Rdnr. 461.

2 Straftatbestände

Bis zur Entscheidung des Bundesverfassungsgerichts vom 7. 12. 1983 (VRS 66, 401) bereiteten früher die Fälle Schwierigkeiten, in denen nach rechtskräftiger Verurteilung wegen fahrlässiger Körperverletzung durch Strafbefehl (aber auch bei Einstellung gem. § 153 a StPO) ein Verletzter starb und eindeutig der Tod auf die Verletzungen zurückzuführen war, die er bei dem Unfall erlitten hatte. Die Entscheidung des Bundesverfassungsgerichts stellte klar, daß eine weitere Verfolgung des Täters in diesen Fällen nicht mehr möglich war. Inzwischen ist durch das Strafverfahrensänderungsgesetz 1987 die StPO in den §§ 373 a und 410 geändert worden. Der Strafbefehl wirkt nunmehr wie ein rechtskräftiges Urteil, mit der Folge, daß der etwaige spätere Tod des Opfers nicht zu einem neuen Verfahren wegen fahrlässiger Tötung führen kann[21]. Die einzige Ausnahme interessiert in diesem Zusammenhang nicht, nämlich der Fall, daß sich eine durch Strafbefehl abgeurteilte Tat nachträglich als Verbrechen herausstellt; in diesen Fällen ist die Wiederaufnahme des Verfahrens zuungunsten des Verurteilten zulässig (§ 373 a StPO).

2.3. Trunkenheit im Verkehr (§ 316 StGB)

22 Die Führer von Fahrzeugen, d. h. nicht nur von Kraftfahrzeugen (z. B. PKW, LKW, Motorrad, Mofa) sondern auch die von Fahrrädern, machen sich strafbar, wenn sie im Zustand der Fahrunsicherheit ein Fahrzeug führen (§ 316 StGB). Der Hauptanwendungsbereich des § 316 StGB betrifft die Fälle, bei denen ein Blutalkoholgehalt von 1,1‰ vorliegt, d. h. die Grenze der **absoluten Fahrunsicherheit** überschritten wird[22]. Dieser Grenzwert gilt für Mofas[23], ebenso wie für Fahrer abgeschleppter Fahrzeuge[24].

---

21 Nach *Roxin*, FS-Gallas, 1973, S. 253, entfällt die Möglichkeit der Bestrafung gem. § 222 StGB nicht aus prozessualen (Rechtskraft-)Gründen, sondern aus materiell-rechtlichen Gesichtspunkten, weil der Tod des Opfers i. d. R. nicht mehr im Schutzbereich des § 222 StGB liegt.
22 BGHSt 37, 89. Daß damit die Diskussion um die absolute Fahrunsicherheit beendet wurde, ist nicht anzunehmen, denn seit 1990 geht die Tendenz dahin, einen Grenzwert von 0,5‰ einzuführen (Jahrestagung der Deutschen Gesellschaft für Rechtsmedizin, Köln, September 1990, NZV 1991, 19).
23 BGHSt 30, 251. Diese Entscheidung machte alle vorausgegangenen literarischen Diskussionen und Urteile (z. B. *OLG Zweibrücken* vom 3. 7. 1980 oder *OLG Koblenz* vom 29. 5. 1980 = VRS 59, 264 bzw. 203) zu Makulatur. Hier waren es nicht die berühmten „drei berichtigenden Worte des Gesetzgebers", von denen Herr *von Kirchmann* im Jahre 1847 sagte, sie ließen Bibliotheken zu Makulatur werden (vgl. dazu NJW 1984, 2809).
24 *BGH*, NJW 1990, 1242.

Für Radfahrer gilt der Grenzwert von 1,6‰[25].

Zu beachten ist bei einem Radfahrer, daß der Richter ihm nach einer Alkoholfahrt den Führerschein nicht entziehen kann, weil die Voraussetzungen des § 69 StGB („...bei oder im Zusammenhang mit dem Führen eines Kraftfahrzeuges...") fehlen. Das hindert aber die Verwaltungsbehörde in geeigneten Fällen nicht, im Hinblick auf die Rad-Alkoholfahrt eine Anordnung gem. § 15 b Abs. 2 StVZO oder den Entzug der Fahrerlaubnis gem. § 4 Abs. 1 StVG in Erwägung zu ziehen und Entsprechendes zu veranlassen.

Fahruntüchtigkeit im Sinne des § 316 StGB kann auch durch „andere berauschende Mittel" hervorgerufen werden. Zu diesen Mitteln zählen insbesondere die in § 1 BtMG aufgeführten Stoffe, d.h. insbesondere Cannabis-Produkte wie z. B. Haschisch. Allerdings gibt es nach noch keinen wissenschaftlich begründbaren absoluten Grenzwert für eine rauschbedingte Fahruntüchtigkeit nach Haschischkonsum. Im Einzelfall muß das Gericht seine Überzeugung von der Fahruntüchtigkeit nach Haschischkonsum mit Ausfallerscheinungen begründen[26].

Behauptet der Mandant, er habe nach einem Unfall noch Alkohol zu sich genommen, sollte diese Behauptung mit der gebotenen Skepsis überprüft werden, bevor sie als Einlassung des Mandanten weitergereicht wird. Blieb der **Nachtrunk** bei der Blutentnahme unerwähnt, wird das Gericht in der Regel die Nachtrunkbehauptung bereits als widerlegt ansehen. Für diesen Fall sollte der Mandant Zeugen zur Hand haben, die bestätigen, wann und wo er nach dem Unfall den Alkohol getrunken hat. Mitunter kann auch ein Polizeibeamter bezeugen, daß in der Wohnung des Mandanten Wein- oder Cognacflaschen neben Gläsern auf dem Tisch standen.

22a

Die Nachtrunkbehauptung alleine bringt dem Mandanten noch keine Vorteile. Er muß schon Farbe bekennen und angeben, welche Art Alkohol in welcher Menge er nachgetrunken haben will. Damit fangen aber die Schwierigkeiten an, denn der Nachtrunk muß im Einklang mit der festgestellten BAK und dem Vortrunk stehen. Der Nachtrunk muß aber auch zeitlich passen, d.h. in der Regel muß die zweite Blutprobe (falls zwei Entnahmen erfolgten) eine höhere BAK ergeben als die erste Entnahme. Die Behauptung des Mandanten, ein bestimmtes Getränk (Bier, Wein oder Spirituosen) kon-

---

25 *LG Hildesheim*, Beschluß vom 21. 08. 1991, NZV 1992, 44; *OLG Zweibrücken*, Beschluß vom 23. 06. 1992, NZV 1992, 372.
26 *OLG Düsseldorf*, VRS 85, 201 mit ausführlichen Rechtssprechungs- und Literaturhinweisen.

2 Straftatbestände

sumiert zu haben, kann durch eine sog. **„Begleitstoffanalyse"** widerlegt werden.

22b Die Blutalkoholkonzentration kann nur mit den üblichen **Nachweisen** (ADH, Widmark und die gaschromatographische Methode) festgestellt werden! Das Atemalkoholgerät „Alcotest 7310" (Dräger-Testgerät) ist zum Nachweis einer bestimmten BAK ungeeignet[27]. Die Infrarot-Atemtestgeräte liefern keinen ausreichend gesicherten Beweis für eine bestimmte Alkoholkonzentration (*Pluisch/Heifer*, Rechtsmedizinische Überlegungen zum forensischen Beweiswert von Atemalkoholproben, NZV 1992, 337).

Dasselbe gilt für den Alcomat, mit dem die **Atemluft-Alkoholkonzentration** gemessen wird. Die Besonderheiten dieser Meßmethode beschreibt ausführlich der Beschluß des BayObLG vom 9. 5. 1988 (VRS 75, 211) in einem Fall, in dem die Blutprobe verlorenging, aber eine (letztlich unverwertbare) Atemalkoholprobe vorlag (zustimmend dazu *Heifer*, NZV 1989, 12). Seit längerer Zeit prüft das Bundesgesundheitsministerium im Auftrage des Bundes und der Länder die Möglichkeiten des Einsatzes der Atemalkoholprobe zu forensischen Zwecken[28]. Sollte der Test positiv enden, verlieren manche Leute fette Einnahmen, während Alkoholsünder pro Trunkenheitsfahrt rund 200,- DM Kosten (Ärztliche Blutentnahme derzeit 110,- DM; Blutalkoholbestimmung: 75,- DM) sparen werden.

Seit November 1993 läuft in Hannover ein Test mit einem neuen Atemalkohol-Meßgerät, das alle Anforderungen erfüllen soll, die zur Anerkennung der Alkoholanalyse als Beweismittel notwendig sind.

Über Einzelheiten der Analyseverfahren, insbesondere über Fehlerquellen bei der Bestimmung der Blutalkoholkonzentration, informiert das „Gutachten des Bundesgesundheitsamtes zur Frage Alkohol bei Verkehrsstraftaten"[29].

Liegen verschiedene Ergebnisse mehrerer Untersuchungsmethoden vor, so bestimmt sich die Tatzeit-BAK nach dem arithmetischen Mittelwert aller Einzelanalysen (BGHSt 28, 1). Der Mittelwert ist nicht verwertbar, wenn die Differenz zwischen dem höchsten und dem niedrigsten Einzelwert mehr als 10% des Mittelwerts beträgt (bei Mittelwerten unter 1,0‰ über 0,1‰)[30].

Der Blutalkoholwert von 1,1‰ muß zum Zeitpunkt des Vorfalles vorliegen.

---

27 *OLG Köln*, Beschl. vom 3. 7. 1984, VRS 67, 246.
28 Zur Problematik s. *Janiszewski*, Rdnr. 367.
29 Kirschbaum-Verlag, Bad Godesberg, 1966; in Streitfällen könnte unter Umständen auch das erste Gutachten vom 1. 3. 1955 wichtige Aufschlüsse verschaffen.
30 *BayObLG* VRS 62, 461; *OLG Hamm* BA 1985, 484; *Dreher/Tröndle*, § 316 Rdnr. 8c; *Janiszewski*, Rdnr. 378.

Bei der genauen Errechnung der BAK im Zeitpunkt des Vorfalles sind im Rahmen der Bestimmung der Fahruntüchtigkeit folgende Phasen zu unterscheiden:
- Die **Anflutungsphase** erfaßt den Zeitraum unmittelbar nach Trinkende. Hier wirkt der Alkohol bereits, ohne daß er sich in einer entsprechenden BAK niedergeschlagen hat (Anflutungswirkung). Wird in dieser Phase eine Blutprobe entnommen, die über dem absoluten Grenzwert von 1,1‰ (bei § 24a StVG von 0,8‰) liegt, so wird dies von der Rechtsprechung als ausreichender Nachweis der Fahruntüchtigkeit angesehen (*BGHSt* 25, 246–251). Bei darunter liegenden Werten muß der erst nach der Fahrt resorbierte Alkohol vom Entnahmewert abgezogen werden[31].
- Die **Resorptionsphase** erfaßt die ersten zwei Stunden nach Trinkende. In dieser Zeit entfaltet der konsumierte Alkohol im Körper seine volle Wirkung und läßt sich durch die BAK nachweisen. Für diese ersten zwei Stunden nach Trinkende wird im Regelfall auf jede Rückrechnung verzichtet (*BGHSt* 25, 246)[32].
- In der **Eliminationsphase (Abbauphase)** wird der Alkohol abgebaut. Die Rechtsprechung legt bei der Rückrechnung einen Wert von 0,1‰ zugrunde. Beträgt die BAK im Entnahmezeitpunkt 1,1‰ oder mehr, ist sowieso jede Rückrechnung überflüssig, denn damit ist dargetan, daß zum Tatzeitpunkt zumindest eine entsprechende (wenn nicht höhere) Alkoholwirkung vorgelegen haben muß (*BGHSt* 25, 246 ff.).

Der Blutalkoholwert von 1,1‰ (oder zumindest die Alkoholkonzentration im Körper des Angeklagten – *BGHSt* 25, 246–251 –) muß zum Zeitpunkt des Vorfalles vorliegen. Eine Rückrechnung kann nur mit einem Wert von 0,1‰ pro Stunde erfolgen[33]; für die ersten zwei Stunden nach Trinkende wird auf jede Rückrechnung verzichtet (*BGHSt* 25, 246). Der BGH hat in seinem Urteil vom 22. 4. 1982 (*BGHSt* 31, 42) lehrbuchartig die **Grundsätze der absoluten und relativen Fahruntüchtigkeit** folgendermaßen zusammengefaßt:

22c

„Dieser sog. Grenzwert der absoluten Fahruntüchtigkeit, bei dem allein aufgrund der Blutalkoholkonzentration ohne weitere Prüfung des Fahrverhaltens für jeden Kraftfahrer Fahruntüchtigkeit gegeben ist, stellt nach medizinischen Erkenntnissen die Grenze dar, ab der erfahrungsgemäß stets verkehrsgefährdende Leistungsminderungen und Persönlichkeitsverändurun-

---

31 *Janiszewski*, Rdnr. 377.
32 Anders, wenn auch die Beweisaufnahme gegenteilige Anhaltspunkte erbracht hat, vgl. *Janiszewski*, Rdnr. 374; anders auch *BayObLG* BA 1989, 288.
33 Vgl. dazu ausführlich: *Salger*, Zur korrekten Berechnung der Tatzeit-BAK, DRiZ 1989, 174.

2 Straftatbestände

gen bestehen (*BGHSt* 21, 157, 161; Gutachten des Bundesgesundheitsamtes zur Frage „Alkohol bei Verkehrsstraftaten" – im folgenden Gutachten – S. 40).

Er gilt
– beim Vorhandensein günstiger äußerer und innerer Bedingungen, also bei bester Alkoholverträglichkeit, bei besten psychischen und psychosensorischen Voraussetzungen,
– bei bester Fahrpraxis,
– bei besten Straßenverhältnissen und
– bei günstigster Koordination von Straße und Fahrzeug.

Dieser Wert gilt aber auch dann,

wenn die Fahrt des Angeklagten unter besonders ungünstigen objektiven oder subjektiven Umständen erfolgt.

So gestatten es insbesondere schwierige äußere Bedingungen wie

Nacht, Nebel, Glatteis oder Großstadtverkehr

nicht, den Grenzwert herabzusetzen (vgl. *BGH* VRS 33, 118 ff.; Gutachten, S. 51; *Dreher-Tröndle,* StGB, 47. Aufl., § 316 Rn. 6 b, LK-*Rüth*, 10. Aufl., § 316 Rn. 12).

Ebensowenig kommt – und zwar aus forensischen Gründen – beispielsweise

bei Ermüdung, bei besonderen Erregungszuständen oder bei physischer oder psychischer Erkrankung

eine Herabsetzung des sog. Grenzwertes in Betracht."

23 Liegt der Blutalkoholwert unter 1,1‰, so kann dann **relative Fahruntüchtigkeit** vorliegen, wenn der Kraftfahrer in seinen Funktionen so beeinträchtigt ist, daß er über längere Strecken auch schwierige Verkehrslagen nicht sicher meistern kann. Dazu heißt es in dem Urteil des *BGH* vom 22. 4. 1982 (*BGHSt* 31, 44 ff.) in vorbildlicher Klarheit weiter:

„Die relative Fahruntüchtigkeit unterscheidet sich dabei von der „absoluten" nicht in dem Grad der Trunkenheit oder der Qualität der alkoholbedingten Leistungsminderung, sondern allein hinsichtlich der Art und Weise, wie der Nachweis der Fahruntüchtigkeit als psychophysischer Zustand herabgesetzter Gesamtleistungsfähigkeit zu führen ist. Dabei stellt die Blutalkoholkonzentration das wichtigste Beweisanzeichen dar. Da sie den Grenzwert von 1,1‰ (der Grenzwert von 1,1‰ wurde durch Beschluß des BGH vom 28. 06. 1990 eingeführt), von dem an absolute Fahruntüchtigkeit unwiderleglich (vgl. *BGHSt* 10, 265, 266 ff.) vorliegt, nicht erreicht, müssen weitere Tatsachen festgestellt werden, die als Beweisanzeichen geeignet sind, dem Tatrichter die Überzeugung von der Fahruntüchtigkeit des Angeklagten zu vermitteln. Von – wenn auch unterschiedlicher – Bedeutung sind dabei folgende tatsächliche Umstände:

– zunächst in der Person des Angeklagten liegende Gegebenheiten wie Krankheit oder Ermüdung (innere Umstände),
– sodann äußere Bedingungen der Fahrt wie Straßen- und Witterungsverhältnisse (äußere Umstände)
– und schließlich das konkrete äußere Verhalten des Angeklagten (sog. Ausfallerscheinungen), das durch die Aufnahme alkoholischer Getränke oder anderer berauschender Mittel mindestens mitverursacht sein muß.

Bei der Beweisführung für die relative Fahruntüchtigkeit kommt diesen tatsächlichen Umständen unterschiedliche Bedeutung zu. Während relative Fahruntüchtigkeit auch dann vorliegen kann, wenn weder schwierige äußere Umstände noch neben der Beeinflussung des Angeklagten durch Alkohol oder andere berauschende Mittel weitere leistungsmindernde innere Umstände gegeben sind, ist eine – wenn auch nur geringe – Ausfallerscheinung, die durch die Aufnahme alkoholischer Getränke oder anderer berauschender Mittel zumindest mitverursacht sein muß, für die richterliche Überzeugungsbildung grundsätzlich unverzichtbar. Auch bei einer Blutalkoholkonzentration, die nahe an den Grenzwert von 1,1‰ heranreicht, und beim gleichzeitigen Vorliegen besonders ungünstiger objektiver und subjektiver Umstände der genannten Art muß ein erkennbares äußeres Verhalten des Angeklagten festgestellt werden, das auf seine Fahruntüchtigkeit hindeutet. Dabei sind die an eine konkrete Ausfallerscheinung zu stellenden Anforderungen um so geringer, je höher die Blutalkoholkonzentration und je ungünstiger die objektiven und subjektiven Bedingungen der Fahrt des Angeklagten sind. Als solche Ausfallerscheinungen kommen insbesondere in Betracht:

– eine auffällige, sei es regelwidrige (*BGHSt* 13, 83, 89 ff. mit weit. Nachw.), sei es besonders sorglose und leichtsinnige (vgl. *BGH*, VRS 33, 118 ff.; *OLG Hamburg*, VerkMitt. 1964, 8) Fahrweise,
– ein unbesonnenes Benehmen bei Polizeikontrollen,
– aber auch ein sonstiges Verhalten, das alkoholbedingte Enthemmung und Kritiklosigkeit erkennen läßt,
– ferner z. B. ein Stolpern und Schwanken beim Gehen (*OLG Köln*, DAR 1973, 21)."

Die Zitate zur relativen Fahruntüchtigkeit in den einschlägigen Kommentaren sind stets kritisch zu würdigen, wie es das Beispiel der überhöhten Geschwindigkeit zeigt. In der früheren Kommentierung von *Dreher*[34] wurde

---

[34] *Dreher*, StGB, 36. Aufl., 1976, Rdnr. 7 zu § 316 StGB; anders jetzt *Dreher/Tröndle*, 47. Aufl., § 316 Rdnr. 7 d für den Regelfall.

2 Straftatbestände

unter Hinweis auf zwei Entscheidungen die überhöhte Geschwindigkeit als Beweisanzeichen für die relative Fahruntüchtigkeit gebracht. Bei der einen Entscheidung (*OLG Hamm*, DAR 69, 188) handelte es sich um eine Fahrt mit 1,2‰ nach einem mehrstündigen Arbeitstag und einem längeren Gaststättenaufenthalt, während die Entscheidung des *OLG Köln* (VRS 37, 35) den Fall betraf, daß bei einem Promillewert von 1,1‰ das Fahrzeug von der Fahrbahn abkommt und umkippt; erwähnenswert ist bei dieser Entscheidung noch, daß der Kraftfahrer keine Fahrpraxis besaß. Es wird daher empfohlen, die jeweiligen Entscheidungen, falls sie für den zur Verteidigung anstehenden Fall Bedeutung erlangen, nachzuprüfen.

Staatsanwaltschaft und Gericht vertreten gelegentlich die Auffassung, die Nichtbeachtung einer vorgeschriebenen Geschwindigkeit bzw. das Fahren mit unangepaßter Geschwindigkeit sei auf alkoholbedingtes Fehlverhalten zurückzuführen. Demgegenüber vertritt der BGH die Auffassung, daß weder die Überschreitung einer angeordneten Geschwindigkeit noch das Fahren mit unangepaßter Geschwindigkeit notwendigerweise auf die Alkoholisierung des Fahrzeugführers zurückzuführen ist und damit auch **kein** Indiz für dessen relative Fahruntüchtigkeit darstellt[35].

In einer anderen Entscheidung vertrat der BGH die Auffassung, man könne dann nicht von relativer Fahruntüchtigkeit des Autofahrers sprechen, wenn er bei einer BAK von 1‰ seine Geschwindigkeit bis auf 200 km/h erhöht, nachdem ein Polizeibeamter aus einem Streifenwagen eine Pistole auf den Autofahrer gerichtet hatte[36].

Ähnlich entschied das OLG Köln[37]: Ein Autofahrer erhöht die Geschwindigkeit bei einer BAK von 0,76‰, nachdem ein Polizeifahrzeug auftauchte.

Die Art des Unfallablaufs läßt erkennen, ob es sich um einen alkoholtypischen Verkehrsunfall gehandelt hat, der als zusätzliches Beweisanzeichen für die relative Fahruntüchtigkeit herangezogen werden kann. Aus der Untersuchung von *Haffner* wissen wir, daß grundsätzlich an der Alkoholtypizität der Unfälle dann nicht gezweifelt werden kann, wenn sie auf überhöhte Geschwindigkeit, durch Abkommen von der Fahrspur oder durch Vorfahrtverletzung gekennzeichnet sind. Allerdings gelten nicht als alkoholtypisch **Rangier- und Auffahrunfälle**[38].

---

35 *BGH*, 4. Strafsenat, Beschl. v. 12. 4. 1994, StV 94, 543: Der Fall betraf eine Verfolgungsfahrt durch die Polizei mit einer Geschwindigkeit von 160 km/h.
36 *BGH*, Beschl. v. 7. 4. 1994, NStZ 95, 88.
37 Beschluß vom 20. 12. 1994, NZV 95, 454.
38 *Haffner* u. a. werteten die Unfalldaten des Jahres 1990 aus den Stadt- und Landkreisen Tübingen, Balingen, Sigmaringen und Ravensburg aus (NZV 95, 301).

Ausfallerscheinungen, die den Polizeibeamten oder dem Arzt bei der klinischen Untersuchung bemerkenswert erschienen (Gehen, Sprechen, Drehnachnystagmus, Finger-Finger-Probe) und die im Entnahmeprotokoll festgehalten wurden, sollten in Zweifelsfällen durch Vernehmung des Entnahmearztes abgeklärt werden. Es ist daran zu denken, daß nicht jeder Blutentnahme-Arzt die erforderliche Sachkenntnis besitzt, um Ausfallerscheinungen richtig zu deuten. Ausnahmsweise darf sich der Anwalt in Zweifelsfällen nicht mit der an sich zulässigen Verlesung des klinischen Befundberichtes zufriedengeben, er muß also einen entsprechenden Beweisantrag stellen, etwa dahingehend, daß der Denkablauf des Angeklagten zum Zeitpunkt der Blutentnahme durchaus geordnet war, durch Vernehmung des blutentnehmenden Arztes. Es wird sich dann in der Hauptverhandlung meist herausstellen, daß der blutentnehmende Arzt keinerlei persönliche Erinnerung an den betreffenden Angeklagten mehr hat, weil er z.B. in der betreffenden Nacht insgesamt 20 Blutproben entnommen hat. Ärzte schreiben häufig so unleserlich, so daß für den Fall, daß kein Namensstempel beigedruckt ist, sich häufig nicht erkennen läßt, wer die Blutprobe entnommen hat. In diesen Fällen darf der ärztliche Bericht über die Blutentnahme nicht verlesen werden (*BayObLG*, Beschluß vom 31. 5. 1988, VRS 75, 457).

Ausnahmsweise kann auch ohne eine Blutentnahme die Feststellung getroffen werden, der Beschuldigte sei alkoholbedingt fahruntüchtig gewesen. Dann wird die Tatzeit-BAK aus der gesamten Trinkmenge errechnet, so, wenn sich etwa aus Zeugenaussagen ergibt, daß der Beschuldigte in einem bestimmten Lokal erhebliche Mengen Alkohol zu sich nahm und etwa diese Zeugen den sichtlich stark alkoholisierten Autofahrer vergeblich von dem Vorhaben abbringen wollten, noch mit dem PKW nach Hause zu fahren[39]. Dabei wird zunächst ein einmaliger Sicherheitszuschlag von 0,2‰ zugrundegelegt und für die zwei Stunden übersteigenden Zeiträume ein maximaler stündlicher Abbauwert von 0,2‰ angenommen[40].

Daß andere berauschende Mittel als Alkohol ebenfalls die Fahrunsicherheit herbeiführen können, ist zwar bekannt, so z.B. die in BtM-Sachen gängigen Rauschgifte wie Heroin, LSD, Haschisch, indes spielen derartige Fälle in der Praxis praktisch keine Rolle. Dies kann daran liegen, daß eine zwangsweise Harnprobe nicht entnommen werden darf, in BtM-Sachen erfahrene Beschuldigte aber weder Angaben zur Menge noch zur Art der eingenommenen Präparate machen. In der Regel scheitert bisher die Feststellung rauschbe-

---

39 *OLG Düsseldorf* vom 15. 7. 1981, BA 1982, 378.
40 *Dreher/Tröndle*, § 316 Rdnr. 8 f.

2 Straftatbestände

dingter Fahruntüchtigkeit nach Haschisch-Konsum deshalb, weil eine bestimmte THC (Tetrahydro-Cannabinol)-Konzentration nicht automatisch mit einer bestimmten BAK gleichgesetzt werden kann. Erforderlich für eine Verurteilung wäre neben dem Haschisch-Konsum auch die Feststellung bestimmter Ausfallerscheinungen, z.B. eine regelwidrige, sorglose Fahrweise, unbesonnenes Benehmen bei der polizeilichen Kontrolle, Stolpern und Schwanken beim Gehen, die insgesamt den Schluß auf rauschbedingte Fahruntüchtigkeit zulassen würden[41]. Es bleibt noch darauf hinzuweisen, daß nur die Teilnahme am öffentlichen Straßenverkehr (also nicht auf dem geschlossenen und nur bestimmten Personen zugänglichen Parkplatz) den Tatbestand des § 316 StGB erfüllt. Ob der Motor angelassen wurde oder ob das Fahrzeug mit laufendem Motor steht, ist unerheblich: Die Strafbarkeit beginnt erst dann, wenn das Fahrzeug in Bewegung gesetzt wird (*BGH*, Beschluß vom 27. 10. 1988, NZV 89, 32)[42].

Liegt weder absolute noch relative Fahruntüchtigkeit vor und ergibt der Blutalkoholwert einen Wert zwischen 0,8 und 1,09‰, so liegen die Voraussetzungen des § 24a StVG vor. Die Staatsanwaltschaft gibt in diesen Fällen das Verfahren an die OWi-Behörde ab.

Die dargelegten Grundsätze betreffen nur die absolute bzw. relative **Fahruntüchtigkeit**. Sofern es um die Feststellung der Schuld geht, also um die Frage, ob die Alkoholisierung die Anwendbarkeit der §§ 20, 21 StGB zur Folge haben muß, gelten die unten unter Rdnr. 30 dargestellten Grundsätze.

2.4. Straßenverkehrsgefährdung (§§ 315b–315d StGB)

24 Der Tatbestand des § 315b StGB spielt in der Gerichtspraxis keine große Rolle. Zwei neuere Entscheidungen verdienen allerdings unser Interesse. In dem einen Fall wurde der Ehemann bestraft, der nachts die Bremsleitung des PKWs seiner von ihm getrennt lebenden Ehefrau abriß[43].

Der andere Fall betraf ein Ärgerchenspiel auf der Autobahn. Ein PKW-Fahrer hatte nach dem Überholen so stark gebremst, daß der nachfolgende PKW-Fahrer (ein Polizeibeamter in Zivil) zu einer Vollbremsung gezwungen

---

41 *OLG Düsseldorf*, Beschl. v. 2. 5. 1994, StV 94, 376.
42 Dazu auch *Sunder*, BA 1989, 297 ff.
43 *BGH*, Urteil vom 25. 10. 1984, VRS 68, 116.

wurde. Der Düsseldorfer Senat[44] hatte keine Bedenken gegen die Verhängung des Fahrverbots von drei Monaten und einer Geldstrafe von 40 Tagessätzen, allerdings meinte der Senat, die Höhe des Tagessatzes (65,– DM) sei zu beanstanden.

§ 315b StGB betrifft die Gefährdung des Straßenverkehrs von außen her, wobei sich die Gefährdung nicht in einer Verletzung bestimmter Verkehrsregeln erschöpft, vielmehr darin besteht, daß entweder Anlagen oder Fahrzeuge zerstört, beschädigt oder beseitigt werden (Nr. 1) oder aber Hindernisse bereitet werden (Nr. 2) oder ein ähnlicher, ebenso gefährlicher Eingriff (Nr. 3) vorgenommen wird. Das sind die Fälle, in denen Verkehrszeichen, Signalanlagen, Beleuchtungseinrichtungen zerstört oder beschädigt werden, Draht über die Fahrbahn gespannt wird oder Holzscheite oder gar Betonklötze auf die Autobahn geworfen werden. Der Eingriff muß einiges Gewicht haben und Gefahr für Leib und Leben oder für fremde Sachen von bedeutendem Wert schaffen.

Im Gegensatz zum § 315b StGB hat die Vorschrift des § 315c StGB in der Gerichtspraxis eine große Bedeutung, insbesondere die alkoholbedingte Begehungsweise (§ 315c Abs. 1 Ziff. 1a StGB). Im Gegenteil zu § 316 StGB muß bei der Tatbestandsverwirklichung des § 315c StGB eine Gefahr für Leib und Leben eines anderen oder für fremde Sachen von bedeutendem Wert geschaffen werden. Eine konkrete Gefahr besteht immer dann, wenn die Sicherheit einer Person oder einer Sache durch das Fahrverhalten des Täters so beeinträchtigt wird, daß eine Verletzung nur noch vom Zufall abhängt; es ist also nicht erforderlich, daß es tatsächlich zum Zusammenstoß zweier Fahrzeuge kommt[45].

Selbst Aufnahmen mit einer Videokamera sind mitunter ungeeignet, um den Beweis für eine konkrete Gefährdung anderer Verkehrsteilnehmer zu führen, etwa dann, wenn verkehrswidrig überholt wird. In derartigen Fällen sollten die Aufnahmen der Videokamera von einem Sachverständigen überprüft und bewertet werden (*AG Itzehoe*, Urteil vom 27. 4. 1988, NZV 89, 41 mit Anmerkungen von *Schwarz* und *Neumann*).

Nach der Rechtsprechung genügt unter Umständen eine Gefährdung des im Fahrzeug mitfahrenden Insassen; ein wichtiger Grund für jeden, die Mitnahme eines Anhalters abzulehnen. Bezüglich der konkreten Gefährdung des

---

44 *OLG Düsseldorf*, Beschluß vom 15. 3. 1985, VRS 68, 449; dazu auch *BGH* NZV 1989, 357; *OLG Düsseldorf* NZV 1989, 441.
45 Zum Begriff der konkreten Gefahr *Berz*, NZV 1989, 409ff.

2 Straftatbestände

Fahrzeuginsassen (z. B. der vom fahruntüchtigen Fahrer mitgenommenen Ehefrau) hat der BGH in seiner neuen Entscheidung vom 30. 3. 1995 (4 StR 725/94, VersR 95, 978) die früher vertretene Auffassung (vgl. *BGH*, Urteil vom 21. 5. 1992, NZV 1992, 370) erfreulicherweise revidiert. Soweit Mitfahrer konkret gefährdet werden können, wird nunmehr gefordert, daß im Einzelfall dargelegt wird, inwieweit sich die Fahruntüchtigkeit des Täters »indiziell nach außen gezeigt« hat. Es genügt also nicht, wenn der betrunkene Fahrer lediglich einen folgenlosen Fahrfehler begeht, also etwa in Schlangenlinie fährt oder auf die fahrzeugleere andere Fahrbahnseite gerät. Hinzutreten muß vielmehr, daß es dabei »beinahe« zu einem Unfall gekommen wäre. Von einer konkreten Gefährdung des Beifahrers kann immer nur dann gesprochen werden, wenn der auf der Trunkenheit des Fahrers beruhende Fahrfehler zu einer kritischen Verkehrssituation führte. Die sehr hohe BAK eines Fahrers genügt alleine nicht, vielmehr muß die Beeinflussung des Fahrers einen solchen Grad erreichen, daß er nicht mehr in der Lage war, kontrollierte Fahrmanöver auszuführen und damit die Situation einem Fahren ohne die notwendigen technischen Einrichtungen (z. B. ohne intakte Bremsen) vergleichbar war. Erforderlich wäre z. B. eine Feststellung dahingehend, daß der Fahrer nicht mehr zu kontrollierter Betätigung der wesentlichen technischen Einrichtungen des Fahrzeuges, wie Lenkung, Bremsen und Gaspedal, in der Lage war.

In diesem Zusammenhang beschäftigt sich der 4. Senat des BGH auch mit der Frage, wann die Voraussetzungen des § 315c Abs. 1 Nr. 1a StGB bezüglich anderer Verkehrsteilnehmer vorliegen. Erforderlich ist die Feststellung, daß ein Verkehrsvorgang dargelegt wird, bei dem es zu einem „Beinahe-Unfall" gekommen wäre, also ein Geschehen nachgewiesen wird, bei dem ein unbeteiligter Beobachter zu der Einschätzung gelangt, daß das „noch einmal gutgegangen sei". Voraussetzung ist natürlich, daß es überhaupt zu einer Begegnung mit anderen Fahrzeugen kam.

Das vom Täter geführte und bei einem Unfall beschädigte KFZ ist ein notwendiges Tatmittel, fällt daher nicht unter den Begriff des bedeutenden Wertes, selbst dann nicht, wenn es dem Täter nicht gehört, z. B. gestohlen wurde. Bei der Gefährdung oder Beschädigung fremder Sachen kommt es auf den Wert dieser Sachen an. Die Wertgrenze wird zwischen 1200,– DM (*OLG Schleswig*, VRS 54, 33) und 2000,– DM (*LG Oldenburg*, VRS 65, 361) anzusetzen sein.

Straßenverkehrsgefährdung 2

Mitunter kann es von entscheidender Bedeutung sein, daß durch den konkreten Verkehrsvorgang nur eine unbedeutende Gefährdung vorlag. Eine im Rahmen des § 315c StGB beachtliche Gefährdung setzt eine in bedrohliche bzw. in nächste Nähe gerückte Gefahr voraus[46].

Zwischen der Alkoholfahrt und dem Eintritt der Gefahr muß ursächlicher Zusammenhang bestehen. Daher ist in jedem Falle zu prüfen, ob der Unfall bei einer entsprechend angepaßten Fahrweise vermeidbar gewesen wäre. Der BGH hat in seiner Entscheidung vom 26.11. 1970 (NJW 71, 388) darauf hingewiesen, daß bei der Prüfung der Frage, ob ein Verkehrsunfall für einen alkoholbedingt fahruntüchtigen Kraftfahrer vermeidbar war, nicht darauf abzustellen ist, ob der Fahrer in nüchternem Zustand den Unfall bei Einhaltung derselben Geschwindigkeit hätte vermeiden können; es ist vielmehr zu prüfen, bei welcher geringeren Geschwindigkeit der Kraftfahrer (abgesehen davon, daß er als Fahruntüchtiger überhaupt nicht am Verkehr teilnehmen durfte) noch seiner, durch den Alkoholeinfluß herabgesetzten Wahrnehmungs- und Reaktionsfähigkeit bei Eintritt der kritischen Verkehrslage hätte Rechnung tragen können, und ob es auch bei dieser Geschwindigkeit zu dem Unfall gekommen wäre. Die Anwendung dieser Grundsätze müßte eigentlich dazu führen, daß der alkoholbeeinflußte Kraftfahrer allenfalls mit einer Geschwindigkeit im Bereich von 10–20 km/h hätte fahren dürfen.

Das Bayerische Oberste Landesgericht vertritt in seinem Beschluß vom 14.2. 1994 allerdings die Auffassung, daß es entscheidend auf den Verlust der Reaktionsfähigkeit ankommt. Bei einer BAK von 1,39‰ kam es bei einer Geschwindigkeit von 160 km/h zu einem Unfall, bei dem ein Fahrzeuginsasse getötet wurde.

Bejaht wurde der Tatbestand der fahrlässigen Tötung mit der Begründung, die Reaktionszeit des Autofahrers sei alkoholbedingt um eine Sekunde verlängert gewesen, so daß er, wäre er nur mit 130 km/h gefahren, denselben Anhalteweg gehabt hätte wie ein nüchterner Kraftfahrer bei entsprechend verringerter Reaktionszeit[47].

Das vorstehend Gesagte gilt allerdings nur für Strafverfahren. Im Zivilverfahren gelten andere Beweisregeln, insbesondere da die vorstehend zitierte Rechtsprechung des BGH für den Bereich des Zivilrechts nicht übernommen wurde (*OLG Schleswig*, VersR 75, 1132; *KG*, VersR 75, 52; *OLG Stuttgart*, VersR 80, 243 und *OLG Celle*, VersR 88, 603). Das *OLG Hamm* hat mit seinem Urteil vom 8.3. 1990 (NZV 1990, 393) einen neuen Weg beschritten,

---

46 *OLG Frankfurt*, Beschl. vom 11.10. 1984, StV 1985, 111 mit weiteren Rechtsprechungshinweisen; so auch *OLG Koblenz*, Urteil vom 5.6. 1986, VRS 71, 281.
47 Beschl. v. 14.2. 1994, BA VOL. 31/1994, 328 ff.

2 Straftatbestände

denn der Senat geht davon aus, daß zumindest bei hohen Blutalkoholwerten (im entschiedenen Fall 2,25‰) der Beweis des ersten Anscheins für eine deutliche Reaktionseinbuße spricht, mit der Folge, daß selbst bei einem groben Verschulden des Gegners eine Mithaft des Kläger von 20% anzunehmen ist. Der BGH widersprach allerdings in seiner Entscheidung vom 10. 1. 1995 (VersR 95, 357) ausdrücklich dieser Rechtsauffassung und hielt an der alten Rechtsprechung fest, wonach die absolute Fahruntüchtigkeit eines KFZ-Führers nur dann bei der Abwähnung gemäß § 17 StVG berücksichtigt werden kann, wenn feststeht, daß sich diese Fahruntüchtigkeit auch in dem Unfall niedergeschlagen hat.

25 Die in § 315 c Abs. I Nr. 2, lit. a–g StGB aufgeführten besonderen Fehlverhaltensweisen, **die sog. sieben Todsünden des Kraftfahrers**, werden dadurch relativiert, daß sie grob verkehrswidrig und rücksichtslos begangen sein müssen.

26 Während der Nachweis der groben Verkehrswidrigkeit (d. h. eines objektiv besonders schweren Verstoßes gegen eine Verkehrsvorschrift) noch einfach erscheint, scheitert die Praxis aber häufig am Erfordernis der rücksichtslosen Tatbegehung. **Rücksichtslos** handelt, wer sich entweder eigensüchtig über bekannte Rücksichtspflichten hinwegsetzt, oder wer sich aus Gleichgültigkeit auf seine Fahrerpflicht nicht besinnt und unbekümmert um mögliche Folgen drauflosfährt (*BGHSt* 5, 392).

Da Rücksichtslosigkeit nur in extrem verwerflichen Verfehlungen, in besonders schweren Verstößen gegen die Verkehrsgesinnung oder in geradezu unverständlicher Nachlässigkeit bestehen kann, wird es im Einzelfall jeweils eingehender Darlegung bedürfen, um einem Beschuldigten das Tatbestandsmerkmal der Rücksichtslosigkeit nachzuweisen. Sehr instruktiv ist in diesem Zusammenhang die Entscheidung des *OLG Stuttgart* vom 28. 5. 1973 (VRS 45, 437): Ein LKW war vor einer Autobahneinfahrt auf die linke Fahrspur ausgeschert, übersah dabei ein auf der Überholspur schnell herankommendes Fahrzeug, das abbremsend gegen die Leitplanke geriet. Grund für das Ausscheren nach links war die Absicht des LKW-Fahrers, einem PKW die reibungslose Einfahrt zu ermöglichen. Der Strafsenat des OLG Stuttgart hat darauf hingewiesen, daß sich aus der Sicht des auf der Überholspur herankommen PKW-Fahrers das Verhalten des LKW-Fahrers als gleichgültiges, gedankenloses und gefährliches Drauflosfahren darstellte, daß das Verhalten des LKW-Fahrers aber Ausfluß einer dem Einfahrenden gegenüber achtenswerten Verkehrsgrundhaltung darstellte. Der Senat hat eine sog. Gesamtschau vorgenommen und das Fehlverhalten des LKW-Fahrers in den Bereich des schuldhaften menschlichen Versehens und Versagens eingeordnet.

2.4.1. Einzelaspekte zur Trunkenheitsfahrt

Aus der praktischen Erfahrung sei abschließend zum Problem der Trunkenheitsfahrt auf folgendes hingewiesen:

a) Vorsatz – Fahrlässigkeit?
Die Gerichte nehmen nur verhältnismäßig selten die vorsätzliche Begehungsweise des § 316 StGB an (*BGHSt* 22, 192). Allerdings wird dann doch hin und wieder von dem einen oder anderen Gericht die vorsätzliche oder bedingt vorsätzliche Begehungsweise mit der Begründung angenommen, bei einer groben Selbstprüfung, die man von jedem Kraftfahrer erwarten könne, habe der Kraftfahrer die Auswirkungen des Alkohols bemerkt und habe deshalb vorsätzlich gehandelt. Wer sich aus Gleichgültigkeit über die gebotene Selbstprüfung hinwegsetze, nehme eine etwaige Fahrunsicherheit bei Werten ab 1,1‰ zumindest in Kauf und handele daher in der Regel bedingt vorsätzlich[48]. Bei besonders hohen Blutalkoholwerten wird gerade die Alkoholwirkung in einer Kritiklosigkeit bestehen, so daß zumindest ohne besondere Anhaltspunkte davon auszugehen ist, daß nur eine fahrlässige Begehungsform vorliegt (*OLG Hamm*, Urteil vom 29. 10. 1970, VRS 40, 360; *OLG Saarbrücken*, Urteil vom 17. 12. 1970, NJW 1971, 1904). Die Meinung von *Haubrich* (DAR 1982, 285; ähnlich *Seib* BA 1978, 60), bei einer BAK über 2‰ könne ein schweigender Angeklagter auch ohne nähere Feststellung der Umstände seines Trinkens wegen vorsätzlicher Trunkenheitsfahrt verurteilt werden, dürfte inzwischen überholt sein. Sie stieß sehr schnell bei den Obergerichten auf Widerspruch; es kommt in jedem Einzelfall darauf an, wie getrunken wurde, und insbesondere ob sich der Angeklagte auch der Art und Menge des konsumierten Alkohols bewußt war (*OLG Köln*, Beschluß vom 20. 10. 1982, VRS 64, 195 und vom 16. 1. 1987 DAR 1987, 157; *OLG Koblenz*, Beschluß vom 6. 6. 1983, BA 1983, 462, *OLG Zweibrücken*, Beschluß vom 03. 02. 1993, NZV 1993, 240).

Allein aus der Höhe der BAK kann nicht auf vorsätzliche Begehungsweise geschlossen werden, da kein Erfahrungssatz dahingehend existiert, daß derjenige, der in erheblichen Mengen Alkohol zu sich nahm, seine Fahruntüchtigkeit kennt, für möglich hält und billigend in Kauf nimmt (*OLG Celle*, Beschluß vom 7. 1. 1987, StV 1988, 143).

---

48 *Janiszewski*, Rdnr. 383 und 384.

2 Straftatbestände

Auch der beachtenswerte Aufsatz von *Zink, Reinhardt* und *Schreiber*[49] kommt zu dem Ergebnis, daß die Höhe des Blutalkoholgehaltes als Beweismittel für die subjektive Seite der Tat nur von geringem Wert ist. Die drei Autoren regen darüber hinaus eine Überprüfung an, „ob die Differenzierung nach Vorsatz und Fahrlässigkeit bei Trunkenheitsfahrten nicht entfallen und ob nicht allein ein Fahrlässigkeitstatbestand aufrechterhalten werden sollte".

Die Auseinandersetzungen der letzten Jahre um Vorsatz oder Fahrlässigkeit bei Trunkenheitsfahrten, die gelegentlich mit derselben Hartnäckigkeit geführt wurden, mit der wohl Theologen im Mittelalter über das Geschlecht der Engel diskutierten, sollten nach der Untersuchung von *Zink, Reinhardt* und *Schreiber* beendet sein. Man ist versucht, in diesem Zusammenhang von der Berufskrankheit der Juristen zu sprechen, also einer Art Schönfelder-Syndrom, demzufolge in der juristischen Theorie Dinge vorausgesetzt werden, die in der Realität nicht vorhanden sind. Schon vor Jahren schrieb *Middendorff* (BA 1978, 95):

„Der normale Bürger ist auch vor und bei seiner Straftat viel weniger denkend und planend, als insbesondere die Juristen bei der Rekonstruktion der Tat und der Prüfung der Schuld oft annehmen. Man hat es zuweilen als Berufskrankheit der Juristen bezeichnet, dort einen logischen und konsequenten Ablauf der Dinge zu konstruieren, wo er nur teilweise oder gar nicht vorhanden ist. Für den Bereich des Totschlags haben dies die Wissenschaftler schon häufiger gezeigt (so *Rasch*, Handwörterbuch der Kriminologie, 3. Band, 1975, S. 290; *Lempp*, Jugendliche Mörder, Bern 1977, S. 174 u. 198)."

Beim rechtsschutzversicherten Beschuldigten erlangt die Schuldform besondere Bedeutung, da nach § 4 Abs. 3 b Satz 1 ARB der Rechtsschutzversicherer nicht eintrittpflichtig ist, wenn rechtskräftig festgestellt wird, daß der Versicherungsnehmer die Straftat vorsätzlich beging. Wenn also zunächst eine Deckungszusage erfolgte, weil auch eine fahrlässige Begehungsform möglich ist, kann letztlich diese Deckung entzogen werden, wenn eine rechtskräftige Verurteilung wegen einer vorsätzlichen Straftat erfolgt[50].

Hier gilt der Ratschlag, sofort nach Eingang der Anklageschrift, die dem Mandanten eine vorsätzliche Tatbegehung zur Last legt, den Rechtsschutzversicherer unter Fristsetzung zur Zahlung eines angemessenen Gebührenvorschusses aufzufordern (vgl. auch Rdnr. 14).

---

49 Vorsatz oder Fahrlässigkeit im Verkehr – medizinische und juristische Aspekte, BA Vol. 20/1983, 503. Vgl. auch *J. Teyssen*: Vorsatz oder Fahrlässigkeit bei Trunkenheitsfahrten mit höheren Promillewerten aus der Sicht des Strafrechtlers, BA Vol. 21/1984, 175.
50 *Bauer*, Die Rechtsprechung zu den ARB im Jahre 1981, AnwBl. 1982, 451.

b) Alkohol kommt von Alkohol!

Es ist erstaunlich, wie viele Mandanten einem erklären, daß die BAK von 1,6‰ nur daher rühren könne, daß sie allenfalls drei Glas Bier und einen Schnaps getrunken hätten. Der Anwalt muß manche Mühe aufwenden, seinem Mandanten klarzumachen, daß **Alkohol** im Blut nur von vorausgegangenem Alkoholgenuß stammen kann.

28

Vor vielen Jahren verteidigte ich einen Konditormeister, der Cognacbohnen hergestellt hatte. Er fuhr mit einem Promillewert von 1,5‰ und behauptete, der hohe Blutalkoholwert könne nur daher stammen, daß er während der Cognacbohnenfabrikation eifrig an seinem eigenen Erzeugnis genascht habe. Der Gutachter stellte dann fest, daß er mindestens ein Kilogramm Cognacbohnen verspeist haben müsse, um auf einen Wert von annähernd 0,5‰ zu kommen.

Es ist völlig müßig, darüber zu diskutieren, ob andere Substanzen einen Blutalkoholwert von einiger Relevanz erzeugen können, angefangen von den eingeatmeten Dämpfen einer Wein- oder Sektkellerei, den Lacklösungsmitteln, mit denen der Anstreicher arbeitet oder den verfälschten Werten infolge einer Diabetes; wer hier nähere Aufklärung wünscht, informiere sich anhand der einschlägigen Fachliteratur[51]. In früheren Jahren wurden oft erbitterte Diskussionen um solche verschleierten Werte geführt. Sie sind in den letzten Jahren praktisch verstummt.

Nach Ansicht des Psychologen *Stephan* war die Grenze der absoluten Fahruntüchtigkeit sowieso so hoch angesetzt, daß es sich bei der Masse der mit mehr als 1,3 Promille auffällig werdenden Kraftfahrer wohl nicht um „Geselligkeitstrinker" handelt[52]. Diese Erkenntnisse der Alkoholismusforschung haben derzeit großen Einfluß auf die Praxis der Neuerteilung eines Führerscheins nach Führerscheinentzug aufgrund eines Trunkenheitsdelikts (dazu unten Rdnr. 48a).

Unbemerkt erlangte BAK-Werte sind hingegen denkbar bei einer Reihe von Medikamenten, soweit sie in einer Alkohollösung zu finden sind, insbesondere bei Hustenmittel[53]. Das harmlose Hustenmittelchen Melissengeist

---

51 *Elbel*, Blutalkohol, 2. Aufl., 1956, S. 7 u. 8; *J. Gerchow*, Alkohol und Verkehrstüchtigkeit, Handbuch der Verkehrsmedizin, 1968, S. 827, insbesondere 828; *Hentschel/Born*, Trunkenheit, 6. Aufl., 1992; *Buhtz*, Der Verkehrsunfall, 1938, S. 80, berichtet den Fall eines Küfers, der behauptet hatte, die bei ihm festgestellte BAK sei durch den Aufenthalt im Weinkeller bedingt.
52 Vgl. *Stephan*, BA 1988, 201. Offen ist die Frage, ob nach dem 28.06.1990, d.h. nach Herabsetzung der Promillegrenze auf 1,1‰, die Frage der „Geselligkeitstrinker" anders zu beantworten sein wird.
53 *Bettingen*, Alkoholgehalt von Hustenmitteln, BA Vol. 11 (1974), 54.

2 Straftatbestände

spielt hin und wieder noch eine Rolle[54], während die unbemerkte Beimengung höherprozentigen Alkohols in Bier, Kaffee oder Tee nicht unbedingt eine Schutzbehauptung sein muß, zumindest dann, wenn es sich nur um geringe Mengen Alkohols handelt, der selbst nicht geruchsspezifisch ist, wie z. B. Wodka[55].

Daß es keine wirksamen Mittel gibt, den Alkohol beschleunigt abzubauen oder gar seine Wirkung zu beseitigen, ist in der Medizin bekannt; der Anwalt muß dieses bekannte Wissen gelegentlich seinem Mandanten vermitteln, der behauptet, er habe z. B. durch Sangrita oder ein anderes Mittel seine Ernüchterung herbeigeführt[56].

c) Die verwechselte Blutprobe

29 Relativ häufig ist auch vom Mandanten zu hören, der hohe Blutalkoholwert sei darauf zurückzuführen, daß nicht seine Blutprobe, sondern die einer anderen Person, ausgewertet worden sei. Findet sich im Entnahmeprotokoll kein Anhaltspunkt für eine erhebliche Trunkenheit, ist der Mandant geneigt, seine Behauptung von der verwechselten Blutprobe mit jedem Schwur und dem großen Ehrenwort zu bekräftigen. Häufig kehrt der Mandant auf den Boden der Tatsachen zurück, wenn ihm die voraussichtlichen Kosten des Blutgruppen-Sachverständigengutachtens dargelegt werden. Besonders mutige Mandanten lassen es gelegentlich auch auf das Sachverständigengutachten ankommen. Obwohl ich in der Vergangenheit einige solchergestalt mutige Mandanten erlebte, erhielt ich kein für diese Mandanten positives Sachverständigengutachten. Das soll nicht heißen, daß es nicht auch Ausnahmefälle gibt, in denen es tatsächlich zu einer Verwechslung der Blutproben kam.

Nach *Krauland* und *Schmidt*[57] schwankt z. B. in Berlin die Zahl der Zweituntersuchungen seit 1970 zwischen 12 und 43 pro Jahr. Obwohl zwischen 15 000 und 17 000 Blutproben pro Jahr anfallen, war in keinem Fall eine Fehlbestimmung nachzuweisen. Zu einem anderen Ergebnis kommt *Kleiber*[58] für den Hamburger Raum. Von 1974–1983 wurden 102 224 Blutprobenuntersuchungen in Verkehrsstrafsachen durchgeführt. Im selben

---

54 *OLG Hamm*, Urteil vom 29. 5. 1969, BA Vol. 7 (1970), 153.
55 *Kernbichler/Röpke*, Veränderungen der Geschmacks- oder Geruchsqualität von Bier und Kaffee durch Hinzufügen hochprozentigen Wodkas, BA Vol. 16 (1979), 399 ff.
56 *Janiszewski*, Rdnr. 389.
57 *Krauland/Schmidt*, Zum Beweiswert der Blutalkoholbestimmungen, Festschrift zum 25jährigen Bestehen des Bundes gegen Alkohol im Straßenverkehr – Landessektion Berlin –, 1982, S. 99.
58 *Kleiber*, Häufigkeit und Bedeutung von Identitäts-Untersuchungen an gelagerten Alkoholblutproben, BA Vol. 24, 1987, S. 253 ff.

Einzelaspekte zur Trunkenheitsfahrt 2

Zeitraum wurden 441 serologische Identitätskontrollen durch Gerichte in Auftrag gegeben. In 419 Fällen (95%) ergab sich eine völlige Übereinstimmung zwischen Asservat und Kontrollblut. In den verbleibenden 22 Fällen (3,8%) erfolgte der serologische Ausschluß, wobei offenbleibt, ob im Einzelfall nicht möglicherweise irgendwie manipuliert worden war.

Eine Analyse der Identitäts-Überprüfungen an gelagerten Blutproben am Hamburger Institut für Rechtsmedizin ergab folgendes:

Im Untersuchungszeitraum von 1984 bis 1993 kam es zu 70 597 Blutalkoholuntersuchungen; Identitäts-Prüfungen wurden für 187 Personen (0,26% in bezug auf alle Blutproben) in Auftrag gegeben. Darunter wurden 33 Fälle von Nichtidentität ermittelt (17,6% der geprüften Blutproben). Die Ergebnisse werden mit einer früheren Studie (*Kleiber* 1987, 10-Jahres-Zeitraum von 1974 bis 1983) verglichen. Während die Frequenz der Identitäts-Überprüfung abgenommen hat, haben die Fälle von Nichtidentität relativ erheblich zugenommen. Soweit Nichtidentität festzustellen war, handelte es sich nicht um Blutprobenverwechslungen, sondern um bewußte, z. T. sehr raffinierte Täuschungsmanöver mittels fremder oder gefälschter Ausweispapiere oder vorgeschobener Personen. In diesen Fällen war die nachträgliche Überprüfung der Blutgruppensysteme ein wichtiges Beweismittel im Strafverfahren, welches bei Verzicht auf eine Blutalkoholuntersuchung nicht zur Verfügung stehen würde[59].

d) Ein paar Zahlen

Übrigens nahm der Anteil der Unfallursache Alkohol bei Verkehrsunfällen mit Personenschäden bundesweit in den letzten Jahren ab; er sank von 15,4% (1972) auf 12,7% (1982).

Von 1974 bis 1983 ging im Bundesgebiet überraschenderweise generell die Zahl der Blutentnahmen zurück. Nur in drei Regionen (im Einzugsgebiet der Blutalkohol-Untersuchungsstellen Marburg, München und Saarbrücken/Homburg) waren Steigerungen zwischen 70 und 150% zu beobachten[60].

In diesen drei Ausnahmeregionen wohnen aber keine trinkfreudigeren Autofahrer, vielmehr kontrolliert dort die Polizei häufiger als anderswo. Die Beachtung der Unfallstatistik ist in all den Fällen geboten, in denen Gerichte dazu neigen, unter Hinweis auf die Generalprävention schwerere Strafen zu verhängen, als sie sonst angemessen wären. Der Hinweis auf die Generel-

---

59 *Püschel/Krüger/Wischhusen*, Identitätsprüfungen an gelagerten Blutproben, BA Vol. 31/1994, 321.
60 *Erkens*, Ist die Alkoholdelinquenz im Straßenverkehr rückläufig?, BA Vol. 22/1985, 397.

2 Straftatbestände

prävention kann nur dann zutreffend sein, wenn eine gemeinschaftsgefährliche Zunahme solcher oder ähnlicher Straftaten festgestellt wird, wie sie zur Aburteilung anstehen[61]. Das Gericht muß also im Urteil statistische Zahlen anführen oder sonst dartun, aufgrund welcher Erkenntnisquelle es zu seiner Auffassung gelangt[62].

e) „Ich bringe mich um!"

Relativ häufig hört man als Anwalt nach einer Alkoholtat von seinem Mandanten den Satz: „Ich bringe mich um!" Zwar kann man sich allgemein damit trösten, daß nicht alle Leute, die einen Selbstmord ankündigen, ihre Drohung auch realisieren. Indes kann es schon einmal vorkommen, daß der Wunsch in die Tat umgesetzt wird. *Kleiber/Püschel* berichten aus ihrem Hamburger Material, daß sich in 54 201 Blutentnahmeprotokollen von Verkehrsdelinquenten nur in 18 Fällen ein Vermerk über eine Suizidabsicht findet (Zeitraum 1980 bis 1985). In 15 Fällen (von denen allerdings nur einer angekündigt war) kam es tatsächlich zum Suizid[63].

Meist kommt der Selbstmord für die Angehörigen und auch wohl für den Anwalt völlig überraschend. Suizidabsichten des Mandanten sollte man nicht leichtfertig abtun, wie es meist geschieht. Man sollte daran denken, den Angehörigen des Mandanten auf irgendeine Art und Weise klarzumachen, wie suizidgefährdet der Ehemann bzw. Vater oder Sohn ist.

f) Entfällt der Versicherungsschutz?

Häufig bekam ich von Mandanten die Frage vorgelegt, ob nach einer Trunkenheitsfahrt mit Fremdschaden der Versicherungsschutz entfällt. Bis zum 1. 7. 1994 konnte die Frage verneint werden. Ab diesem Zeitpunkt sieht es aber anders aus. Die Versicherer können aufgrund der Kraftfahrzeug-Pflichtversicherungsverordnung eine Trunkenheits- oder Drogenklausel in den Versicherungsvertrag aufnehmen. Dies hat zur Folge, daß in den Katalog der vertraglichen Obliegenheiten das Verbot aufgenommen wird, in alkoholisiertem Zustand oder unter Drogeneinfluß Fahrzeuge zu führen. Ein Regreß ist bis zu 10 000,– DM möglich. Die neue Trunkenheits- bzw. Drogenklausel gilt aber nur dann, wenn sie ausdrücklich vereinbart wird, was in der Regel nur bei neuen Verträgen ab 1. 7. 1994 gilt[64].

---

61 *BGH*, Beschl. vom 29. 4. 1983, StV 1983, 326.
62 *KG*, Urteil vom 26. 10. 1972, VRS 44, 94.
63 *Kleiber/Püschel*, Überlegungen zur Suizidproblematik im Zusammenhang mit Blutentnahmen nach § 81 a StPO, BA, Vol. 24, 1987, 100.
64 *G. Stamm*, Die neue Trunkenheitsklausel in der KFZ-Haftpflichtversicherung, VersR 95, 261.

2.5. Vollrausch (§ 323 a StGB)

Erhebliche alkoholische Beeinflussung des Kraftfahrers kann zur Anwendung des § 20 StGB führen. Ab einer Alkoholkonzentration von 2‰ ist diese Möglichkeit zumindest ernsthaft zu prüfen; bei einem Blutalkoholwert von 3‰ und mehr versteht sich die Prüfung von selbst, in der Regel wird bei einem derartig hohen Blutalkoholwert die Schuldunfähigkeit bejaht[65]. Trunksucht kann zum Persönlichkeitsverfall und damit zu einer krankhaften seelischen Störung i. S. d. §§ 20, 21 StGB führen. Epilepsie führt meist zu einer verminderten Alkoholtoleranz (*OLG Köln*, Beschluß vom 21. 12. 1984, VRS 68, 350).

Alkohol in der Kombination mit Medikamenten kann je nach der Art des Medikaments auch bei geringen Blutalkoholwerten zur Schuldunfähigkeit führen. Bevor die synergistische Wirkung von Alkohol und Medikament geprüft wird, sollte man einen Sachverständigen zu Rate ziehen. Ohne Sachverständigen kann der Anwalt aber mit der nachweisbaren Behauptung, der Mandant habe bei einem früheren Auto- oder Arbeitsunfall eine schwere Kopfverletzung davongetragen, ebenfalls die Frage der Schuldunfähigkeit überprüfen lassen. Ein Schädelhirntrauma kann für sich allein genommen bereits die Schuldfähigkeit ausschließen. Kommt noch Alkohol hinzu, können selbst geringe Alkoholmengen in Verbindung mit dem Schädelhirntrauma zu abnormen Verhaltensweisen führen (*BGH*, Beschluß vom 13. 1. 1986, StV 86, 285).

Taucht die Frage der Schuldunfähigkeit auf, ist der Alkoholwert zum Zeitpunkt der Tat zu berechnen. Dabei spielt es eine Rolle, ob Blut entnommen wurde oder aber, ob aus irgendeinem Grund von der Blutentnahme Abstand genommen wurde.

Während der Beschuldigte zunächst bezüglich der Fahruntüchtigkeit gem. §§ 316, 315 c StGB (s. o. Rdnr. 22) an dem Nachweis einer möglichst **geringen** BAK zum Tatzeitpunkt interessiert ist, schlägt für ihn im Bereich der Schuld die Interessenlage um. Er wird bei möglichst hoher BAK bzgl. §§ 315 c, 316 StGB mangels Schuld freigesprochen und kann nur gem. § 323 a StGB bestraft werden. Steht die BAK für den Tatzeitpunkt nicht sicher fest, so können in demselben Verfahren zwei verschiedene Abbauwerte bedeutsam werden. Nach dem Grundsatz in dubio pro reo ist dann von dem jeweils günstigsten Abbauwert auszugehen, nämlich von der minimalen BAK im Tatzeitpunkt.

---

65 *Dreher/Tröndle*, § 20, Rdnr. 9 a ff.

2 Straftatbestände

Ergibt sich aufgrund einer Blutentnahme ein bestimmter Entnahmewert, so ist zur Ermittlung der für § 323 a StGB günstigen maximalen BAK unter Anwendung der *Zink-Reinhard*-Formel auf den Tatzeitalkohol zurückzurechnen. Diese Formel lautet:

max. Tatzeit-BAK = BAK der Blutprobe + 0,20‰ + 0,20‰/h.

Der maximale Rückrechnungswert wird mit 0,2‰ pro Stunde angesetzt und auf den errechneten Endwert der Blutalkoholkonzentration wird ein weiterer Sicherheitszuschlag von 0,2‰ (bei abnorm hohem Alkoholkonsum und bei Verdacht auf Alkoholabhängigkeit beträgt der Zuschlag 0,3‰) hinzugerechnet[66].

Beträgt die BAK der 5½ Stunden nach dem Vorfall entnommenen Blutprobe 1,07‰, errechnet sich daraus ein Tatzeitalkohol von 2,37‰ mit der Folge, daß die Voraussetzungen des § 21 StGB zu bejahen sind (*BGH*, Beschluß vom 20. 2. 1986, BA Vol. 23, 1986, 455).

In diesem Zusammenhang ist es erwähnenswert, daß die Strafsenate der Oberlandesgerichte zunächst bei der Anwendung der *Zink-Reinhard*-Formel sehr zurückhaltend waren, nun aber der BGH bei der Feststellung der Schuldunfähigkeit diese Formel zugrunde legt, da eine Rückrechnung mit einem Abbauwert von 0,15‰ pro Stunde den Angeklagten benachteiligen würde (*BGH*, Beschluß vom 12. 11. 1985, VRS 70, 205).

Bei der im Rahmen der Prüfung alkoholbedingter Schuldunfähigkeit vorzunehmenden Rückrechnung vom Entnahme- auf den Tatzeitpunkt (also bei Ermittlung der maximalen BAK) ist auch für kurze Zeit (wenige Minuten bis zu zwei Stunden) ein Abbauwert von 0,2‰ h und ein einmaliger Sicherheitszuschlag von 0,2‰ zugrunde zu legen (*BayObLG* NZV 1989, 240 = BA Vol. 26, 1989, 288).

Der niedrigste mögliche Abbauwert liegt bei 0,1‰ je Stunde, zuzüglich eines Resorptionsdefizits von 10%[67].

---

[66] Alkohol und Straßenverkehr, Zweites Gutachten des Bundesgesundheitsamtes, Schriftenreihe des Bundesministers für Verkehr, Heft 52, 1977, S. 27; *Zink/Reinhardt*, Der Verlauf der Blutalkoholkurve bei großen Trinkmengen, BA Vol. 21, 1984, 422 ff. Zur neuesten Rechtsprechung bzgl. der BAK s. *BGH*, Urteil vom 22. 11. 1990, VRS 80, 200: Diese Entscheidung enthält eine ausführliche Stellungnahme zu der Berechnungsmethode der BAK und weitere Ausführungen dazu, in welchen Fällen die Voraussetzungen der §§ 20, 21 StGB vorliegen.
[67] *BGHSt* 34, 29 (32); *BGH* NStZ 1989, 473.

Auch wenn keine Blutprobe vorliegt, sind dieselben Abbauwerte der Berechnung zugrunde zu legen, also entweder der minimale Abbauwert von 0,1‰ pro Stunde zuzüglich eines Resorptionsdefizits von 10% oder der maximale Abbauwert von 0,2‰ zuzüglich eines einmaligen Sicherheitszuschlags von 0,2‰.

Beispiel: Trinkt der Autofahrer 12 Flaschen Bier, so ergibt das – bei Zugrundelegung von 0,37‰ pro Bierflasche – eine BAK von 4,44‰ im Trinkzeitpunkt. Lag der Tatzeitpunkt 9 Stunden später, so ergibt sich für die Ermittlung der Schuldfähigkeit folgendes: Legt man den minimalen Abbauwert von 0,1‰ zuzüglich 10% Resorptionsdefizit zugrunde, so ergibt sich eine BAK von 3,10 (maximaler BAK-Wert). Legt man den maximalen Abbauwert von 0,2‰ h + 0,2‰ Sicherheitszuschlag zugrunde, so ergibt sich eine BAK von 2,44‰ (minimaler BAK-Wert). Bei der Beurteilung der Schuldfähigkeit gem. § 315c StGB muß nach dem Grundsatz in dubio pro reo die BAK von 3,10 zugrunde gelegt werden, d.h. der Beschuldigte ist insoweit freizusprechen (vgl. *BGH* BA Vol. 23, 1986, 457). Der § 323a StGB ist dann gesondert zu prüfen. Da hier jede nach dem Beweisergebnis mögliche BAK in den Bereich möglicher Schuldunfähigkeit fällt (2,44–3,10‰), wäre § 323a StGB erfüllt.

Ein weiteres Beispiel: Ist keine Blutprobe entnommen worden und ergibt sich bei Berechnung der maximalen BAK ein Wert von 1,7‰ und der minimalen BAK ein Wert von unter 1‰, so ist bzgl. der Fahruntüchtigkeit vom letzteren Wert auszugehen. Wenn keine Anhaltspunkte für relative Fahruntüchtigkeit vorliegen, ist der Beschuldigte damit vom Vorwurf des § 316 StGB freizusprechen. Nur wenn die (relative) Fahruntüchtigkeit bejaht wird, sind im Rahmen der Schuld die §§ 20, 21 StGB zu prüfen. Hierbei ist unter Zugrundelegung der *Zink-Reinhard*-Formel von einer Tatzeit BAK in Höhe von 1,7‰ auszugehen, die allerdings die Anwendbarkeit des § 21 StGB nicht begründen würde (vgl. *BGH* BA Vol. 23, 1986, 457)[68].

Ausnahmsweise kann der Täter trotz alkoholbedingter Schuldunfähigkeit dann wegen eines Verkehrsdeliktes bestraft werden, wenn er sich in den schuldunfähigen Zustand mit dem Vorsatz hineinbringt, in diesem Zustand anschließend ein bestimmtes Delikt zu begehen oder ohne diesen Vorsatz, wenn er die Begehung eines bestimmten Deliktes, nämlich das anschließende Fahren in angetrunkenem Zustand, voraussehen konnte (**actio libera in causa** = vorverlegte Verantwortlichkeit). Der Vorwurf der Fahrlässigkeit

---

68 Dazu ausführlich: *Salger*, Die Bedeutung des Tatzeit-Blutalkoholwertes für die Beurteilung der erheblich verminderten Schuldfähigkeit, Festschrift für *Pfeiffer*, 1988, S. 379 ff.; *ders.*, Ausgewählte Fragen der Schuldfähigkeit bei Verkehrsstrafverfahren, Heft 8 der Schriftenreihe der Arbeitsgemeinschaften des DAV, 1989, 9 ff.

2 Straftatbestände

kann aber nicht dann schon erhoben werden, wenn dem Täter ein Kraftfahrzeug verfügbar war, vielmehr nur dann, wenn besondere Umstände die Möglichkeit des Entschlusses, das Kraftfahrzeug zu benutzen, nahelegten. Der Tatbestand einer vorsätzlichen Straftat kann im Wege der sog. actio libera in causa nur dann begangen werden, wenn der Täter, als er noch verantwortlich war, gewollt oder zumindest bedacht und billigend in Kauf nahm, daß er im Rauschzustand eine bestimmte Straftat begehen werde (vgl. *OLG Koblenz* NZV 1989, 240); diese Voraussetzungen werden bei einem Vergehen der Unfallflucht kaum je gegeben sein[69]. Der Autofahrer, der sein Auto vor einer Bar parkte, in der Bar 15 Whisky trinkt und dann mit einem Blutalkoholwert von mehr als 3‰ die Heimfahrt antritt, ist ungeachtet seiner möglichen Schuldunfähigkeit strafbar, weil er im Zustand der Handlungsfähigkeit im Bewußtsein, sein Fahrzeug bei sich zu haben und mit diesem Fahrzeug wieder wegfahren zu wollen, getrunken hat. Anders dagegen, wenn der Autofahrer das Fahrzeug daheim in der Garage stehen hat, mit dem Taxi zur Bar fährt, sich nach 15 Glas Bier mit dem Taxi wieder heimbringen läßt und dann nachts plötzlich auf die Idee kommt, noch mit dem Auto herumzufahren. Ob hier noch die Voraussetzungen der actio libera in causa vorliegen oder aber die Trunkenheitsfahrt unter dem Gesichtspunkt des Vollrausches zu beurteilen ist, oder gar straflos bleibt, wird Tatfrage sein.

32 Entfällt die actio libera in causa, wird bei alkoholbedingter Schuldunfähigkeit stets zu überprüfen sein, ob der **Auffangtatbestand des § 323 a StGB**[70] Anwendung findet. Bestraft wird das vorsätzliche oder fahrlässige Sichberauschen. Der Täter muß wissen, daß die Alkoholzuführung (gegebenenfalls in Verbindung mit Medikamenten oder anderen Rauschmitteln) geeignet ist, einen Rausch herbeizuführen. Es spielt dabei keine Rolle, ob der Täter schuldunfähig wird oder ob er in einen Zustand gerät, der die Schuldunfähigkeit nicht ausschließen läßt[71]. Von Bedeutung ist die Frage der „Zurüstung",

---

69 *Dreher/Tröndle*, § 20, Rdnr. 20; *BGH*, Beschl. vom 1. 7. 1970 bzw. 17. 11. 1970, DAR 1971, 203.
70 Zum Meinungsstreit, ob § 323 a StGB als Auffangtatbestand anzusehen ist: *OLG Köln*, Urteil vom 22. 8. 1984, BA Vol. 22, 1985, 243 m. w. Rechtsprechungs- und Literaturhinweisen.
71 § 323 a StGB findet auch Anwendung, wenn nicht aufklärbar ist, ob der Berauschte bei Begehung der Rauschtat schuldunfähig oder nur erheblich vermindert schuldfähig war. § 323 a StGB greift dagegen nicht ein, wenn der Angeklagte bei Begehung der Rauschtat entweder schuldunfähig oder erheblich vermindert schuldfähig oder voll schuldfähig war (*BGHSt* 32, 48). Wichtig ist für die Strafzumessung, daß die durch § 323 a StGB unter Strafe gestellte Gefährdung geringer zu bewerten ist als die Verletzung der Norm, die objektive Bedingung der Strafbarkeit dieses Gefährdungsdelikts (*BGH*, Beschl. vom 18. 8. 1983, VRS 66, 221).

d.h. ob der Täter sichere Vorbeugungsmaßnahmen dagegen traf, im Rausch irgendwelche Ausschreitungen oder strafbare Handlungen zu begehen. So wird es Tatfrage sein, ob es als ausreichende Zurüstung angesehen werden kann, wenn der Barbesucher dem Barkeeper den Autoschlüssel übergibt, dann aber mit dem Zweitschlüssel das Fahrzeug in Gang setzt und damit wegfährt. Ob eine subjektive Beziehung des Täters zur Rauschtat bestehen muß, ist umstritten. Insbesondere ist umstritten, ob der Täter wissen muß, daß er im Rausch zu Straftaten irgendwelcher Art neigt[72].

2.6. Unerlaubtes Entfernen vom Unfallort (§ 142 StGB[73])

Eine der umstrittensten verkehrsstrafrechtlichen Vorschriften stellt § 142 StGB dar. Obwohl die Unfallflucht immer wieder Diskussionsthema der Fachleute, insbesondere auf den Verkehrsgerichtstagen, war, kann die jetzige Fassung des § 142 StGB nicht befriedigen, auch wenn die frühere Strafbarkeit des Versuchs entfiel und die sog. besonders schweren Fälle nicht mehr Tatbestandsmerkmal sind. Effiziente Verteidigung bei Problemen der Unfallflucht setzt die Kenntnis der in den früheren Jahren geführten Diskussionen ebenso voraus wie die Kritik, die immer wieder an dieser Strafvorschrift geübt wurde[74]. Wer sich erfolgreich etwa mit der Behauptung eines Staatsanwaltes auseinandersetzen will, der Unfallflüchter habe aus Feigheit und Gemeinheit gehandelt, er habe ein charakterliches Defizit gezeigt, der muß den Hinweis auf die Entstehungsgeschichte des § 139a (a. F.) StGB, insbesondere die Begründung dieser Vorschrift durch Staatssekretär *Freisler*[75], parat haben.

Nach meiner Erfahrung legen Staatsanwaltschaft und Gericht die Vorschrift des § 142 StGB so weit aus, wie dies gerade noch vertretbar erscheint. Trotz Abschaffung des Versuchstatbestandes wird nunmehr z.B. die Grenzlinie der Tatvollendung beim Sichentfernen vorverlegt, so daß bereits eine geringe Absetzbewegung ausreicht, um den Tatbestand des unerlaubten Entfernens zu bejahen[76].

33

---

72 *Dreher/Tröndle*, § 323 a, Rdnr. 9.
73 Ausführlich zur Verteidiung bei „Unfallflucht": *Himmelreich/Bücken*, Verkehrsunfallflucht, 2. Aufl., 1995, PSt Bd. 15.
74 Dazu ausführlich: *Janiszewski* Rdnr. 465 ff.; aber auch: *Volk*, *Bär* und *Hammerstein*, Referate zur gesetzlichen Regelung der Unfallflucht, VGT 1982, 97 ff.
75 Deutsche Justiz 1940, 525.
76 *Dreher/Tröndle*, § 142, Rdnr. 23.

2 Straftatbestände

2.6.1. Fälle der Straflosigkeit

Nicht unter den Straftatbestand des § 142 StGB fallen die Unfälle, die sich außerhalb des öffentlichen Straßenverkehrs ereigneten, also auf einem rein privaten Gelände stattfanden. Nicht zum öffentlichen Verkehrsraum zählt aber nur ein Weg oder Platz, der einem abgegrenzten Personenkreis zugänglich ist (z. B. Parkplatz, der mit einer Kette abgeschlossen und nur bestimmten Personen, die einen Schlüssel zum Öffnen der Kette besitzen, zugänglich ist; Tiefgarage, bei der die Einstellplätze nur an bestimmte Personen vermietet werden und nur diese Personen mittels elektronisch gesteuertem Mechanismus das Tor zur Tiefgarage öffnen oder schließen können). Auf mangelnde Öffentlichkeit ist nur unter engen Voraussetzungen abzustellen.

34 Belanglose Schäden schließen den Unfall i. S. des § 142 StGB aus. Belanglos war lange Jahre ein Reparaturaufwand von 40,– DM; Ansätze, die Wertgrenze heraufzusetzen, unterlagen in der Vergangenheit heftiger Kritik[77]. Die Kritik übersieht, daß es erfahrungsgemäß einen Unterschied macht, ob ein Autofahrer bei Erteilung des Reparaturauftrages erklärt, er selbst müsse den Schaden bezahlen bzw. der gegnerische Haftpflichtversicherer werde seinen Schaden ausgleichen.

Täter kann nur ein Unfallbeteiligter sein, d. h. derjenige, durch dessen Verhalten der Unfall verursacht wurde. Der Fahrzeughalter (auch wenn er mitfährt), wird in der Regel nicht als Täter angesehen werden können, es sei denn, es liegen Besonderheiten vor (daß auch hier die Rechtsprechung den Tatbestand ausdehnend anwendet, zeigt die reichhaltige Kasuistik). In den wenigen Fällen, in denen lediglich das Fahrzeug feststeht, nicht aber dessen Fahrer, der den Unfall verschuldet hat, kann dem Mandanten, der Halter (und möglicherweise auch Fahrer) des Unfallfahrzeuges war, angeraten werden, von seinem Recht Gebrauch zu machen, die Einlassung zu verweigern. Aus dem Schweigen des Mandanten ist ebensowenig etwas herzuleiten wie aus der Tatsache, daß er Halter des Fahrzeuges war. Aus der Haltereigenschaft kann nämlich nicht geschlossen werden, der Mandant habe bei der Unfallfahrt auch das Fahrzeug selbst gefahren. Eine solche Beweiswürdigung wäre willkürlich[78]. Wer nur Eigenschaden erleidet, verwirklicht nicht den Tatbestand des § 142 StGB. Verzichten alle in Betracht kommenden Geschädigten auf Feststellungen oder werden sie vermutlich auf Feststellungen verzichten (nahe Angehörige oder Nachbar), entfällt die Strafbarkeit[79]. Dasselbe gilt, wenn der Schaden bereits an Ort und Stelle ersetzt wird.

---

77 *Dreher/Tröndle*, § 142, Rdnr. 11.
78 *BVerfG*, Beschl. v. 31. 8. 93, StV 1994, 3; *OLG Oldenburg*, Beschl. v. 1. 11. 1993, StV 94, 8.
79 Über die verschiedenen Arten des Verzichts (endgültiger, mutmaßlicher, vorläufiger) mit

2.6.2. Unerlaubtes Entfernen

Die Strafbarkeit beim unerlaubten Entfernen knüpft an zwei Voraussetzungen an.

Falls jemand bereit ist, Unfallfeststellungen zu treffen, wird der Unfallbeteiligte verpflichtet, zugunsten einer feststellungsbereiten Person
a) am Unfallort anwesend zu sein (passive Feststellungsduldungspflicht),
b) sich als Unfallbeteiligter zu erkennen zu geben (Vorstellungspflicht).
Angegeben werden müssen auf Wunsch der Vor- **und** der Familienname[80]. Der Unfallgegner kann Einsichtnahme in den Personalausweis verlangen[81].

Die Art der Beteiligung braucht nicht dargelegt zu werden. Der Unfallbeteiligte ist also nicht etwa verpflichtet, darauf hinzuweisen, daß er sich in angetrunkenem Zustand befindet. Verlangt ein Feststellungsinteressent das Erscheinen der Polizei, hat der Schädiger aber seine Schuld schriftlich und unter Angabe von Person, Fahrzeug und Art der Beteiligung anerkannt, erscheint es zweifelhaft, ob einem Schädiger in einem derartigen Fall das Entfernen vom Unfallort erlaubt sein soll.

Feststellungsberechtigte Personen können auf Feststellung an der Unfallstelle oder überhaupt verzichten mit der Wirkung, daß dann die Wartepflicht nach § 142 Abs. 1 StGB entfällt. Falls der Berechtigte abwesend ist, kommt seine mutmaßliche Einwilligung in Betracht, die nach objektiven Maßstäben zu beurteilen ist. Eine mutmaßliche Einwilligung kommt nicht nur bei näheren Angehörigen in Betracht, sondern setzt überhaupt kein Verwandtschaftsverhältnis voraus, wie z. B. bei einem Arbeitgeber, Freund, Bekannten oder Nachbarn[82].

Fehlt eine feststellungsbereite Person, besteht die **Wartepflicht**. „Angemessene Zeit" ist zu warten. Die Rechtsprechung hat Grundsätze für die den Umständen angemessene Wartefrist entwickelt. Abzustellen ist auf die Umstände des Einzelfalles. Dabei spielen Art, Schwere des Unfalles, Schadenshöhe, Art und Umfang etwaiger Verletzungen, Lage des Unfallortes, Tageszeit, Witterung und Verkehrsdichte eine Rolle. Insoweit sei auf die reichhaltige Kasuistik hingewiesen.

---

ihren unterschiedlichen Auswirkungen auf die Straflosigkeit informiert ein Aufsatz von *Bernsmann* (Der Verzicht auf Feststellungen bei § 142 StGB), NZV 1989, 49.
80 *OLG Düsseldorf*, Beschl. v. 22. 3. 1985, NJW 1985, 2725.
81 *OLG Hamm* bei *Janiszewski* NStZ 1985, 257.
82 *BayObLG*, Beschluß vom 7. 11. 1984, StV 1985, 109.

2 Straftatbestände

Ob geringfügige körperliche Beeinträchtigungen (Prellungen) noch nicht als Schaden i. S. des § 142 StGB angesehen werden können, ist Tatfrage, insbesondere, wenn unmittelbar an Ort und Stelle eine Körperverletzung des etwaig geschädigten Fußgängers nicht zu erkennen war. Selbst wenn Straflosigkeit i. S. des § 142 StGB vorliegen sollte, bleibt immer noch der Übertretungstatbestand des § 34 StVO. Im übrigen kann sich auch heute kein Autofahrer mehr damit herausreden, er habe nicht gewußt, was er nach einem Unfall habe tun müssen, denn § 34 StVO schreibt ihm vor:

1. unverzüglich zu halten,
2. den Verkehr zu sichern und bei geringfügigen Schäden unverzüglich zur Seite zu fahren,
3. sich über die Unfallfolgen zu vergewissern,
4. Verletzten zu helfen,
5. auf Verlangen anderer seinen Namen und seine Anschrift anzugeben sowie ihnen Führerschein und Fahrzeugschein vorzuweisen,
6. Angaben über seinen Haftpflichtversicherer zu machen,
7. vor Verlassen des Unfallortes dort Namen und Anschrift zu hinterlassen und
8. keine Unfallspuren zu beseitigen, bevor nicht die notwendigen Feststellungen getroffen wurden.

Wer die Wartefrist einhält oder sich erlaubt (berechtigt oder entschuldigt) vom Unfallort entfernte, bleibt deshalb nicht etwa straffrei. Er macht sich ebenfalls strafbar, wenn er die Feststellungen zu seiner Person, seines Fahrzeuges oder der Art der Beteiligung nicht **unverzüglich nachträglich** ermöglicht.

36 Die Rechtsprechung sagt wiederum, wann man sich „berechtigt" entfernt. Beim dringenden Krankentransport kann es ebensowenig zweifelhaft sein wie beim Aufsuchen eines Arztes, um Verletzungen versorgen zu lassen. Art und Umfang der jeweiligen Verletzungen sind für den Tatrichter Kriterium dafür, ob das Entfernen berechtigt oder unberechtigt war. Als Entschuldigungsgrund für das Entfernen wird z. B. der Fall angesehen, daß der Unfallbeteiligte in einer kalten Winternacht völlig durchnäßt den Unfallort verläßt, um seine Kleider zu wechseln, oder wenn er schockbedingt oder in einem Alkoholrausch die Unfallstelle verläßt.

In all diesen Fällen muß der Unfallbeteiligte seiner Nachholpflicht nachkommen, nämlich unverzüglich, d. h. ohne schuldhaftes Zögern, die nachträglichen Feststellungen ermöglichen. Er muß entweder dem Berechtigten oder einer nahegelegenen Polizeidienststelle mitteilen, daß er es war, der an dem Unfall beteiligt war. Dazu gehört ferner die Angabe der Anschrift, des Fahrzeugkennzeichens und des Fahrzeugstandortes; auch der eigene Aufenthaltsort muß mitgeteilt werden.

Volk ist beizupflichten, der auf dem 20. Deutschen Verkehrsgerichtstag 1982 u. a. ausführte:

„Noch nie zuvor in der Geschichte des Tatbestandes der Unfallflucht hat der Unfallbeteiligte so viele und so umfangreiche Pflichten zu erfüllen und ein so großes Strafbarkeitsrisiko zu tragen. Noch nie zuvor ist die Diskrepanz zwischen Gesetzeswortlaut und Rechtsprechung größer gewesen, so daß sich nahezu schon der auf Verbotsirrtum berufen kann, der vorbringt, das Gesetz besonders gründlich gelesen zu haben[83].

2.6.3. Sachverständige und Unfallflucht

Mitunter wird sich die Frage stellen, ob ein Sachverständigengutachten anzufordern ist. Handelt es sich nur um Rückrechnungsprobleme, kann das Gericht selbst entscheiden. Anders als bei der Trunkenheitsfahrt, bei der grundsätzlich zugunsten des Täters mit einem Rückrechnungswert von 0,1‰ pro Stunde ausgegangen wird, ist zugunsten des alkoholisierten Unfallflüchters der jeweils höchstzulässige Abbauwert zu berücksichtigen. Dies kann zu der scheinbar schizophrenen Beurteilung führen, daß die Trunkenheitsfahrt des Angeklagten bei einem Promillewert von z. B. 1,5‰ durchgeführt wurde, während für die Unfallflucht ein Promillewert von über 2‰ zugrunde gelegt wird (zu demselben Problem bei § 323 a StGB s. bereits oben Rdnr. 30).

Bei der Unfallflucht alkoholisierter Verkehrsteilnehmer ist zu beachten, daß sich die psychophysischen Leistungseinbußen nicht nur auf die Fahrtüchtigkeit und die Zurechnungsfähigkeit auswirken, sondern auch den Vorsatz berühren können. Wesentlich können Auffassungs- und Wahrnehmungsstörungen werden, d. h. wenn der Fahrer infolge einer Einengung seiner Aufmerksamkeit den Unfall selbst nicht wahrgenommen hat.

Grüner[84] weist in seinem auch heute noch nachlesenswerten Aufsatz aus dem Jahre 1959 darauf hin, daß im Übermaß benutzte Medikamente, vor allem im Zusammenwirken mit geringen Alkoholmengen, zu ausgeprägten Auffassungsstörungen führen. Daneben können auch Vergiftungszustände, etwa bei der Kohlenoxydvergiftung, bei Zusammenwirkung weiterer Faktoren eine Rolle spielen. Zu denken ist an die Einatmung von Auspuffgasen (etwa beim Kolonnenfahren) und Zigaretten- oder Zigarrenrauch bei einem starken Raucher. Es kann zu Reiz- und Ausfallerscheinungen auf akustischem und optischem Gebiet kommen. Der von *Grüner* an anderer Stelle seines

---

83 *Volk*, VGT 1982, S. 111.
84 Zur Schuldfrage bei Unfallflucht, DZgerichtlMed. 49 (1959), 592 ff.

2 Straftatbestände

Aufsatzes erwähnte Fall des Liebhabers, der sich so mit seiner Geliebten beschäftigt, daß er einen Anstoß an ein anderes Fahrzeug nicht merkt, wird reizvoll durch die Darstellung, die *Grüner* wählt, insbesondere, wenn er berichtet, daß die Polizei den PKW in einer Waldschneise auffindet und der Liebhaber dort „in nichts als in die Dunkelheit der Nacht gehüllt" angetroffen wird. Selbst leichte Kopfverletzungen in Verbindung mit weiteren Umständen können zu posttraumatischen Dämmerzuständen führen, die bei der Beurteilung der Schuldfrage von Bedeutung sind. Die Schilderung des Verhaltens *Graf Bismarcks* nach einem Sturz vom Pferd ist so imponierend, daß sie wiederholt werden muß:

„Das Pferd hatte gescheut und *Bismarck* abgeworfen. *Bismarck* lief unmittelbar nach dem Sturz nach Hause, erkannte seine eigenen Hunde nicht, die ihn zur Begrüßung anbellten, schalt diese und ordnete an, man solle seinen Reitknecht holen; dieser sei vom Pferde gestürzt und liege draußen auf der Straße."

Die Behauptung, der Autofahrer habe einen bestimmten Anstoß merken müssen, kann einer näheren Überprüfung möglicherweise nicht standhalten[85]. Daher ist in diesen Fällen daran zu denken, durch einen Sachverständigen nachmessen zu lassen, welche Phonstärke ein Anstoß hervorruft und ob der im Inneren des Fahrzeuges sitzende Fahrer gleichermaßen diesen Anstoß hört wie etwa ein außerhalb des Autos befindlicher Zeuge. Eine alkoholische Beeinflussung des Kraftfahrers hat nur ausnahmsweise eine Störung des Gehörs zur Folge[86]. Möglicherweise liegt aber bei dem Beschuldigten ein Hörschaden vor. Dies müßte dann durch ein HNO-Gutachten abgeklärt werden. Der Gutachter ist durchaus in der Lage, einen Simulanten von einem echten Hörgeschädigten zu unterscheiden. Hörschäden führen nicht zur Beeinträchtigung der Fahrtauglichkeit, da der Hörschaden durch ein Hörgerät ausgeglichen werden kann.

Im übrigen kommt im konkreten Fall dem Anstoßgeräusch häufig nicht die entscheidende Bedeutung zu. Wichtiger ist die sogenannte taktile Bemerkbarkeit, die in den meisten Fällen nachzuweisen sein wird[87].

38 Von Bedeutung können auch die Fälle werden, in denen der Fahrer sich in einer Schreck- oder Panikreaktion von der Unfallstelle entfernt. Diese Fälle

---

85 Dazu ausführlich: *Welther*, Wahrnehmbarkeit leichter Fahrzeugkollisionen, J. Schweitzer Verlag, München, 1983.
86 *Eisenmenger/Schorn/Gilg*: Untersuchungen zur Funktionsfähigkeit des Gehörs, speziell der Frequenzauflösung unter Alkoholeinfluß, BA Vol. 21, 1984, 250ff.
87 DEKRA Verkehrsunfallanalyse, Fahrzeug-Kleinkollisionen, ergänzende Versuche zur akustischen und taktilen Bemerkbarkeit, Gutachten des Dipl.-Ing. *Bethmann*, Heilbronn, DEKRA-Hauptverwaltung, Stuttgart, Abteilung T23, Dezember 1982.

sind weit seltener, als sie behauptet werden. Entscheidend ist, ob die Durchführung der Unfallflucht den Regeln vernunft- und zweckgerichteten Handelns zuwiderläuft. Auch heute noch enthält die Arbeit von *Hirschmann*[88] aus dem Jahre 1959 wichtige Aspekte für den Strafverteidiger. Zunächst berichtet *Hirschmann*, daß je nach Temperamentslage der Autofahrer auf einen Unfall entweder mit heftigem Zorn und Ärger reagiert, weil er den Unfall als eine empfindliche Niederlage seines ausgeprägten Selbstwertgefühls ansieht. Eine andere Gruppe, die sich durch Weichheit, Beeindruckbarkeit oder Empfindsamkeit auszeichnet, erfährt bei einem Unfall eine Überflutung mit Affekten der Angst, des Entsetzens oder des Grauens und wird in der Handlungsfähigkeit weitgehend lahmgelegt. Bei anderen steigert sich das Ausharrenmüssen an der Unfallstelle angesichts der Verletzten und des angerichteten Schadens, in Anwesenheit von feindlich eingestellten Neugierigen bis zur Unerträglichkeit. Es bedarf dann häufig erheblicher Energien, um sich dem Fluchtgedanken entgegenzusetzen. Kommt es dann aber doch zur Flucht, wird Zurechnungsunfähigkeit nur im Ausnahmefall durch den Sachverständigen zu attestieren sein. Entscheidend wird die Art der Flucht sein, vor allem dann, wenn der Fahrer sich von der Unfallstelle entfernt, obwohl er als Täter erkannt wurde, obwohl er sein Fahrzeug einschließlich Papiere am Unfallort zurückläßt und dann schließlich irgendwo in verwahrlostem Zustand aufgegriffen wird, nachdem er mehrere Stunden etwa durch einen Wald geirrt ist. In jedem Falle wird es zur Begutachtung durch den Psychiater kommen müssen. Soweit bei einem auffälligen Verhalten nach dem Unfall dessen Wurzel in der enthemmenden Wirkung des Alkohols zu suchen ist, werden selten die Voraussetzungen der §§ 20 oder 21 StGB bejaht.

Selten sind Fälle des **pathologischen Rausches**, d.h. plötzliche, nur durch geringfügige Mengen Alkohol ausgelöste Erregungen oder Dämmerzustände, wobei Störungen der Orientierung auftreten können. Der psychotische Zustand endigt mit einem **tiefen, narkoseähnlichen Schlaf**; es besteht eine partielle bis totale Amnesie für das Vorgefallene. Auslöser für den pathologischen Rausch können sein: Große Hitze, Kälte, affektive Erregung, in Entwicklung begriffene körperliche Erkrankung, Rekonvaleszenz, körperliche Erschöpfung und Schlafentzug. Die im pathologischen Rausch begangene Handlung mutet stets als Fremdkörper in einem sonst unauffälligen und korrekten Persönlichkeitsverhalten an[89].

---

88 Fahrerflucht in Schreck- und Panikreaktion, Kriminalbiologische Gegenwartsfragen, Heft 4, Stuttgart 1960, S. 44 ff.
89 *Hirschmann*, Verkehrsunfallflucht im Zustand von Bewußtseinsstörung und krankhafter Störung der Geistestätigkeit, Aktuelle Probleme der Verkehrsmedizin, Stuttgart 1965, 105.

2 Straftatbestände

2.6.4. Problematische Verteidigung bei Unfallflucht

39 Angesichts der Unnachgiebigkeit der Justiz in Fällen der Unfallflucht wird die Verteidigung dann problematisch werden, wenn der Mandant zwar nach einem Unfall die Unfallstelle unerlaubt verließ, bisher aber der Polizei als Täter noch nicht bekannt ist.

Hammerstein[90] schildert den Fall des Klienten, der nach einer Unfallflucht in der Kanzlei erscheint und dem Anwalt die Frage vorlegt, wie er sich zu verhalten habe. Die **Beratungsbilanz** führt häufig zu der Entscheidung, sich nicht zu stellen, sondern weiterhin „bedeckt" zu bleiben. Macht der Verteidiger eine Gewinn- und Verlustrechnung des Beschuldigten auf, so muß er dem Mandanten erklären, daß der Tatbestand des § 142 StGB mit der Flucht vollendet ist und die nachträgliche Meldung keine Straflosigkeit bewirkt. Spätere Meldung kann allenfalls im Rahmen der Strafzumessung berücksichtigt werden, eine sichere Prognose auf eine solche Art der Strafmilderung wird kein Verteidiger geben können. Die Fahrerlaubnis wird wegen der Regelvermutung des § 69 StGB entzogen werden. Hinzu kommt der drohende Regreß des eigenen Haftpflichtversicherers bis zur Höhe von 5000,- DM.

Hammerstein[91] führt zu Recht aus:

„Das Gesetz bietet Akte der Tapferkeit; aber es sollte dabei die begrenzte sittliche Kraft des Bürgers ins Visier nehmen und dem, der sich zwar spät, aber nicht zu spät, für das Recht entscheidet, eine Brücke bauen..."

Einen Lösungsversuch sehen Kollegen darin, bei der Polizei Nachfrage zu halten, wer der Geschädigte ist. Der Anwalt setzt sich dann im Auftrage des unbekannt bleibenden Mandanten mit dem Geschädigten in Verbindung und führt den Schadensausgleich herbei. Besonders vorsichtige Kollegen empfehlen in diesem Falle sogar, daß ein Schein-Aktenstück angelegt wird, unter dem Anfragen und Korrespondenz geführt werden, in einem gesonderten Aktenstück aber dann die interne Korrespondenz mit dem Mandanten geführt wird, um so auch die Befürchtung des Mandanten zerstreuen zu können, eine etwaige Beschlagnahme der Verteidiger-Handakten[92] führe doch noch zu seiner Entdeckung. Ist der Mandant als Unfallbeteiligter später ermittelt worden, empfiehlt es sich, für eine gute Ausgangsposition bei der Erörterung der Strafzumessungsgründe, dem Mandanten anzuraten, entwe-

---

90 Zur Beratung und Verteidigung in Fällen der Unfallflucht, VGT 1982, 131 ff. Wichtig ist auch der Aufsatz von *Janker*: Verteidigung bei unerlaubtem Entfernen vom Unfallort, NJW 91, 3113 ff.
91 A. a. O., S. 138.
92 Die Handakten sind grundsätzlich beschlagnahmefrei (§ 97 StPO)!

Unfallflucht 2

der den Schaden selbst unverzüglich auszugleichen oder zumindest dafür zu sorgen, daß der eigene Haftpflichtversicherer umgehend den Gegnerschaden reguliert. Bei Bagatellschäden bzw. Schäden unter 1000,– DM empfiehlt sich die schriftliche Erklärung des Geschädigten, daß er bezüglich aller Schadensersatzansprüche mit einem bestimmten Betrag abgefunden wurde und nunmehr kein Interesse mehr an der Strafverfolgung besitzt; die schriftliche Erklärung des Geschädigten, daß er auch auf schriftlichen Einstellungsbescheid der Staatsanwaltschaft verzichtet, kann u.U. bei dem Antrag auf Verfahrenseinstellung hilfreich sein (vgl. **Muster 3: Antrag auf Verfahrenseinstellung nach erfolgter Schadensregulierung**, unten Rdnr. 122).

3. Der Mandant will seinen Führerschein wieder haben

3.1. Vor einem etwaigen vorläufigen Entzug der Fahrerlaubnis gem. § 111 a StPO

40 Mandanten, die ihren Führerschein eingebüßt haben, sind ungeduldig. Sie meinen, einem tüchtigen Anwalt müsse es doch gelingen, innerhalb von drei Tagen den Führerschein, den die Polizei einbehielt oder beschlagnahmte, zurückzuerhalten.

Dem Mandanten muß vorweg klargemacht werden, daß ohne **Akteneinsicht** nichts läuft (s. auch oben Rdnr. 8). Drängt der Mandant ungeduldig darauf, sofort etwas zu unternehmen, sei dringend davor gewarnt, irgendeine Erklärung des Mandanten zu den Akten zu reichen. Die Gefahr, daß die Erklärung des Mandanten später im Widerspruch zum Akteninhalt steht, ist groß, da der meist alkoholisch beeinflußte Autofahrer nachträglich nur noch verschwommene Vorstellungen davon hat, was sich tatsächlich zum Tatzeitpunkt zutrug. Ist der Mandant nicht damit einverstanden, daß zunächst die Akteneinsicht abgewartet wird, kann man zweierlei tun. Entweder läßt man das Mandatsverhältnis scheitern und verweist den Ungeduldigen an einen flinken Kollegen oder man läßt sich schwarz auf weiß bestätigen, daß gegen den Rat des Anwalts eine Einlassung abgegeben wird.

Eine Kompromißlösung, die nicht ganz unsinnig ist, bietet sich aber mit einer Anfrage nach dem aktuellen Punktestand beim Kraftfahrt-Bundesamt, 24932 Flensburg, an. Der Mandant weiß, daß etwas geschieht, der Anwalt erfährt den aktuellen Punktestand und verdient sich außerdem für diese Anfrage eine weitere Gebühr. Bei der Anfrage, die unter Nachweis der Bevollmächtigung erfolgt, sind Name, Anschrift, Geburtsdatum und Geburtsort des Mandanten anzugeben.

Für die Auskunft verlangt das Kraftfahrt-Bundesamt eine Gebühr von 10,– DM (vgl. VO vom 23. 10. 1991, BGBl. I, 2038). Ferner sind bei Versendung der Auskunft per Nachnahme zusätzlich das Nachnahme- und das Zahlscheinentgelt von insgesamt 6,– DM zu entrichten.

Gehen wir vom Normalfall aus, daß der Mandant sich dem Rat des Verteidigers anschließt, so ist zunächst die Polizei schriftlich oder fernmündlich um gebührende Beschleunigung der Sachbearbeitung zu bitten. Es empfiehlt sich, der Verteidigerbestellung einen Freiumschlag beizufügen, den die Polizei dazu benutzen kann, dem Anwalt die Übersendung der Akten an die Staatsanwaltschaft oder noch besser, das Aktenzeichen der Staatsanwaltschaft mitzuteilen. Per Telefon ist alsdann bei der Staatsanwaltschaft abzuklären, wann die Akten zur Einsichtnahme zur Verfügung stehen. Nach der Akteneinsicht ist die Einlassung des Mandanten abzuklären und alsdann in geeigneten Fällen der Antrag zu stellen, entweder

a) den Führerschein **herauszugeben**, weil Gründe für eine weitere Einbehaltung nicht vorliegen, oder aber
b) vom unausweichlichen vorläufigen Entzug der Fahrerlaubnis bestimmte Arten von Fahrzeugen **auszunehmen**.

3.1.1. Herausgabe des Führerscheins

kann verlangt werden, wenn kein rechtlich begründeter Anlaß besteht, den Führerschein weiter einzubehalten und eine Entziehung der Fahrerlaubnis gem. § 111a StPO nicht zu erwarten steht. Dies gilt für alle Fälle, in denen das Gesetz ein Fahrverbot androht (§ 24a und § 25 StVG). Bis zur Rechtskraft des Urteils, das ein Fahrverbot ausspricht, verbleibt der Kraftfahrer grundsätzlich im Besitz seines Führerscheins. Die **vorläufige Entziehung** der Fahrerlaubnis setzt eine hohe, fast an Gewißheit grenzende Wahrscheinlichkeit dafür voraus, daß im Urteil die Fahrerlaubnis entzogen werden wird[1]. Verneint der Verteidiger dies im Einzelfall, kommt eine **Beschwerde** (§ 304 StPO) gegen die vorläufige Entziehung der Fahrerlaubnis in Betracht (s. unten Muster Nr. 18 Rdnr. 137)[2].

Hängt das Verfahren übermäßig lang bei der Polizei bzw. der Staatsanwaltschaft, ohne daß das Verfahren entscheidend gefördert wird, besteht eine Chance, im Wege der Beschwerde die Aufhebung des 111a-Beschlusses zu erreichen[3].

Gemäß § 69 StGB wird die Fahrerlaubnis dann aber entzogen, wenn die Feststellung des Gerichts ergibt, daß der Angeklagte zum Führen von Fahrzeugen ungeeignet ist. Der Gesetzgeber hat vier Regelvermutungen für die

---

1 LR-*Schäfer*, § 111a, Rdnr. 8; *Hentschel*, Die vorläufige Entziehung der Fahrerlaubnis, DAR 1980, 168; *Himmelreich/Hentschel*, Rdnr. 214 ff. Zur gesamten Problematik s. auch *Henschel*, Fahrerlaubnis und Alkohol im Straf- und Ordnungswidrigkeitenrecht, 1989.
2 Weiteres Muster bei *Weihrauch*, Rdnr. 221.
3 *Kreisgericht Saalfeld*, Beschl. v. 16. 8. 1995, StV 94, 238; das Verfahren wurde 8 Monate lang von der StA nicht gefördert!

3 Kampf um den Führerschein

Ungeeignetheit aufgestellt (§ 69 Abs. 2 StGB). Abzuklären ist also zunächst einmal, ob ein bestimmter Vorfall die Regelvermutung begründet. So kann es bei den Trunkenheitsdelikten (§ 69 Abs. 2 Ziff. 1, 2 u. 4 StGB) wesentlich sein, ob ein Grenzfall der relativen Fahruntüchtigkeit vorliegt, ob der Beschuldigte nur wenige Meter mit dem Fahrzeug fuhr (Aufsuchen der anderen Straßenseite bei täglich wechselndem Halteverbot), ob der Beschuldigte beim Vollrausch „Zurüstungen" getroffen hat, um zu verhindern, im Rausch mit seinem PKW zu fahren[4] oder andere Gründe vorliegen, die eine endgültige Entziehung der Fahrerlaubnis unwahrscheinlich werden lassen. Liegt der Tatbestand der Unfallflucht vor, kommt es auf die Schadenshöhe an. Ein Schaden unter 1500,– DM wird im allgemeinen einen endgültigen Entzug der Fahrerlaubnis nicht rechtfertigen[5].

Ein **Fahrverbot** muß in solchen Fällen nicht ohne weiteres als „Ersatzsanktion" verhängt werden, zumal keine allgemeine Regel dahingehend besteht, daß in allen Fällen des § 69 Abs. 2 StGB bei Absehen von dem Entzug der Fahrerlaubnis stets ein Fahrverbot zu verhängen wäre. Ob ein Fahrverbot zu verhängen ist, richtet sich alleine nach dem Schuldgrad und den allgemeinen Strafzumessungsregeln (OLG Köln, Beschluß vom 05. 11. 1991, VRS 82, 335). Für die Verteidigung ist es außerordentlich wichtig, dem **Zeitablauf** die gebührende Bedeutung beizumessen. Bei einem Fahrverbot wird nämlich die Denkzettel-Funktion nur noch dann als erfüllt anzusehen sein, wenn das Fahrverbot in einem kurzen zeitlichen Abstand nach der Tat verhängt wird (OLG Düsseldorf, Beschluß vom 08. 07. 1992, StV 1993, 311).

Schadensschätzungen der Polizei sollten stets mit Skepsis überprüft werden. So hatte z. B. der Sachbearbeiter eines Unfallkommandos den Schaden an fünf Mittelleitplanken einer BAB auf 1500,– DM geschätzt. Später (der Mandant war solange ohne Führerschein) stellte sich heraus, daß die komplette Lieferung, Montage und Erneuerung der fünf Mittelleitplanken lediglich 483,– DM (Preise: April 1984) kostete.

42 Besonderheiten können sich beim sog. **bewährten Kraftfahrer** ergeben. *Zabel*[6] berichtet ausführlich anhand unveröffentlichter Entscheidungen

---

4 *Dreher/Tröndle*, § 69, Rdnr. 12; *Hentschel/Born*, Rdnr. 301.
5 *Dreher/Tröndle*, § 69, Rdnr. 13. OLG *Düsseldorf*, Urteil vom 28. 4. 1986, VRS 71, 274. LG *Bonn*, Beschluß vom 30. 07. 1990, VRS 80, 339. Nach *LG Hamburg* (Beschluß vom 19. 07. 1991, VRS 81, 442) wird als Grenze ein Betrag von 1650,– DM angesetzt, wobei allerdings Gutachter-, Anwalts- und Mietwagenkosten bei diesem Betrag ebenso unberücksichtigt bleiben wie der Verdienstausfall.
  Für eine Anhebung des Grenzwertes auf 2000,– DM sprach sich das *LG Baden-Baden* (NZV 1989, 405 mit zustimmender Anmerkung von *Janiszewski*, NZV 1989, 564) aus.
6 Eignungskriterien beim Fahrerlaubnisentzug, BA Vol. 17/1980, 393 ff.; vgl. auch *Zabel*: Ausnahmegenehmigungen für „Trunkenheitstäter", BA Vol. 20/1983, 477 ff.

saarländischer und rheinland-pfälzischer Gerichte über die Entwicklung des Begriffs der „Bewährung im Straßenverkehr".

Die Regelvermutung des § 69 StGB gilt als widerlegt, wenn folgende Voraussetzungen vorliegen:

1. Der Beschuldigte muß Ersttäter sein,
2. er muß sich mindestens 25 Jahre im Straßenverkehr bewährt haben,
3. die festgestellte Blutalkoholkonzentration darf nicht über 1,8‰ (LG Saarbrücken, Beschluß vom 01. 10. 1991, BA VOL 29, 1992, 398) liegen,
4. der Charakter der Straftat oder sonstige besondere Umstände (Wett-Trinken, Sauftour, massive Ausfallerscheinungen, erhebliche Gefährdung anderer, Höhe des Schadens) dürfen nicht für die Ungeeignetheit sprechen.

Kann die Herausgabe des Führerscheins erreicht werden, ist daran zu denken, daß ein Fahrverbot verhängt werden kann. Daher spielt es in vielen Fällen keine große Rolle, daß bis zur Entscheidung der Staatsanwaltschaft und des Gerichts etwa vier Wochen ins Land gehen, da das zu verhängende Fahrverbot später gem. § 51 Abs. V StGB durch die Einbehaltung des Führerscheins für verbüßt erklärt werden kann.

Besonderheiten können sich beim Jugendlichen und heranwachsenden Täter ergeben, da bei diesem Täterkreis die Entziehung der Fahrerlaubnis nicht zwingend vorgeschrieben wird, vielmehr gem. § 7 JGG in das Ermessen des Gerichts gestellt wurde.

Da die Rechtsstellung des Beschuldigten durch die Einbehaltung oder Beschlagnahme des Führerscheins ebenso wie durch den drohenden vorläufigen Entzug der Fahrerlaubnis erheblich eingeschränkt wird, hat der Beschuldigte einen Anspruch auf eine besonders zügige Durchführung des Ermittlungsverfahrens; es besteht ein ähnliches Beschleunigungsgebot wie in Haftsachen[7].

Wie effizient sich der Gesetzgeber die Durchsetzung des Beschleunigungsgebotes vorstellte, ergibt sich aus § 98 Abs. 2 Satz 1 StPO, wo es ausdrücklich heißt, daß binnen drei Tagen die richterliche Bestätigung einer Beschlagnahme herbeizuführen ist, wenn der Beschuldigte gegen die Beschlagnahme ausdrücklich Widerspruch erhoben hat. Zwar handelt es sich hier nur um eine „Soll-Vorschrift", die jedoch hin und wieder der Polizei, der Staatsanwaltschaft oder dem Gericht in Erinnerung gebracht werden sollte.

---

7 LR-*Meyer*, § 111 a, Rdnr. 3.

3 Kampf um den Führerschein

Liegen zwischen Tat und Antrag auf vorläufige Entziehung der Fahrerlaubnis mehrere Monate[8] oder hat der Beschuldigte zwischen der Tat und dem Antrag trotz hoher Fahrleistung keinerlei Auffälligkeiten gezeigt[9], stehen die Chancen gut, daß das Gericht den Antrag auf vorläufige Entziehung der Fahrerlaubnis zurückweist bzw. die Beschwerdeinstanz einen entsprechenden Beschluß aufhebt. Entscheidend dürfte indes die Auffassung im jeweiligen Gerichtssprengel sein. So hält das *OLG Koblenz* eine erneute vorläufige Entziehung der Fahrerlaubnis in der Berufungsinstanz für vertretbar, obwohl der Angeklagte zwischenzeitlich rd. 7 Monate ohne Beanstandung am Straßenverkehr teilgenommen hatte (VRS 67, 255). Die Richter des Koblenzer Senats begründen diese Meinung (ebenso wie ihre Kollegen in Karlsruhe, – VRS 68, 360) im wesentlichen damit, ein Wohlverhalten, das letztlich nur durch den Druck des Strafverfahrens vom Täter an den Tag gelegt werde, widerlege in der Regel nicht den Eignungsmangel, der durch die Straftat an sich indiziert sei.

3.1.2. Ausnahmen vom vorläufigen Entzug der Fahrerlaubnis

43 Kann die Herausgabe des Führerscheins nicht erreicht werden, ist abzuklären, ob eine **Ausnahme** vom vorläufigen Entzug der Fahrerlaubnis möglich ist. In besonderen Fällen, und sie sind leider relativ selten, kann vom vorläufigen Entzug eine Ausnahme gemacht werden (Muster für einen entsprechenden Antrag s. unten Rdnr. 123). Voraussetzung ist indes, daß besondere Umstände die Annahme rechtfertigen, daß der Zweck der Maßnahme, nämlich der Schutz der Allgemeinheit vor ungeeigneten Kraftfahrern, dadurch nicht gefährdet wird[10].

Die Rechtsprechung, vor allem die der Obergerichte, setzt strenge Maßstäbe. Gefordert wird eine besonders vorsichtige und strenge Prüfung, verlangt wird eine Darstellung der Gründe, die dafür streiten, daß bei einer Benutzung der ausgenommenen Fahrzeugart für die Allgemeinheit eine wesentlich geringere Gefahr zu erwarten ist[11]. Als besonderes objektives Sicherheitsmoment bei einer Ausnahme für Kraftfahrzeuge der Klasse II (Omnibusse zur

---

8 *LG Darmstadt*, StV 1982, 415 = mindestens 4 Monate.
9 *LG Hannover*, NZV 1989, 83 behandelt den Fall, daß in 5 Monaten 56000 km zurückgelegt wurden.
10 *LR-Meyer*, § 111a, Rdnr. 16.
11 *OLG Hamm*, Urteil vom 27. 10. 1981, VRS 62, 124; *Himmelreich/Hentschel*, Rdnr. 173 ff.; *Dreher/Tröndle*, § 69a, Rdnr. 3.

Vorläufiger Entzug der Fahrerlaubnis 3

Personenbeförderung) kann die regelmäßige Kontrolle der Fahrer Städtischer Verkehrsbusse durch die Fahrmeister hervorgehoben werden (vgl. Muster 4: Ausnahme vom vorläufigen Entzug der Fahrerlaubnis).

Nur bestimmte Fahrzeugarten können von der vorläufigen Entziehung der Fahrerlaubnis ausgenommen werden. Es kann zwischen LKW u. PKW innerhalb der Klasse III unterschieden werden, jedoch ist der Begriff „Lieferwagen" als Unterscheidungsmerkmal nicht geeignet. Die Ausnahme für „Klein-LKW" (bis zu einem zulässigen Gesamtgewicht von 2,3 t) kann ebensowenig beanstandet werden wie die Formulierung „LKW der Klasse III ohne PKW-Untersatz bis zu einem zuläss. Gesamtgewicht von... t". Der Regelfall wird der Berufskraftfahrer sein, der mit seinem PKW eine Trunkenheitsfahrt unternahm, aber lange Jahre bei hoher Fahrleistung unbeanstandet den LKW seines Arbeitgebers fuhr. Ähnliches gilt für den Landwirt, der bei einer Fahrt mit dem PKW oder Motorrad auffällig wurde, aber zum Bestellen seiner Äcker dringend den Traktor benötigt[12]. Nicht möglich ist nach bisheriger Rechtsprechung hingegen dahingehend zu differenzieren, daß nur bestimmte Pkw's (z. B. Privatwagen) nicht benutzt, oder daß zu bestimmten Zeiten (insbes. am Wochenende) nicht gefahren werden darf[13].

Werden bestimmte, näher bezeichnete Arten von Kraftfahrzeugen vom vorläufigen Entzug der Fahrerlaubnis ausgenommen, bleibt in diesem Umfang die Fahrerlaubnis bestehen. Die Verwaltungsbehörde ist dann verpflichtet, ohne eigenes Ermessen einen Ersatz-Führerschein für die bestehengebliebene Fahrerlaubnis auszustellen[14]. Der Ersatzführerschein gilt nur für drei Monate. Die Ausstellungsgebühr beträgt 64,- DM (Stand: November 1993). Nach Ablauf der drei Monate wird der Ersatzführerschein auf Antrag kostenlos verlängert.

Wirtschaftliche Auswirkungen des Führerscheinverlustes sollen nach der 44 Rechtsprechung, aber auch nach der entschiedenen Auffassung der meisten Kommentatoren, außer Betracht bleiben[15].

Die Entscheidungen der Obergerichte wurden überwiegend in einer Zeit gefällt, in der das Problem der Arbeitslosigkeit nicht existierte. Die erste Auflage dieses Buches erschien 1984. Seit dieser Zeit vertrat ich die optimistische Auffassung, bei zunehmender Arbeitslosigkeit, etwa ab 3 Millionen Arbeitslosen, werde sich die Rechtssprechung ändern. So meinte ich, man

---

12 *Dreher/Tröndle*, § 69 a, Rdnr. 3 a; *Himmelreich/Hentschel*, Rdnr. 159 ff.; *LG Köln*, Beschl. vom 1. 12. 1981, DAR 1982, 275.
13 Vgl. *Janiszewski*, Rdnr. 733.
14 *LR-Meyer*, § 111 a, Rdnr. 17; *Himmelreich/Hentschel*, Rdnr. 228.
15 *Dreher/Tröndle*, § 69, Rdnr. 9 c; *Himmelreich/Hentschel*, Rdnr. 176.

3 Kampf um den Führerschein

könne dann nicht mehr daran vorbeigehen, daß nicht nur der Berufskraftfahrer durch den Führerscheinverlust erhebliche wirtschaftliche Nachteile in Kauf nehmen muß, sondern auch dessen Familie.

Schließlich wies ich darauf hin, daß sich der Verlust der Fahrerlaubnis für bestimmte Berufsgruppen, etwa die Beamten, im finanziellen Bereich kaum negativ auswirkt.

Obwohl die Zahl der Arbeitslosen von Jahr zu Jahr stieg (Februar 1994: 4,04 Millionen; Arbeitslosenquote: 17,1%) interessierte das im Führerscheinverfahren weder Richter noch Staatsanwälte. Wies ich darauf hin, daß der vorläufige Entzug der Fahrerlaubnis die Arbeitslosigkeit des Angeklagten zur Folge hatte, mußte ich als Gegenargument stets hören, der Angeklagte habe sich das alles selbst eingebrockt und schließlich ja einem anderen Arbeitslosen wieder zu Arbeit verholfen. Der Bezug von Arbeitslosengeld (fürs Nichtstun) fand in der Höhe der Tagessätze zwar Berücksichtigung, sonstige Auswirkungen des Führerschein- und Arbeitsplatz-Verlustes waren kein Argument bei der Bemessung der Sperrfrist.

Ungeachtet aller Schwierigkeiten, die sich mitunter im Gerichts-Alltag ergeben, sollte der Strafverteidiger nie vergessen, alle Besonderheiten in der Not der Mandanten bei Staatsanwaltschaft und Gericht zu Gehör zu bringen[16]. Das führt mitunter zu einem weisen Urteil, vergleichbar dem des *AG Bad Homburg* vom 3. 2. 1984[17], das erstmals unter Hinweis auf das in Hessen grundrechtlich verbriefte **Recht auf Arbeit** (Art. 28 der Hess. Landesverf.) von einer besonderen Verpflichtung des Strafrichters spricht. Danach soll der Strafrichter prüfen, ob die Entziehung der Fahrerlaubnis angesichts der drohenden Arbeitslosigkeit oder gar der Vernichtung der wirtschaftlichen Existenz des Angeklagten (und gegebenenfalls seiner Familie) eine „noch vertretbare, dem Grundsatz der Verhältnismäßigkeit Rechnung tragende und somit letztlich verfassungskonforme Maßregel" darstellt.

Der zeitweise Verlust der Fahrerlaubnis wird beim Berufskraftfahrer oder beim Handelsvertreter zur Existenzfrage. Der Arbeitgeber, der keinen Wert auf einen Mitarbeiter ohne Führerschein legt, ist berechtigt, nach Verlust der Fahrerlaubnis das Arbeitsverhältnis aus wichtigem Grund (§ 626 BGB) fristlos zu kündigen[18].

---

16 *Arndt* (NJW 1964, 486): „Aufgabe des Anwalts ist es: Zu Gehör bringen. Insbesondere ist es nicht vorstellbar, wie die Rechtsprechung ihre Aufgabe erfüllen wollte, das Recht fortzubilden, gäbe es keinen Anwalt, der das Unerhörte zu Gehör brächte."
17 StV 1984, 251 = VRS 67, 22.
18 *BAG*, NJW 1964, 74 und 1979, 332.

Arbeitslosengeld kann bis zu drei Monaten nach Entzug der Fahrerlaubnis verweigert werden, da die Arbeitsämter in der Regel davon ausgehen, ein Arbeitnehmer, der durch fehlerhaftes Verhalten seine Fahrerlaubnis verliere, habe die Kündigung grob fahrlässig oder gar vorsätzlich herbeigeführt (§ 119 AFG). Selbst die Verhängung eines Fahrverbots gem. §§ 24a, 25 StVG kann für die Versagung des Arbeitslosengeldes ausreichen[19].

Steht der Verlust des Arbeitsplatzes im Zusammenhang mit dem Verlust des Führerscheins, so wirkt sich dies u. U. auch im Unterhaltsrecht aus. Obwohl sich das Einkommen tatsächlich verringert hat, kann das Familiengericht den Unterhaltsschuldner so behandeln, als würde er immer noch dasselbe Nettoeinkommen beziehen wie vor dem Verlust der Fahrerlaubnis[20].

3.2. Nach dem vorläufigen Entzug der Fahrerlaubnis

Das Gericht muß in jeder Lage des Verfahrens überprüfen, ob die Voraussetzungen für die vorläufige Entziehung der Fahrerlaubnis noch bestehen. Entfällt der Grund für den vorläufigen Entzug der Fahrerlaubnis, ist der 111a-Beschluß aufzuheben[21]. Relativ selten wird der Fall sein, daß die Staatsanwaltschaft im Ermittlungsverfahren den Antrag stellt, die vorläufige Entziehung der Fahrerlaubnis aufzuheben. Nach der Entscheidung des *AG Münster* vom 8. 3. 1971[22] soll das Gericht an den Antrag der Staatsanwaltschaft nicht gebunden sein, es sei denn, die Staatsanwaltschaft hätte das Ermittlungsverfahren bereits eingestellt. Die in der Literatur vertretene Gegenmeinung[23] geht dahin, daß die Staatsanwaltschaft im gesamten Ermittlungsverfahren (ohne eine formelle Aufhebung der vorläufigen Entziehung der Fahrerlaubnis durch den Amtsrichter abwarten zu müssen) den Führerschein an den Beschuldigten zurückgeben und gleichzeitig beim Gericht die Aufhebung der vorläufigen Entziehung der Fahrerlaubnis veranlassen kann, ohne auf Widerstand des Gerichts zu stoßen.

In gewissen Abständen sollte daher abgeklärt werden, ob nunmehr ein Antrag zu stellen ist, den 111a-Beschluß aufzuheben. In den meisten Fällen

---

19 *BayLSozG*, NZA 1985, 608; *SG Dortmund*, VRS 71, 171.
20 *BGH*, NJW 1985, 732.
21 LR-*Meyer*, § 111a, Rdnr. 29.
22 MDR 1972, 166.
23 *Wittschier*, Antrag der Staatsanwaltschaft auf Aufhebung der vorläufigen Entziehung der Fahrerlaubnis im Ermittlungsverfahren, NJW 1985, 1324.

3 *Kampf um den Führerschein*

wird der **Zeitablauf** den weiteren Entzug der Fahrerlaubnis verbieten. Dies gilt insbesondere dann, wenn die Mindestsperrfrist bereits verstrichen ist. Die **Beschwerde** (§ 304 Abs. 1 StPO) richtet sich dann gegen die Fortdauer des 111 a-Beschlusses. (Vgl. **Muster 18: Beschwerde gegen vorläufige Entziehung der Fahrerlaubnis.**) In der Berufungsinstanz kann die Beschwerde zum Test dafür werden, welche Auffassung das Gericht zur Dauer der Sperrfrist vertritt. Gibt das Gericht zu erkennen, daß es voraussichtlich dieselbe Sperre festsetzen wird wie der erste Richter[24], kann der Anwalt mit dem Mandanten erörtern, ob es nicht sinnvoller ist, nunmehr die Berufung zurückzuziehen. Die Entscheidung des Berufungsgerichts, mit der der 111a-Beschluß bestätigt wird, kann ebenfalls mit der Beschwerde angegriffen werden, so daß eine (Test-)Entscheidung des OLG herbeigeführt werden kann.

Ist bei eingelegter Berufung die Sperrfrist abgelaufen, bevor es zu einer Entscheidung kommt, so rechtfertigt dies zwar noch nicht allein die Aufhebung der vorläufigen Führerscheinentziehung, denn das Berufungsgericht ist nicht gehindert, die gleiche Sperre anzuordnen wie das 1. Gericht, auch wenn sie ohne Berufungseinlegung schon ihr Ende gefunden hätte. Die Aufhebung ist hingegen geboten, wenn das Berufungsverfahren so lange dauert, daß eine endgültige Entziehung der Fahrerlaubnis als unwahrscheinlich erscheint[25]. Eine gewisse Verzögerung der tatsächlichen Sperre durch das Berufungsverfahren muß aber hingenommen werden.

Im Einzelfall kann es von Bedeutung sein, ob dem Gericht der Vorwurf gemacht werden kann, es habe sich nicht hinreichend um eine beschleunigte Durchführung der Hauptverhandlung bzw. Berufungsverhandlung gekümmert. In einem derartigen Fall kann die Aufhebung des 111a-Beschlusses wegen Unverhältnismäßigkeit geboten sein[26].

Auch während des Revisionsverfahrens ist nach herrschender, wenn auch innerhalb der Rechtsprechung selbst höchst umstrittener Ansicht die vorläufige Entziehung nicht bereits deshalb aufzuheben, weil die Verfahrensdauer die Dauer der Sperre übersteigt[27]. Der Anwalt muß sich also im Falle der

---

24 LR-*Meyer*, § 111 a Rdnr. 31.
25 *KG* VRS 60, 109; *Janiszewski*, Rdnr. 756.
26 *OLG Düsseldorf*, Beschl. v. 21. 2. 1994, StV 94, 233; die Besonderheit dieses Falles bestand darin, daß die Fahrerlaubnis bereits zwei Jahre lang vorläufig entzogen wurde und der Vorsitzende der Berufungskammer keinen Termin bestimmt hatte, obwohl ihm die Akten insgesamt siebenmal vorlagen.
27 *Kleinknecht/Meyer-Goßner*, § 111a Rdnr. 12; *Dreher/Tröndle*, § 69a Rdnr. 13 m. w. Nachw.

vorläufigen Entziehung der Fahrerlaubnis die Einlegung von Rechtsmitteln gut überlegen, da sie u. U. zu Nachteilen für den Mandanten führen kann (weiteres dazu unten Rdnr. 47).

3.3. Entzug der Fahrerlaubnis im Urteil oder Strafbefehl

Wurde im Vorverfahren bereits darauf hingewiesen, daß der Angeklagte 46 seinen Führerschein dringend benötigt, sind dieselben Argumente auch in der Hauptverhandlung wieder vorzubringen, um den Richter zu veranlassen, abzuklären, zu prüfen und zu entscheiden, ob die Voraussetzungen der §§ 69, 69a StGB vorliegen. Der Zeitablauf spielt eine wesentliche Rolle, insbesondere, wenn es sich um eine besonders lange Sicherstellung des Führerscheins handelt[28]. Entscheidender Zeitpunkt für die Prüfung der Ungeeignetheit ist nunmehr die Hauptverhandlung[29].

Hat die vorläufige Entziehung der Fahrerlaubnis die Mindestsperrfrist erheblich überschritten, sieht das Gericht meist vom Entzug der Fahrerlaubnis ab, verhängt aber ein sog. „**Regelfahrverbot**"[30], auf das die vorläufige Entziehung der Fahrerlaubnis anzurechnen ist, d. h. der Führerschein wird dem Angeklagten wieder ausgehändigt.

Mangelhaft wäre eine Begründung der **Fahrerlaubnisentziehung** damit, der Angeklagte habe durch die Tat bewiesen, daß er den charakterlichen Anforderungen, die an einen Kraftfahrer zu stellen sind, nicht gewachsen ist; eine derartige Begründung wäre formelhaft und revisibel[31]. Auch wäre es rechtsfehlerhaft, an die Tatschuld anzuknüpfen; die Entscheidung des *OLG Frankfurt* vom 5. 7. 1972[32] ist ein warnendes Beispiel dafür, wie die Entziehung der Fahrerlaubnis nicht begründet werden kann. Im Rahmen einer fahrlässigen Tötung stellt die Strafkammer fest, daß der noch nicht vorbestrafte Angeklagte bis zu dem tragischen Unfallgeschehen ein verantwortungsbewußter Kraftfahrer war, der mehrere Jahre unfallfrei fuhr. Dem Autofahrer wird darüber hinaus bescheinigt, er biete ein Bild eines pflichtbewußten, zuverlässigen Menschen, der bisher in einem Einzelfall erheblich versagte und sichtlich darunter leide. Desungeachtet wurde ihm ohne nähere Begründung die

---

28 *OLG Köln*, Urt. vom 20. 4. 1971, DAR 1971, 190.
29 *BGHSt* 7, 165.
30 *BGHSt* 29, 58 = NJW 1980, 130; a. A. *AG Bad Homburg*, Urteil vom 3. 2. 1984, VRS 67, 22.
31 *BGH*, Beschl. vom 28. 6. 1973, VRS 45, 177; dazu auch *OLG Zweibrücken* StV 1989, 250.
32 VRS 44, 184.

3 Kampf um den Führerschein

Fahrerlaubnis mit einer Sperrfrist von zwei Jahren entzogen. Das Urteil hatte keinen Bestand.

Eine Kuriosität dürfte das rechtskräftige Berufungsurteil des *LG Mannheim* vom 29. 11. 1979 darstellen[33], in dem der Entzug der Fahrerlaubnis u. a. wie folgt begründet wurde:

„... statt sich durch den Hinweis trösten zu lassen, er möge doch die führerscheinlose Zeit zum gesundheitsfördernden Radfahren oder Fußmarsch nutzen, zeigte der Angeklagte nur durch sehr entsetzte und verständnislose Blicke, daß er sich ein Leben ohne Auto offenbar gar nicht mehr vorzustellen vermag... Arme deutsche Jugend! Nicht nur durch Platt-, Spreiz- und Senkfüße dazu genötigt, den Sonntagsspaziergang allenfalls auf wenige Meter Entfernung vom fahrenden Untersatz zu beschränken, wird sie schließlich auch noch durch freiwilligen Verzicht auf die Betätigung ihrer Beinmuskeln unfähig, vor einem etwaigen Feind auch nur davonzulaufen..."

Steht eine längere Sperrfrist zur Diskussion, können auch bereits getilgte Vorstrafen Berücksichtigung finden (§ 50 Abs. 2 BZRG), so jedenfalls nach der Neuregelung im Jahre 1976. Die Rechtsprechung hat dies auch anerkannt[34], sie sieht jedenfalls keinen Widerspruch zwischen dem Verwertungsverbot einer früheren Vorstrafe (§ 49 BZRG) und der möglichen Berücksichtigung der früheren Verurteilung bei der Bemessung der Sperrfrist[35]. In diesem Umfange kann dann auch der Verwertung einer Vorstrafenakte oder einer Auskunft der Führerscheinstelle nicht widersprochen werden.

Werden von der Sperre bestimmte Fahrzeuge ausgenommen, erlischt zunächst einmal die Fahrerlaubnis als Ganzes. Der Mandant muß sich sofort mit der zuständigen Verwaltungsbehörde ins Benehmen setzen, damit ihm dort eine neue Fahrerlaubnis, diese allerdings beschränkt auf die ausgenommene Fahrzeugart, erteilt wird.

3.4. Nach Verhängung der Sperrfrist

47 Die Berechnung der Sperre läßt gelegentlich Mißverständnisse aufkommen. Die Sperre beginnt grundsätzlich mit der Rechtskraft der Entscheidung (§ 69a Abs. 5 Satz 1 StGB). Die Frist läuft auch, während der Täter Strafe verbüßt, d. h. also anders als beim Fahrverbot (§ 44 Abs. 4 Satz 2 StGB).

---

33 DRiZ 1981, 65.
34 *BVerwG*, Urteil vom 17. 12. 1976, VRS 52, 381.
35 *OLG Karlsruhe*, Beschluß vom 16. 3. 1978, VRS 55, 284; *OLG Düsseldorf*, Urteil vom 15. 2. 1977, VRS 54, 50.
36 *Dreher/Tröndle*, § 69a, Rdnr. 13.

Eingerechnet, also abgezogen von der Frist wird in vollem Umfang die Zeit zwischen der Entscheidung und ihrer Rechtskraft, soweit währenddessen die Fahrerlaubnis nach § 111a StPO vorläufig entzogen oder der Führerschein nach § 94 StPO verwahrt, sichergestellt oder beschlagnahmt war (§ 69a Abs. 6 StGB), jedoch unter der Voraussetzung, daß zwischen der letzten tatrichterlichen Überprüfung nur noch ein Revisionsurteil folgt oder aber das Rechtsmittel zurückgenommen wurde (§ 69a Abs. 5 Satz 2 StGB). Beim Strafbefehl wird ohne Einspruch die Sperrfrist ab Erlaß des Strafbefehls, nicht erst ab Zustellung gerechnet[36].

Läuft vor dem Abschluß eines Revisionsverfahrens die im angefochtenen Urteil festgesetzte Sperrfrist ab, so ist höchst umstritten, ob dies allein die Aufhebung der vorläufigen Entziehung und die Herausgabe des Führerscheins rechtfertigt (s. schon oben Rdnr. 44).

Die (herrschende?) Auffassung[37] meint, die vorläufige Entziehung bleibe unbeeinflußt. So sagt z. B. das *OLG Hamm*[38], der Angeklagte müsse mit einer im Endergebnis längeren Dauer des Fahrerlaubnisentzugs rechnen, wenn er ein Rechtsmittel einlege. Diese merkwürdige Rechtsprechung wird damit begründet, das sei eben eine Folge der Ausgestaltung der Fahrerlaubnisentziehung als Maßregel der Besserung und Sicherung. Eher beiläufig wird dem Angeklagten, der selbst für seine Revisionsbegründung nur einen Monat zur Verfügung hat, erklärt, er habe gewisse Verzögerungen, die durch den Instanzenweg bedingt seien, in Kauf zu nehmen. Warum dann allerdings Verzögerungen von fünf Monaten (so in dem erwähnten Beschluß des *OLG Hamm*)[38], häufig aber auch von noch längerer Dauer „in Kauf zu nehmen sind", insbesondere wenn man bedenkt, daß es sich letztendlich um Routineentscheidungen handelt, ist nur schwer nachzuvollziehen. Eine Disziplinierung des Angeklagten oder des Verteidigers kann das Gericht sicherlich nicht gewollt haben.

Mit der im Vordringen befindlichen Gegenmeinung[39] ist deshalb zu fordern, daß bei zugunsten des Angeklagten eingelegter Revision auf Antrag (nach anderer Auffassung sogar von Amts wegen) nach Ablauf der Sperre die vorläufige Entziehung der Fahrerlaubnis aufzuheben und dem Angeklagten der Führerschein zurückzugeben ist. Der Anwalt muß hier die Rechtsprechung seines Oberlandesgerichts kennen.

---

37 U. a. *OLG Karlsruhe* MDR 1977, 948; *OLG Frankfurt* VRS 58, 420; *OLG Hamburg* NJW 1966, 2373; *OLG Düsseldorf* VRS 75, 356; *Dreher/Tröndle*, § 69a Rdnr. 13 m. w. Nachw.
38 *OLG Hamm* BA Vol. 22, 1985, 409.
39 *OLG Celle* NdsRpfl. 1967, 182; *OLG Saarbrücken* MDR 1972, 533; *Janiszewski*, Rdnr. 757; *Jagusch/Hentschel*, § 111a StPO Rdnr. 9.

3 Kampf um den Führerschein

Die strafprozessuale Seite der Antragsstellung verdient besondere Aufmerksamkeit: Ob die Akte bereits dem Revisionsgericht zur Entscheidung vorliegt oder nicht, in jedem Falle hat der Tatrichter darüber zu entscheiden, ob nach Ablauf der im Urteil festgesetzten Sperrfrist nunmehr der Führerschein zurückgegeben werden kann oder nicht; ein Antrag, der unmittelbar an das Revisionsgericht gerichtet wird, wäre unzulässig[40]. Wird der Führerschein zurückgegeben, so entfällt eine zusätzliche Prüfung durch die Verwaltungsbehörde, denn diese ist nunmehr im Rahmen des § 4 Abs. 3 StVG an die Entscheidung des Gerichts gebunden[41].

Auf die z. Zt. noch mißliche Situation, wonach das Berufungsgericht nicht gegen das Verbot der Schlechterstellung des § 331 StPO verstößt, wenn es dieselbe Sperre festsetzt wie der erste Richter[42], sei ausdrücklich hingewiesen. Will der Mandant mit der Berufung nur erreichen, daß ihm der schwierige Weg der Neuerteilung der Fahrerlaubnis erspart bleibt, muß mit ihm das besondere Berufungsrisiko, das darin besteht, daß die Sperrfrist nicht abgekürzt werden kann, ausdrücklich erörtert werden.

48 Obwohl in den letzten Jahren die Nachschulung verkehrsauffälliger Kraftfahrer immer populärer wurde[43], sind Mandanten, die einen **Nachschulungskurs** besuchen wollen, vor übertriebenen Hoffnungen (sei es auf Verhängung einer kürzeren Sperrfrist, sei es auf nachträgliche Abkürzung der Sperrfrist) eindringlich zu warnen (zu der gesamten Problematik s. unten Rdnr. 103).

In der Instanz wird die Bedeutung der Kursteilnahme vergleichsweise gering bleiben[44], während bei einer nachträglichen Entscheidung gemäß § 69 a Abs. 7 StGB die Nachschulung Berücksichtigung findet, finden müßte oder finden kann, je nach dem, welches Gericht darüber zu entscheiden hat[45]. Erschöpfend wurde das Problem der Nachschulung sowohl von *Gebhardt*

---

40 So zuletzt *OLG Zweibrücken*, Beschluß vom 23. 5. 1985, VRS 69, 293 unter Hinweis auf die Rechtssprechung des BGH.
41 *Janiszewski* Rdnr. 757.
42 LR-*Meyer*, § 111 a, Rdnr. 31.
43 *Spoerer/Ruby/Hess*, Nachschulung und Rehabilitation verkehrsauffälliger Kraftfahrer, Rot-Gelb-Grün-Verlag, Braunschweig 1987; vgl. dazu auch die Besprechung von *Winkler* in BA 1987, 348.
44 *Dreher/Tröndle*, § 69, Rdnr. 10 a; *Legat* informiert über den Stand der Rechtssprechung in BA, Vol. 22/1985, S. 130. *Zabel* (Nachschulung für Alkoholtäter im Erst- und Wiederholungsfall, BA 1985, S. 115) gibt den Rat, in Zweifelsfällen den nachschulenden Psychologen als Sachverständigen zu laden.
45 *Dreher/Tröndle*, § 69 a, Rdnr. 15 b.

als auch von *Kunkel* aus juristischer bzw. psychologischer Sicht auf dem 19. **Deutschen Verkehrsgerichtstag** 1981 behandelt[46].

Abschließend sei auf die Möglichkeit hingewiesen, daß nach dem rechtskräftigen Urteil eine Sperre durch Beschluß des erkennenden Gerichts aufgehoben werden kann (§ 69a Abs. 7 StGB). Indes hat diese Vorschrift in der Praxis kaum eine Bedeutung, da die Gerichte nur ausnahmsweise bereit sind, die einmal verhängte Sperrfrist nachträglich zu verkürzen. Erfolg verspricht ein diesbezüglicher Antrag allerdings dann, wenn besonders lange Sperrfristen, insbesondere die lebenslange Sperrfrist, verhängt wurden. Bei der lebenslangen Sperrfrist kann bereits der Zeitablauf alleine, etwa nach 10 Jahren, dazu führen, daß Anlaß besteht, abzuklären, ob die Ungeeignetheit des Verurteilten fortbesteht[47].

Für die **Wiedererteilung der Fahrerlaubnis** fordert die Verwaltungsbehörde bei Werten von mehr als 1,6‰ ebenso wie bei einschlägigen Vorstrafen ein medizinisch-psychologisches Gutachten an. Der Verteidiger sollte daher vor Antragstellung den Mandanten veranlassen, ein medizinisch-psychologisches Gutachten beizubringen, da dem Gericht mit diesem Gutachten nachgewiesen wird, daß der Antragsteller nunmehr wieder als geeigneter Fahrzeugführer anzusehen ist.

48a

Die vielfältigen Probleme, die mit der Wiedererteilung der Fahrerlaubnis nach Ablauf der Sperrfrist verbunden sind, sollen und können hier nicht abgehandelt werden. Darüber informiert den Anwalt das ausgezeichnete Werk von *Himmelreich/Hentschel*: „Fahrverbot – Führerscheinentzug"[48] und den intelligenten Laien das lesenswerte Buch von *Karl Kürti*: „Mein Führerschein ist weg"[49].

Stets ist zu beachten, daß nach § 4 Abb. 3 StVG die Verwaltungsbehörde bei der Wiedererteilung der Fahrerlaubnis nicht zum Nachteil des Antragstellers vom Inhalt des Urteils (oder Strafbefehls) abweichen kann, soweit es sich auf die Feststellung des Sachverhalts oder die Beurteilung der Schuldfrage oder der Eignung zum Führen von Kraftfahrzeugen bezieht. Die Pflicht des

---

46 *Gebhardt/Kunkel*, Die Nachschulung alkoholauffälliger Kraftfahrer und die gerichtliche Praxis, VGT 1981, S. 38 ff. bzw. 54 ff. Dazu ausführlich auch *Winkler*, Die sogenannte Nachschulung alkoholauffälliger Kraftfahrer, NZV 1988, 41.
47 *OLG Düsseldorf*, VRS 63, 273 (betrifft lebenslange Sperrfrist, vorzeitige Aufhebung nach 11 Jahren, ohne psychol.-med. Gutachten), *LG Bamberg*, StV 1984, 518 (betrifft ebenfalls eine lebenslange Sperrfrist, vorzeitige Aufhebung 8 Jahre nach der Entlassung aus der Strafhaft).
48 7. Auflage 1992.
49 Werner Verlag Düsseldorf, 1992, 3. Aufl.

3 Kampf um den Führerschein

Gerichts, dazu im Urteil Feststellungen zu treffen (§ 267 Abs. 6 StPO), ist auch vielen Richtern unbekannt. Gegebenenfalls kann darauf hingewiesen werden. Der gute Verteidiger muß systematisch auf günstige Feststellungen hinarbeiten. Daran ist gerade beim Aushandeln eines Strafbefehls zu denken.

48b Der vorsorgende Verteidiger muß also bereits im Strafverfahren darauf achten, daß bestimmte Tatsachen nicht als besonderes Anzeichen für eine überdurchschnittliche **Alkoholgewöhnung** oder gar **-abhängigkeit** ausgelegt werden können. So sollte z. B. stets ein Zeuge dafür benannt werden können, der bestätigen wird, daß der Angeklagte zum Zeitpunkt des Vorfalles den berühmten schwankenden Gang oder die lallende Aussprache hatte. In der Regel wird dies wohl der anzeigende Polizeibeamte sein.

In diesem Zusammenhang ist darauf hinzuweisen, daß die Führerscheinbehörde in der Regel von einer Alkoholabhängigkeit des Führerscheinbewerbers ausgeht, wenn dieser wegen eines Vollrausches verurteilt wurde.

Es ist selbstverständlich, daß der Anwalt die sog. Eignungsrichtlinien kennt, die der Bundesminister für Verkehr am 1. 12. 1982 aufstellte[50].

Grundsätzlich wird bei wiederholten Verkehrszuwiderhandlungen unter Alkoholeinfluß, d. h. ab dem zweiten Fall, eine medizinisch-psychologische Untersuchung verlangt. Ausnahmsweise kann aber auch bei einem erstmals alkoholauffälligen Kraftfahrer dieser Test verlangt werden, wenn der Blutalkoholwert über 1,6‰ liegt, insbesondere, wenn die Umstände des Einzelfalles Anhaltspunkt dafür ergeben, daß der Kraftfahrer überdurchschnittlich an Alkohol gewöhnt ist. Ob allerdings eine solche Alkoholgewöhnung bereits daraus abzuleiten ist, daß die Alkoholfahrt in den Tagesstunden stattfand, daß der Autofahrer über eine längere Fahrtstrecke hinweg unauffällig blieb und er bei der Verkehrskontrolle keinerlei Ausfallerscheinungen zeigte, ist jeweils eine Ermessensfrage, die von der jeweiligen Führerscheinstelle zu entscheiden ist.

48c Aus den vorstehenden Überlegungen ergibt sich, daß die einmalige Trunkenheitsfahrt ohne sog. risikoerhöhendes Merkmal kein Anlaß für die Führerscheinbehörde sein kann, nach Ablauf der Sperrfrist Schwierigkeiten bei der Neuerteilung der Fahrerlaubnis zu machen. Bei Bestehen berechtigter Zweifel an der Kraftfahrereignung wird jedoch kein Weg daran vorbeiführen, daß

---

50 VerkBl. 1982, 496; diese Richtlinien für die Prüfung der körperlichen und geistigen Eignung von Fahrerlaubnisbewerbern und -inhabern sind abgedruckt in *Himmelreich/Hentschel*, Fahrverbot, Führerscheinentzug.

sich der Mandant dem „Idiotentest" zu unterziehen hat[51]. Die Kosten für den Idiotentest belaufen sich (Stand 1995) auf 621,– DM.

Der Hinweis auf den „Idiotentest" gehört in jedem Fall der Entziehung der Fahrerlaubnis zur Belehrungspflicht des Verteidigers. Er muß also den Mandanten nach rechtskräftigem Abschluß des Verfahrens darauf hinzuweisen, daß er mindestens drei Monate vor Ablauf der Sperrfrist den Antrag auf Wiedererteilung der Fahrerlaubnis zu stellen hat, wann von ihm der „Idiotentest" verlangt wird und wie er sich auf diesen Test vorzubereiten hat. Für den Normalverbraucher besteht kaum eine Chance, ohne Vorbereitung den „Idiotentest" zu bestehen. Folglich muß der Verteidiger seinem Mandanten auch die Möglichkeiten der Vorbereitungen auf diesen Test, insbesondere aber den Weg zum freiberuflichen Psychologen zeigen. Bei Wiederholungstätern wird in der Regel eine Nachschulung oder gar eine lang dauernde Entzugstherapie erforderlich sein, um den Idiotentest erfolgreich zu bestehen.

3.5. Entschädigung bei unberechtigter Einbehaltung des Führerscheins

Stellt sich im Verlauf des Verfahrens heraus, daß sich der Führerschein ohne rechtlichen Grund in den Akten befand, also etwa der Beschuldigte den Führerschein freiwillig herausgab, die Polizei den Führerschein einbehielt oder das Gericht den Führerschein beschlagnahmte, obwohl in keinem Fall dafür ein rechtlicher Grund vorlag, so gewährt das Gesetz über die Entschädigung für Strafverfolgungsmaßnahmen (StrEG) dem Beschuldigten bzw. Angeklagten unter eng begrenzten Voraussetzungen einen Entschädigungsanspruch.

Nach meiner Erfahrung steht der Aufwand eines Entschädigungsverfahrens nur in seltenen Fällen in angemessenem Verhältnis zum Erfolg. Daher betreibe ich allenfalls alle drei Jahre einmal ein solches Verfahren, dann nämlich, wenn sich der Aufwand für den Mandanten tatsächlich lohnt. Kollegen mit entsprechend großer Verkehrspraxis bestätigen mir, daß sie es ebenso handhaben. Dies liegt nicht zuletzt daran, daß für die Einbehaltung des Führerscheins keine pauschale Entschädigung, also keine Art Nutzungsausfall gezahlt wird. Nur diejenigen finanziellen und wirtschaftlichen Nachteile werden entschädigt, die dem Betroffenen durch eine zeitweilige Entziehung der

---

[51] Beispiele aus der Rechtsprechung sind bei *Jagusch/Hentschel*, Straßenverkehrsrecht, 33. Aufl., Rdnr. 3 zu § 15 c StVZO zitiert.

3 Kampf um den Führerschein

Fahrerlaubnis oder eine andere vorläufige Führerscheinmaßnahme **konkret und adäquat** entstanden sind[52].

Meine Skepsis wird durch die Entscheidung des *LG Flensburg* (Urteil vom 3. 4. 1990, NZV 1990, 396) bestätigt. Die Entscheidung geht davon aus, daß generell ein Ersatzanspruch besteht, jedoch die Klage mit der Begründung abgewiesen wurde, der Kraftfahrer habe im Hinblick auf seine Schadensminderungspflicht öffentliche Verkehrsmittel benutzen müssen. Außerdem weist das Gericht auf die Besonderheit des Falles hin, die darin bestand, daß der Kläger schwerbehindert war; allerdings meinte hier das Gericht, gerade deshalb sei dem Kläger die Benutzung öffentlicher Verkehrsmittel zuzumuten gewesen, denn das sei ja für ihn kostenlos gewesen.

Nachstehend sollen nur einige Hauptgrundsätze des Entschädigungsverfahrens angesprochen werden.

Eine Entschädigung wird nicht gewährt, wenn dies der Billigkeit nicht entspricht (§§ 3, 4 StrEG), etwa wenn die Frist zur Rückgabe des Führerscheins um eine Woche oder weniger überschritten wurde[53]. Ausgeschlossen ist der Entschädigungsanspruch insbesondere bei vorsätzlicher oder grob fahrlässiger Verursachung der Maßnahme (§ 5 Abs. II Satz 1 StrEG), d. h. bei Trunkenheitsfahrten immer dann, wenn der Alcotest positiv war oder ein Blutalkoholwert von mehr als 0,6‰ vorlag[54].

Der Antrag auf Zahlung einer Entschädigung setzt voraus, daß eine **gerichtliche Entscheidung** über die Verpflichtung zur Entschädigung vorliegt. Diese gerichtliche Entscheidung wird normalerweise in dem Urteil oder Beschluß ergehen, der das Verfahren abschließt (§ 8 Abs. I Satz 1 StrEG). Häufig sind Entscheidungen außerhalb der Hauptverhandlung, obwohl sie eigentlich schon innerhalb der Hauptverhandlung hätten gefällt werden können (§ 8 Abs. I Satz 2 StrEG). Stellt die Staatsanwaltschaft das Verfahren ein, entscheidet das Amtsgericht am Sitz der Staatsanwaltschaft auf Antrag des Beschuldigten (§ 9 StrEG).

Im sog. Betragsverfahren (§ 10 StrEG) entscheidet die Landesjustizverwaltung, in welcher Höhe eine Entschädigung zu zahlen ist. Der Antrag ist an die Staatsanwaltschaft zu richten; eine gesonderte Vollmacht, die zur Geltendmachung des Anspruchs berechtigt, muß beigefügt werden (vgl. **Muster 19: Antrag auf Entschädigungsleistung**, unten Rdnr. 138). Der

---
52 *BGH*, Urteil vom 31. 10. 1974, VRS 48, 407; dieses Urteil ist übrigens die einzige Entscheidung, die im Zusammenhang mit § 7 StrEG in den Bänden 40–60 der VRS-Sammlung zu finden ist.
53 *Himmelreich/Hentschel*, Fahrverbot – Führerscheinentzug, Rdnr. 369.
54 Wie vor, Rdnr. 372–379.

Mandant ist darauf hinzuweisen, daß sein Entschädigungsantrag so penibel wie möglich mit entsprechenden Unterlagen vorzubereiten ist; es kann nicht dringend genug davor gewarnt werden, eine Forderung zu stellen, die nicht auch tatsächlich zu der angegebenen Zeit und in der angegebenen Höhe entstanden ist, da die Staatsanwaltschaft häufig „windige Forderungen" mit einem Ermittlungsverfahren wegen versuchten Betrugs quittiert.

Gegen die Entscheidung der Justizverwaltung kann Klage bei einer Zivilkammer des Landgerichts erhoben werden (§ 13 StrEG). Eine Klageschrift gegen den „Freistaat Bayern" ist gemäß § 4 Abs. 1 Nr. 1 der VertretungsVO dem Generalstaatsanwalt bei dem OLG zuzustellen, in dessen Geschäftsbereich die Entscheidung über die Entschädigungspflicht erging[55].

Wer sich eingehender mit der Problematik des StrEG befassen will, muß die Spezialliteratur und Rechtsprechung, insbesondere aber die Kommentare von *Schätzler*[56], *Meyer*[57] oder *Kunz*[58] zu Rate ziehen.

Zu verweisen ist schließlich auf einen Aufsatz von *Grohmann*[59], der Zahlen über Entschädigungsleistungen in den Jahren 1980 und 1983 enthält, wenn auch die Quelle nicht genannt wird. Nach *Grohmann* wurden 1980 bei insgesamt 1 895 Entschädigungsfällen knapp 4 Mill. DM gezahlt, d. h. pro Fall rd. 2 000,– DM. Die Zahlungen pro Fall bewegten sich auch 1983 im Bereich von 2000,– DM, wenn auch insgesamt nur 3,4 Mill. DM ausgezahlt wurden.

Die Entschädigungsleistungen bei Führerscheinentzugsfällen beliefen sich 1980 (733 Fälle) auf rd. 870 000,– DM, pro Fall wurde etwas mehr als 1 000,– DM gezahlt. 1983 waren es 461 Fälle mit einer Gesamtentschädigungsleistung von 564 000,– DM.

Abschließend sei darauf hingewiesen, daß seit dem 1. 1. 1987 bei einem immateriellen Schaden im Rahmen der Entschädigungsleistung eine Verbesserung eingetreten ist: Nunmehr werden anstatt 10,– DM pro Tag 20,– DM gezahlt[60].

---

55 *BGH*, Urteil vom 17. 3. 1983, VRS 65, 416.
56 *Schätzler*, StrEG-Kommentar, 2. Aufl. 1982.
57 *Meyer*, Strafrechtsentschädigung und Auslagenerstattung, 3. Aufl. 1994.
58 *Kunz*, Opferentschädigungsgesetz, 2. Aufl. C. H. Beck.
59 *Grohmann*, Führerscheinmaßnahmen im Lichte des StrEG, BA Vol. 22, 1985, 233.
60 Gesetz zur Änderung über Entschädigung für Strafverfolgungsmaßnahmen vom 24. 5. 1988, BGBl. I, 638.

4. Der Mandant will es nicht zur Hauptverhandlung kommen lassen

4.1. Einstellung des Verfahrens gem. § 170 Abs. 2 StPO

50 Entgegen einer weitverbreiteten Auffassung, derzufolge erst die Hauptverhandlung dem Verteidiger die Möglichkeit gibt, sich auszuzeichnen, sein Können zu zeigen[1], bin ich der Auffassung, daß (jedenfalls im Straßenverkehrsstrafrecht) die Tätigkeit des Anwaltes nicht früh genug das Ziel verfolgen soll, es erst gar nicht zu einer Hauptverhandlung kommen zu lassen. Ermittlungsverfahren sind einem Feuersbrand vergleichbar, der sich am ehesten (und dann noch leicht) löschen läßt, wenn er erst ein „Feuerchen" ist[2].

Die Staatsanwaltschaft kann ein Ermittlungsverfahren einstellen, wenn der Beschuldigte der Tat nicht hinreichend verdächtig ist bzw. kein genügender Anlaß zur Klageerhebung besteht. Dies bedeutet, daß keine hinreichende Wahrscheinlichkeit dafür vorhanden ist, der Beschuldigte werde aufgrund des Ermittlungsergebnisses in der Hauptverhandlung verurteilt werden. In der Regel wird die Staatsanwaltschaft das Verfahren dann einstellen, wenn es an genügenden Beweisen für die Tat, für einen zu den wesentlichen Tatmerkmalen gehörenden Tatumstand oder für die Täterschaft mangelt. Die im Verkehrsstrafrecht seltenen Fälle, daß wegen eines Rechtfertigungs-, Schuldausschließungs- oder Strafausschließungsgrundes eine Einstellung erfolgt, sollen zwar erwähnt, nicht aber weiter dargestellt werden. Ist eine Verurteilung des Beschuldigten unwahrscheinlich, muß der Staatsanwaltschaft mitunter vom Verteidiger klargemacht werden, daß das Verfahren auch dann einzustellen ist, wenn ein mögliches Interesse der Öffentlichkeit an der

---

1 *Dahs*, Taschenbuch des Strafverteidigers, 4. Aufl., 1990, Rn. 516: „Das Plädoyer ist die Stunde des Verteidigers". Anders liest es sich bei *R. Traver* (d.h. dem US-Richter *Donaldson-Voelker*), der in seinem Roman den Verteidiger *Paul Biegler* zu Beginn des Plädoyers sagen läßt: „Dies ist der Augenblick, da wir Anwälte, wir Männer vieler Worte, uns noch immer der schmeichelhaften Illusion hingeben, alles, was wir vorzutragen haben, vermöge Ihre Ansicht vielleicht zu ändern. Hätten wir nämlich unsere Arbeit gut verrichtet, sollte nichts mehr zu sagen sein..." (*Traver*, Anatomie eines Mordes, Ullstein, 1977, S. 406).
2 So auch *Weihrauch*, Verteidigung im Ermittlungsverfahren, Rdnr. 116 ff. mit wertvollen Hinweisen für die Verteidigerstrategie in allen Ermittlungsverfahren; s. auch *Dahs*, Zur Verteidigung im Ermittlungsverfahren, NJW 1985, 1113 ff; Muster eines Antrags auf Einstellung gem. § 170 II StPO bei *Kahlert*, Rdnr. 113; *Weihrauch*, Rdnr. 174; *Himmelreich/Bücken*, Rdnr. 313 ff.

§ 170 Abs. 2 StPO   4

Durchführung einer Hauptverhandlung besteht, wie es der Fall sein kann, wenn der Unfall aufsehenerregende Besonderheiten aufweist, die möglicherweise auch damit begründet werden, daß die Besonderheit nur in der Person des in der Öffentlichkeit besonders bekannten Unfallverursachers liegt[3]. Weder die berufliche noch die soziale Stellung eines Unfallverursachers kann für die Staatsanwaltschaft Anlaß sein, Anklage zu erheben, wenn ein weniger prominenter Täter ohne weiteres davon verschont bliebe.

Ob ein Verfahren eingestellt wird, hängt entscheidend davon ab, ob die vorliegenden Tatsachen für ein schuldhaftes Verhalten des Täters sprechen; 95% der Ermittlungen erstrecken sich daher auf das Zusammentragen des Tatsachenmaterials, nur in 5% der Fälle hängt die Beantwortung der Frage: schuldig – nicht schuldig, von einer Rechtsfrage ab. Demgemäß muß es die Aufgabe des Verteidigers sein, alle zugunsten des Mandanten sprechenden Tatumstände hervorzuheben und vermeintlich ungünstige Tatsachenfeststellungen daraufhin zu überprüfen, ob diese Feststellungen überhaupt einer eingehenden Nachprüfung durch den Fachmann, d. h. den Sachverständigen, standhalten. Sind bereits Sachverständigengutachten erstattet worden, muß jedes Gutachten auf seine Stichhaltigkeit hin überprüft werden, am zweckmäßigsten durch einen anderen Gutachter derselben Fachdisziplin. So wie sich die Staatsanwaltschaft ihre „**Hausgutachter**" hält und sie hätschelt und pflegt, sollte auch der Verteidiger seine eigenen Hausgutachter haben, nach Möglichkeit sollten sie höherkarätig sein als die Gutachter der Staatsanwaltschaft, zumindest sollte ihr Sachverstand nicht geringer sein als derjenige der im Dienst der Staatsanwaltschaft stehenden Gutachter.

Daß grundsätzlich jedes Gutachten einer eingehenden Überprüfung bedarf, verdeutlicht der von *Peters* erwähnte *Fall Wirt*[4]:

Ein PKW gerät langsam fahrend auf vereister Fahrbahn ins Schleudern und prallt gegen eine Mauer. Der Fahrer und die Insassen, darunter Wirt, machen den Wagen wieder flott und schieben ihn auf die Straße.
Wirt lehnt die Weiterfahrt ab, geht zu Fuß heim und wird später von einem Autofahrer verletzt aufgefunden und heimgebracht. Wirt stirbt nach drei Wochen. Nach dem medizinischen Gutachten sollen die Verletzungen auf den Anstoß gegen die Mauer zurückzuführen gewesen sein.
Später ergab sich, daß der Autofahrer, der Wirt angeblich verletzt auffand, ihn zuvor angefahren hatte, dann weiterfuhr und später zur Unfallstelle zurückkam und sich dann als Retter des Wirt ausgab.

---

3 *Güde*, NJW 1960, 519.
4 *Peters*, Fehlerquellen im Strafprozeß, 1. Bd., 1970, S. 486 (Fall Nr. 925).

4 Einstellung des Verfahrens

Feststellungen der Polizei (z. B. zur Beschaffenheit eines Fahrzeuges, einer Straße, der Witterung pp.) sollten ebenfalls nicht ungeprüft hingenommen werden. Die Untersuchungen von *Sessar*[5] können in ihrer Nutzanwendung auch auf Straßenverkehrsstrafsachen übertragen werden. Nach *Sessar* dramatisiert die Polizei in der Provinz selbst geringfügige Vorfälle. Mit der Größe und der Erfahrung der Polizeistation, aber auch mit dem Arbeitsanfall ändert sich das Bild zugunsten einer objektiveren Betrachtung.

Erfahrene Unfallsachbearbeiter werden einen Unfall häufiger mit der Wertigkeit versehen, die er tatsächlich verdient, im Gegensatz zum unerfahrenen jungen Polizisten, der zufällig mit einem Verkehrsunfall oder einer Verkehrsstraftat konfrontiert wird.

4.2. Einstellung gemäß § 153 StPO

51 Die Staatsanwaltschaft kann mit Zustimmung des Gerichts das Verfahren gem. § 153 StPO einstellen, wenn

a) Verfahrensgegenstand ein Vergehen ist,
b) die Schuld des Täters als gering anzusehen wäre und
c) an der Strafverfolgung kein öffentliches Interesse besteht.

a) Verkehrsstrafsachen sind in der Regel Vergehen; Ausnahmen sind denkbar, so z. B. wenn das KFZ als Mordwerkzeug benutzt wird, dann allerdings liegt auch keine Verkehrsstrafsache im eigentlichen Sinne mehr vor.

b) Ob die Täterschuld als gering anzusehen wäre (aus der Wortfassung ergibt sich, daß keine Schuldfeststellung erforderlich ist), hängt vom Einzelfall ab. Die Schuld wird dann gering bewertet, wenn ein Vergleich mit Vergehen ähnlicher Art und Güte ergibt, daß der Einzelfall nicht unerheblich unter dem Durchschnitt liegt.

c) Das öffentliche Interesse wird in der Regel bejaht, wenn Gründe in der Person des Täters (einschlägige Vorstrafen oder Eintragungen im VZR) vorliegen oder aber berechtigte Belange der Allgemeinheit die Durchführung des Strafverfahrens erfordern, etwa außergewöhnliche Tatfolgen. Letzteres wäre der Fall, wenn bei einem Unfall Menschen schwer verletzt oder getötet werden. In diesem Zusammenhang ist auf die **Resolution 75/24 des Europa-**

---

5 Rechtliche und soziale Prozesse einer Definition der Tötungskriminalität, 1981, zitiert nach *Frommel*, StV 1982, 533 ff.

rates zu verweisen. Den Mitgliedsstaaten des Europarates wurde empfohlen, wegen einer fahrlässigen Tötung oder fahrlässigen Körperverletzung keine Strafverfolgungsmaßnahmen einzuleiten und gegebenenfalls keine Strafen zu verhängen, wenn es sich um eine geringfügige Verkehrszuwiderhandlung handelt, bei der der Täter die Gefahr, der er sich und andere ausgesetzt hat, nicht notwendigerweise erkannt haben muß[6].

Die Zustimmung des Gerichts wird dann entbehrlich, wenn es sich um ein Vergehen handelt, das nicht mit einer im Mindestmaß erhöhten Strafe bedroht ist und bei dem die durch die Tat verursachten Folgen gering sind, so jedenfalls die Neufassung des § 153 Abs. 1 Satz 2 StPO durch das Gesetz zur Entlastung der Rechtspflege vom 11. 1. 1993. Nunmehr kann die Staatsanwaltschaft Bagatellfälle bei Verstößen gegen §§ 230 und 240 StGB ohne Zustimmung des Gerichts einstellen. Bei den geringen Folgen wird man wohl eine Wertgrenze von 100,- DM annehmen müssen.

Vor 1974, d. h. vor der Einführung des § 153a StPO, bestand bei der Staatsanwaltschaft und bei Gericht die Neigung, Verfahren, soweit die Voraussetzungen des § 153 StPO erfüllt waren, auch gemäß dieser Vorschrift einzustellen. Seit Einführung des § 153a StPO ist festzustellen, daß Staatsanwaltschaft und Gericht nur noch in Ausnahmefällen bereit sind, Verfahren gem. § 153 StPO einzustellen, obwohl noch nicht einmal die Zustimmung des Beschuldigten zu dieser Verfahrenseinstellung erforderlich ist[7]. Daher ist nicht nur anzuregen, ein Verfahren gem. § 153 StPO einzustellen, vielmehr sollte (falls der

---

6 *Janiszewski*, Rdnr. 853.
7 Die Untersuchungen von *Rieß*, Entwicklung und Bedeutung der Einstellungen nach § 153a StPO, ZRP 1983, 93 und Zur weiteren Entwicklung der Einstellungen nach § 153a StPO, ZRP 1985, 212 ff. zeigen – allerdings nur allgemein gesehen, d. h. ohne Berücksichtigung der eventuell vorhandenen besonderen Aspekte der Verkehrsstrafsachen –, daß bei der Staatsanwaltschaft von 1977 bis 1979 die Einstellungen gem. § 153 StPO von 35,9 auf 32,3% zurückgingen, während sie 1980 und 1981 bei je 32,7% lagen und im Jahre 1982 wieder auf 33,0% bzw. im Jahre 1983 auf 33,7% anstiegen.
Während im amtsgerichtlichen Verfahren in den Jahren 1971 bis 1983 allgemeine Ermessenseinstellungen (d. h. gem. §§ 153, 153b, 154b, 383 StPO, § 47 JGG) von 8% auf 13% anstiegen, war im Berufungsverfahren eine kontinuierliche Abnahme der allgemeinen Ermessenseinstellungen von 9,3 auf 5,3% bei einer Zunahme der Einstellungen gem. § 153a StPO (von 2,4% im Jahr 1975 auf 5,3% im Jahr 1983) zu verzeichnen. Aus den Statistiken der Jahre 1989 und 1990 läßt sich in den alten Bundesländern folgende Entwicklung ablesen: Die Verfahrenseinstellungen gem. § 153a StPO bzw. gem. § 47 JGG und § 153 II StPO bleiben im wesentlichen unverändert. Allerdings ist die Erledigung des Verfahrens im Weg einer Einstellung gem. § 153a StPO kontinuierlich gestiegen, berücksichtigt man, daß es im Jahre 1975 nur 2,4% der Fälle waren, und 1990 7,5% der Fälle auf diese Art eingestellt wurden.
Die einzelnen Zahlen ergeben sich aus den beiden Tabellen auf S. 82.

4 *Einstellung des Verfahrens*

Mandant zur Bußzahlung bereit ist) der Hinweis nicht fehlen, gemäß § 153 a StPO zu verfahren (vgl. unten Muster 5, Rdnr. 124).

4.3. Einstellung gemäß § 153 a StPO

52 Das Gesetz zur Entlastung der Rechtspflege vom 11. 1. 1993 bescherte uns eine Neufassung des § 153 a Abs. 1 Satz 1 StPO. Seit dem 1. 3. 1993 kann die Staatsanwaltschaft mit Zustimmung des Gerichts und des Beschuldigten bei einem Vergehen vorläufig von der Erhebung der öffentlichen Klage absehen, wenn bestimmte Auflagen oder Weisungen geeignet sind, das öffentliche Interesse an der Strafverfolgung zu beseitigen und die Schwere der Schuld nicht entgegensteht. Damit ist der Anwendungsbereich des § 153 a StPO erweitert worden. Nach der amtlichen Begründung trägt die Neuregelung den bisherigen Erfahrungen bei der Anwendung der Vorschrift Rechnung und gibt in vertretbarem Rahmen der Praxis die Möglichkeit, auch im Bereich der **mittleren Kriminalität** von der Erhebung der öffentlichen Klage gegen Auflagen und Weisungen abzusehen. Als typische Anwendungsfälle des § 153 a StPO n. F. sind leichte und mittelschwere Verkehrsstraftaten anzusehen. Selbstverständlich umfaßt nunmehr auch die Bestimmung des § 153 a StPO die fahrlässige Tötung, die möglicherweise früher eine Einstellung nicht gerechtfertigt hätte. Von Bedeutung ist, daß (entgegen der früheren gesetzlichen Regelung, die eine Eintragung in das Verkehrszentralregister

---

(*Fortsetzung Fußnote 7*)

	1989	1990
I. Verfahren vor den Amtsgerichten		
Erledigte Verfahren	642 374	630 171
Davon wurden eingestellt		
a) gem. § 153 a StPO	63 068 = 8,8%	63 288 = 10,0%
b) gem. § 47 JGG bzw. § 153 II StPO	66 184 = 10,3%	64 437 = 10,2%
II. Verfahren vor den Landgerichten		
1. als erste Instanz	1989	1990
Erledigte Verfahren	12 264	12 703
Davon wurden eingestellt		
a) gem. § 153 a StPO	219 = 1,8%	266 = 2,1%
b) gem. § 47 JGG bzw. § 153 II StPO	117 = 0,9%	126 = 1,0%
2. als Berufungsinstanz		
Erledigte Verfahren	54 115	52 081
Davon wurden eingestellt		
a) gem. § 153 a StPO	3 742 = 6,9%	3 933 = 7,5%
b) gem. § 47 JGG bzw. § 153 II StPO	1 158 = 2,1%	1 094 = 2,1%

vorsah) durch das Gesetz zur Änderung des StVG vom 28.12. 1982 auf die Eintragung einer 153 a-Entscheidung verzichtet wurde.

Neben der Buße können weitere Auflagen erteilt werden, sie spielen jedoch im Rahmen des Verkehrsstrafrechts praktisch keine Rolle[8]. So entfällt in der Regel die Auflage, zur Wiedergutmachung eine bestimmte Leistung zu erbringen, da der Verletzte normalerweise Ersatz vom Haftpflichtversicherer des Schädigers erhält. Etwas anderes kann jedoch dann gelten, wenn ein Haftpflichtversicherer nicht vorhanden ist, z. b. bei einem Unfall, der ausschließlich von einem Fußgänger schuldhaft verursacht wird. Die Auflage, gemeinnützige Leistungen (Hilfsdienst in einem Krankenhaus oder Altersheim) zu erbringen, spielt ebenfalls in der Praxis keine große Rolle.

Nach meiner Erfahrung ist die Staatsanwaltschaft immer dann geneigt, ein Verfahren gem. § 153 a StPO einzustellen, wenn

a) eine alkoholische Beeinflussung des Täters ausscheidet,
b) das Verschulden im Verhältnis zu gleichgelagerten Fällen im mittleren Bereich liegt und
c) die Buße den Einkommens- und Vermögensverhältnissen des Beschuldigten angepaßt erscheint, in der Regel in einer Größenordnung liegt, in der auch gegen den Beschuldigten eine Geldstrafe ausgesprochen wird.
d) Die schwierige Beweissituation kann (obwohl sie es nicht sollte) ein weiterer Anlaß sein, gemäß § 153 a StPO zu verfahren.

In allen Fällen, die der Verteidigung Anlaß geben, auf Abweichungen vom Normalfall hinzuweisen, sollte der Antrag gestellt werden, gem. § 153 a StPO zu verfahren (vgl. Muster 5: Einstellungsantrag, unten Rdnr. 124)[9]. Durch die Neufassung des § 153 a StPO („Die Schwere der Schuld darf nicht entgegenstehen") ist der Anwendungsbereich dieser Einstellungsmöglichkeit de iure in den letzten Jahren gewachsen[10]

Die Staatsanwaltschaft stellt das Verfahren mit Zustimmung des Gerichts zunächst vorläufig ein. Wird die Auflage erfüllt, erfolgt die endgültige Einstellung des Verfahrens. Die endgültige Einstellung des Verfahrens hat zur Folge, daß die Tat nicht mehr als Vergehen verfolgt werden kann (§ 153 a Abs. 1 Satz 4 StPO); wir haben es also mit dem Ausnahmefall zu tun, daß eine staatsanwaltschaftliche Einstellungsverfügung quasi in Rechtskraft erwächst.

---

8 So auch *Rieß*, vgl. Fußn. 7, der für alle Einstellungsfälle von 1977 bis 1981 das Dominieren der Geldbuße (zwischen 94 u. 96%) feststellt.
9 Siehe auch die Checkliste und den Einstellungsantrag bei *Weihrauch*, Rdnr. 188 ff.
10 Siehe dazu *Meyer-Goßner*, NJW 1993, 498; *Beulke*, Strafprozeßrecht, Rdnr. 337.

4 Einstellung des Verfahrens

Darüberhinaus hat die Einstellung gemäß § 153 a StPO eine Sperrwirkung: Es tritt ein Strafklageverbrauch hinsichtlich der gesamten Tat i. S. d. § 264 StPO ein, wobei es entscheidend auf den einheitlichen geschichtlichen Vorgang ankommt, selbst wenn Tatmehrheit angeklagt sein sollte[11].

Im Strafverfahren gegen Jugendliche und Heranwachsende wird die Einstellungsmöglichkeit gem. §§ 153, 153 a StPO weitgehend verdrängt durch die Sondernormen der §§ 45, 47 JGG. Einzelheiten hierzu siehe den Beitrag von *Kahlert* über die „Verteidigung in Jugendstrafsachen"[12].

Die Freude des Anwalts darüber, ein Verfahren gemäß § 153 a StPO zur Einstellung gebracht zu haben, darf nicht dadurch getrübt werden, daß der Anwalt wegen eines Kunstfehlers ersatzpflichtig wird, wie es 1984 in Berlin geschah.

Der Verteidiger hatte dem Mandanten empfohlen, einer Verfahrenseinstellung gemäß § 153 a StPO unter Bußauflage zuzustimmen. Später stellte sich heraus, daß mangels Strafantrag das Verfahren an sich mit einem Freispruch hätte enden müssen. Die (wohl unzulässige) Beschwerde gegen den vorläufigen Einstellungsbeschluß blieb erfolglos, zumal inzwischen das Verfahren endgültig eingestellt worden war. Ergebnis: Der Verteidiger hatte die Geldbuße an den Mandanten zu erstatten[13].

4.4. Einstellung gemäß § 153 b StPO

53 a) Das Gericht hat die Möglichkeit, gem. § 60 StGB dann von Strafe abzusehen, wenn die Folgen der Tat, die den Täter getroffen haben, so schwer sind, daß die Verhängung einer Strafe offensichtlich verfehlt wäre. Allerdings gilt diese Vorschrift nicht, wenn eine Freiheitsstrafe von mehr als einem Jahr verwirkt wäre. Alkoholbeeinflussung beim Beschuldigten schließt die Anwendung des § 60 StGB nicht aus.

54 Allerdings muß eine schwere **eigene Verletzung** (Verlust eines wichtigen Körpergliedes, des Sehvermögens, des Gehörs oder der Sprache, dauernd

---

11 *OLG Frankfurt*, Beschluß vom 21. 3. 1985, VRS 68, 465, bejaht ein Verfahrenshindernis bezüglich einer fahrlässigen Trunkenheitsfahrt, weil das Gericht eine Widerstandsleistung und Beleidigung, die unmittelbar auf die Trunkenheitsfahrt folgten, gemäß § 153 a StPO nach Auflagenerfüllung eingestellt hatte.
12 2. Auflage, 1986, Rdnr. 29 b ff.; weiterführend: *Schaffstein/Beulke*, Jugendstrafrecht, 12. Aufl. 1995.
13 *Schlee*, Haftungsgefahren bei strafrechtlichen Mandanten, AnwBl. 86, 31.

entstellende großflächige Narben, Lähmung) den Täter selbst getroffen haben oder aber einen nahen Angehörigen. Bei den Tatfolgen, die einen nahen Angehörigen treffen können, steht wohl der Tod an erster Stelle, indes können auch schwere Körperverletzungen, die z.B. dauerndes Siechtum herbeiführen, ebenfalls Bedeutung erlangen. Wird ein Dritter darüberhinaus ebenfalls schwer verletzt oder getötet, wird wohl dann § 60 StGB ausscheiden, wenn der Dritte sich nicht im Fahrzeug des Täters befand. Liegen die Voraussetzungen des § 60 StGB vor, kann die Staatsanwaltschaft gem. § 153b StPO das Verfahren einstellen. Diese Entscheidung der Staatsanwaltschaft hat jedoch nicht die Bestandswirkung, die der Verfahrenseinstellung gem. § 153a StPO innewohnt.

b) Seit dem 1.12.1994 besteht die Möglichkeit, gem. § 46a StGB die Strafe zu mildern oder gar von Strafe abzusehen, wenn der Täter sich um einen Ausgleich mit dem Verletzten bemühte, d.h. die Folgen seiner Tat ganz oder z.T. wiedergutgemacht hat oder eine Wiedergutmachung ernsthaft erstrebt.

Vor Anklageerhebung kann die Staatsanwaltschaft gem. § 153b StPO das Verfahren einstellen, falls die Voraussetzungen des § 46a StGB vorliegen.

4.5. Einstellung gemäß § 154 StPO

Um das Verfahren zu straffen, wurde die Vorschrift des § 154 StPO geschaffen. Danach können unwesentliche Nebendelikte eingestellt werden. In der Praxis spielt die Vorschrift allerdings meist dann eine Rolle, wenn sich Schwierigkeiten im Tat- oder Schuldnachweis ergeben. Der Regelfall ist die Einstellung einer zweifelhaften Unfallflucht. Da die Zustimmung des Beschuldigten ebensowenig erforderlich ist wie eine Zustimmung des Gerichts, dient die Vorschrift in erster Linie der Arbeitserleichterung der Staatsanwaltschaft. In geeigneten Fällen sollte es auch hier der Verteidiger nicht versäumen, eine entsprechende Anregung an die Staatsanwaltschaft heranzutragen.

4.6. Abschließende Betrachtung zur Verfahrenseinstellung

In allen Fällen, in denen die Staatsanwaltschaft das Verfahren einstellt, erfolgt die Einstellungsverfügung ohne eigene Kostenentscheidung. Soweit Nebenkläger vorhanden sind, ist deren Zustimmung zur Einstellung des Verfahrens nicht erforderlich. Der Nebenkläger kann auch die Einstellungsverfügung

4 Einstellung des Verfahrens

der Staatsanwaltschaft nicht mit der Beschwerde angreifen (§ 400 II 2 StPO). Die Verfahrenskosten können nicht dem Beschuldigten auferlegt werden, auch nicht als Auflage gem. § 153a StPO. Allerdings verfahren manche Staatsanwaltschaften so, daß sie in Höhe der Verfahrenskosten eine Geldauflage, die an die Landeskasse zu zahlen ist, festlegen.

Dem Mandanten ist der Vorteil einer Verfahrenseinstellung eindeutig herauszustellen, zumal dann, wenn der Angeklagte meint, er müsse freigesprochen werden und die Landeskasse habe seine notwendigen Auslagen zu tragen.

Dem Geschick des Verteidigers bleibt es überlassen, die Staatsanwaltschaft zur Einstellung des Verfahrens zu veranlassen, mag es auch im Einzelfall dem Verteidiger schwerfallen, die Einstellung nicht nur anzuregen, sondern zu erbitten, zu erbetteln oder vielleicht gar zu erquälen.

5. Die Staatsanwaltschaft hat Anklage erhoben

5.1. Einstellung des Verfahrens?

Der Angeschuldigte erfährt durch das Gericht, bei dem Anklage erhoben 56
wurde, daß er nunmehr einer bestimmten Straftat angeschuldigt wird (§ 201 StPO). War zuvor die Staatsanwaltschaft alleine berufen, darüber zu entscheiden, ob eine Verfahrenseinstellung in Betracht kommt, so verändert sich das Bild nach der Anklageerhebung, da nunmehr das Gericht entscheiden kann, ob das Verfahren eingestellt werden kann oder soll. Entsprechende Anregungen (vgl. Kapitel 4.2.–4.5.) können nunmehr dem Gericht vorgetragen werden. Ob eine Einstellung gemäß § 153 Abs. 2 oder nach § 153 a Abs. 2 StPO zur Diskussion steht, erforderlich ist sowohl die Zustimmung der Staatsanwaltschaft als auch die Zustimmung des Angeschuldigten. Gemäß § 153 Abs. 2 Satz 2 StPO kann in Ausnahmefällen auch die Zustimmung des Angeschuldigten entbehrlich sein.

Sinngemäß gilt das Vorstehende auch für das **Strafbefehlsverfahren**. In dem zugestellten Strafbefehl wird dem Angeschuldigten eine bestimmte Straftat zur Last gelegt und hier gilt es bereits, mit besonderer Sorgfalt zu prüfen, ob

1. ein Einspruch überhaupt eingelegt werden soll bzw.
2. der Einspruch mit Erfolg durchgeführt werden kann.

In der Regel wird es angezeigt sein, zunächst Einspruch einzulegen, damit innerhalb der Zwei-Wochen-Frist der Einspruch zu den Gerichtsakten gelangt. War bis zu diesem Zeitpunkt noch keine Akteneinsicht bewilligt worden, ist nunmehr umgehend Akteneinsicht zu beantragen, sind die Akten durchzuarbeiten und ist dann mit dem Mandanten abzuklären, ob der Einspruch nicht unverzüglich, spätestens aber vor Beginn der Hauptverhandlung, zurückzunehmen ist, weil die Durchführung des Verfahrens nach Lage der Dinge keinen Erfolg verspricht, bzw. eine Strafverschärfung ernsthaft zu befürchten ist. Zwar bewegt sich der Durchschnittsanwalt nach der Auffassung von *Prinz*[1] laufend am Rande schadensersatzauslösender Sorgfaltspflichtverletzungen, legt man die überaus strengen Anforderungen zugrunde, die von der Rechtsprechung an den Anwalt gestellt werden.

---

[1] *Prinz*, Der juristische Supermann als Maßstab, VersR 1986, 317.

5 Nach Anklageerhebung

Daß ein Regreß wegen falscher Beratung über die Erfolgsaussichten eines Einspruchs dazu führt, daß dem früheren Mandanten Schadensersatz in Höhe von 23 000,– DM zugesprochen wird, entschied das *OLG Düsseldorf*[2]:

Der Verteidiger hatte offenbar übersehen, daß der Tagessatz von 50,– DM angesichts der Einkommensverhältnisse seines Mandanten außerordentlich günstig war. Im Urteil wurde der Tagessatz auf 150,– DM erhöht.

Warum allerdings das eingelegte Rechtsmittel gegen das Urteil des Schöffengerichts dann zurückgenommen wurde, entzieht sich der Beurteilung des Lesers dieses immerhin bemerkenswerten Urteils.

Schlothauer[3] rät davon ab, im schriftlichen Wege vor Beginn der Hauptverhandlung den Antrag auf Einstellung des Verfahrens zu stellen. Grund: Gehen Gericht und Staatsanwaltschaft auf die Anregung nicht ein, habe der Verteidiger schon sein ganzes Pulver verschossen und befinde sich in einer ungünstigen Situation, wenn sich dann in der Hauptverhandlung keine neuen Gesichtspunkte ergäben, die eine nochmalige Diskussion dieser Frage sinnvoll machen.

Etwas anderes gilt dann, wenn die Argumente der Verteidigung so durchschlagend sind, daß mit hoher Wahrscheinlichkeit davon auszugehen ist, daß sich Gericht und Staatsanwaltschaft der Möglichkeit, das Verfahren zur Einstellung zu bringen, nicht entziehen werden.

Eine derartige Argumentation würde z. B. der Umstand liefern, daß bei dem Unfall Freunde, gute Bekannte, Familienangehörige oder Verwandte des Angeschuldigten verletzt oder geschädigt wurden. In solchen Fällen könnte das Gericht geneigt sein, das Verfahren einzustellen, insbesondere, wenn das Gericht die Auffassung vertritt, andernfalls müsse es die Eröffnung des Hauptverfahrens ablehnen.

57 Während die Verfahrenseinstellung durch die Staatsanwaltschaft im Vorverfahren keine Kostenprobleme in Bezug auf die Nebenklage aufwirft, verhält es sich mit den Nebenklagegebühren anders, sobald Anklage erhoben wurde. Gemäß § 472 StPO ist nunmehr bzgl. der Kosten zu differenzieren: bei einer Verfahrenseinstellung nach § 153, 154 ff StPO hat der Nebenkläger seine notwendigen Auslagen im Regelfall selbst zu tragen. Bei einer endgültigen Verfahrenseinstellung gem. § 153a StPO sind hingegen die notwendigen

---

2 Urteil vom 26. 9. 1985, StV 1986, 221.
3 Die Einstellung des Verfahrens gem. §§ 153, 153a StPO nach Eröffnung des Hauptverfahrens, StV 1982, 449 ff.

Einstellung des Verfahrens 5

Auslagen des Nebenklägers im Regelfall dem Beschuldigten aufzuerlegen. Das Gericht kann jeweils im Einzelfall aus Billigkeitsgründen eine abweichende Entscheidung treffen (Einzelheiten s. unten Rdnr. 116). Auch bei dieser neuen Rechtslage kann es ratsam sein, von vornherein die Übernahme der Kosten des Nebenklägers anzubieten. Die Frage, ob Versicherungsschutz des **Rechtsschutzversicherers** zu gewähren ist, wenn ein Versicherungsnehmer freiwillig die Kosten des Nebenklägers oder die Verfahrenskosten übernimmt, um eine Einstellung des Verfahrens gem. §§ 153 a, 153 StPO nach Anklageerhebung zu erreichen, war bis zum Urteil des BGH vom 20. 2. 1985[4] umstritten. Nunmehr gilt folgende Regelung: Der Rechtsschutzversicherer ist für die Kosten der Nebenklage immer dann eintrittspflichtig, wenn die Kostenübernahmeerklärung nach der Rechtslage erforderlich war. Dies ist dann der Fall, wenn der Angeklagte angesichts der sich abzeichnenden Gefahr einer Verurteilung zu Strafe und Kosten die Übernahme der Nebenklägerkosten anbietet. Daß ein Angeklagter dies tut, um anstelle einer Verurteilung eine Einstellung des Verfahrens gem. § 153 a StPO zu erreichen, muß solange angenommen werden, als keine deutlichen Anzeichen für das Gegenteil zutage treten[5].

Will der Anwalt nach Anklageerhebung die Einstellung des Verfahrens erreichen und tauchen Probleme der Nebenklägerkosten auf, ist es in jedem Fall zu empfehlen, sich vor einer Einigung mit dem Nebenkläger und vor Antragstellung mit dem eigenen Rechtsschutzversicherer des Mandanten darüber zu verständigen, daß der VN eine entsprechende Kostenübernahmeerklärung abgeben kann.

Kann eine Einigung mit dem Nebenkläger der Staatsanwaltschaft nachgewiesen werden, wird sie insbesondere dann, wenn keine zivilrechtlichen Schadensersatzansprüche des Nebenklägers mehr zur Diskussion stehen, im Einzelfall bereit sein, die Zustimmung zur Verfahrenseinstellung zu erteilen. Die von *Warburg*[6] geäußerte Auffassung, die Staatsanwaltschaft sei im Zwischenverfahren nicht bereit, die Zustimmung zur Einstellung des Verfahrens zu erteilen, dürfte wohl für Verkehrsstrafsachen nicht zutreffen.

---

4 VersR 85, 538.
5 Muster eines Schreibens des Verteidigers an die Rechtsschutzversicherung des Angeklagten wegen Übernahme der Nebenklagekosten bei Verfahrenseinstellung bei *Madert*, Muster 10.
6 *Warburg*, Die anwaltliche Praxis in Strafsachen, 1985, S. 27.

5 Nach Anklageerhebung

5.2. Verteidigertätigkeit vor Eröffnung des Hauptverfahrens

58 Kommt eine Einstellung des Verfahrens nicht in Betracht, kann der Verteidiger versuchen, das Gericht zu veranlassen, die Hauptverhandlung nicht zu eröffnen (§ 204 StPO). Die Gerichte prüfen erfahrungsgemäß die Voraussetzungen des § 203 StPO (hinreichender Tatverdacht) recht eingehend, da die Bedeutung der Eröffnungsentscheidung nach Abschaffung der gerichtlichen Voruntersuchung und des Schlußgehörs zugenommen hat[7]. Führt die Prüfung dazu, daß die Anklageschrift unter Mängeln leidet, wird erfahrungsgemäß die Staatsanwaltschaft aufgefordert, diese Mängel abzustellen. Die Nichteröffnung stellt nach meiner Erfahrung eine seltene Ausnahme dar. Anders verhält es sich mit Anträgen und Einwendungen. Erfahrungsgemäß geht das Gericht den Anträgen und Einwendungen nach, beauftragt aber meist die Staatsanwaltschaft damit, die vom Verteidiger vorgebrachten Gründe zu würdigen, z. B. weitere Beweise zu erheben.

Will man sich in umfangreichen Verfahren nicht dem Vorwurf aussetzen, man habe nicht schon im Vorfeld alles versucht, um die Eröffnung des Hauptverfahrens zu verhindern, ist nach der Anklageerhebung eine besonders sorgfältige Überprüfung der Anklageschrift notwendig. Enthält die Anklageschrift keine Mängel, ist insbesondere der Mandant geständig, sollte dem Gericht umgehend mitgeteilt werden, daß gegen die Eröffnung des Hauptverfahrens keine Einwendungen erhoben werden; bereits zu diesem Zeitpunkt ist dem Gericht zu erklären, daß auf die Vernehmung der in der Anklageschrift benannten Zeugen ausdrücklich verzichtet wird, falls von den Zeugen keine für den Mandanten günstigen Aussagen zu erwarten sind.

Abschließend ist noch die Vorschrift des § 206 a StPO zu erwähnen, die dann Bedeutung erlangt, wenn sich zwischen Eröffnung des Hauptverfahrens und Urteil ein Verfahrenshindernis herausstellt; das Gericht stellt dann das Verfahren außerhalb der Hauptverhandlung durch Beschluß ein.

5.3. Vorbereitung der Hauptverhandlung[8]

Nach der Eröffnung des Hauptverfahrens wird entweder bereits mit Zustellung des Eröffnungsbeschlusses Termin zur Hauptverhandlung bestimmt oder es folgt kurze Zeit nach der Zustellung des Eröffnungsbeschlusses die

---

7 LR-*Rieß* (24. A.) vor § 198, Rdnr. 9–14.
8 Siehe insges. *Schlothauer*, Vorbereitung der Hauptverhandlung durch den Verteidiger, 1988, PSt Bd. 10.

Terminsladung. Wie jeder gute Handwerker vor Beginn der Arbeit sein Arbeitsgerät zurechtlegt, muß sich auch der Verteidiger spätestens nach Bestimmung eines Termins Gedanken darüber machen, was er im Termin für seinen Mandanten erreichen will und welche Wege er dabei zu beschreiten hat. Zunächst ist ein ausführliches Gespräch mit dem Mandanten erforderlich, dem nicht nur zu erklären ist, daß er, falls sein persönliches Erscheinen angeordnet wurde, pünktlich bei Gericht zu erscheinen hat, vielmehr ist dem gerichtsunkundigen Mandanten auch die Örtlichkeit des Gerichtes zu schildern (immer dann angebracht, wenn es sich um komplexe Gerichtsgebäude handelt, etwa wenn Amts- und Landgericht räumlich voneinander getrennt sind, wie etwa in Saarbrücken oder Dortmund), ihm sind Parkmöglichkeiten aufzuzeigen (ich habe es zu oft erlebt, daß Mandanten erst 10 Minuten nach Sitzungsbeginn erschienen und sich damit entschuldigten, sie hätten keinen Parkplatz gefunden) und schließlich ist dem Mandanten die personelle Besetzung des Gerichts ebenso zu erläutern wie die Anrede, die bei Gericht üblich ist („Euer Ehren!" ist bei fernsehkundigen Angeklagten außerordentlich beliebt). Ob und wie der Mandant auf die jeweilige Hauptverhandlung einzustimmen ist, ist allgemein nicht zu sagen. Die jeweilige Beratung und Einstimmung des Mandanten auf die kommende Hauptverhandlung ist fallabhängig, entscheidend aber auch davon bestimmt, vor welchem Gericht bzw. welchem Richter die Hauptverhandlung stattfindet. Besonders vorsichtige Mandanten wollen häufig wissen, um welchen Menschen es sich beim Vorsitzenden handelt, sie wollen wissen, wie sie auf die Fragen antworten sollen, kurz und militärisch oder ausführlich und tiefschürfend. Sie wollen wissen, welche Kleidung angebracht ist, etwa bei der Mandantin das „kleine Schwarze" oder beim Handwerker der strenge Sonntagsanzug oder der legere Straßenanzug. Es geht dem Mandanten einfach darum, eine möglichst gute Figur zu machen[9].

Die meisten Mandanten haben Angst vor der kommenden Hauptverhandlung. Mitunter versuchen sie, sich Mut anzutrinken oder die Angst durch Tabletten zu dämpfen. Der Anwalt muß derartige Möglichkeiten im Rahmen des Vorbereitungsgesprächs mit dem Mandanten erörtern und ihn davor warnen, vor der kommenden Hauptverhandlung Alkohol zu trinken oder sich durch Tabletten ruhigzustellen. Bei Alkoholikern hilft manchmal der Hinweis auf § 178 GVG (Ungebühr!).

Dieses instinktive Verlangen des Mandanten danach, dem Richter möglichst sympathisch zu sein, findet in der Psychologie der **Strafzumessung** seine

---

9 *Ackermann*, Zur Psychologie des Angeklagten im Strafverfahren aus der Sicht des Verteidigers, MschrKrim. 40 (1957), 129 ff.

5 Nach Anklageerhebung

Bestätigung. Nicht nur die Tatausführung, auch die Persönlichkeit von Täter und Opfer sind für die Strafzumessung außerordentlich wichtig. Dies ergibt sich u. a. auch aus den experimentellen Untersuchungen von *Landy* und *Aronson*[10]. Studenten der Universität Texas wurde ein fiktiver Fall zur Beurteilung vorgelegt. Ein Angeklagter fuhr in diesem Fall am Heiligen Abend nach einer Weihnachtsfeier aus seinem Büro nach Hause und tötete unterwegs fahrlässig einen Fußgänger. Der Fall wurde variiert. Einmal handelte es sich um ein attraktives Opfer (bekannter Architekt), im andern Fall um ein unattraktives Opfer (Gangsterboß). Weitere Varianten ergaben sich aus dem attraktiven Angeklagten (freundlicher, 64 Jahre alter Versicherungsfachmann) und einem unattraktiven Angeklagten (unbeliebter Portier mit Vorstrafen pp.).

Während der attraktive Angeklagte die günstigste Beurteilung erhielt, wurde der unattraktive Angeklagte auch mit einem ungünstigen Ergebnis eingestuft.

60 Bei Jugendlichen und Heranwachsenden wird die **geständige** Einlassung nicht nur vom Gericht, sondern auch vom Gesetzgeber honoriert (§ 47 Abs. 1 Ziff. 1 JGG: „...dem geständigen Angeklagten..."). Dies ist jugendlichen und heranwachsenden Mandanten deutlich klarzumachen, zumal diese Mandanten häufig dazu neigen, ihr eigenes Verschulden zu verdrängen oder als unerheblich darzustellen.

Ob ein vorbereitendes Gespräch mit dem Richter oder dem Staatsanwalt angebracht erscheint[11], ist nur von Fall zu Fall zu entscheiden. Ist mit dem zuständigen Dezernenten der Staatsanwaltschaft eine Vereinbarung über eine Verfahrenseinstellung fernmündlich getroffen worden, ist es selbstverständlich, daß das Gericht vor dem Termin davon unterrichtet wird, damit der Richter eine entsprechende Rückfrage beim Staatsanwalt halten kann; daß auch **vor** dem Termin mit dem zuständigen Sitzungsstaatsanwalt in einem solchen Fall Kontakt aufzunehmen ist, sollte eigentlich selbstverständlich sein, will man in der Hauptverhandlung nicht erleben, daß der Sitzungsstaatsanwalt sich gegen eine Einstellung stemmt, wenn er erst in der Hauptverhandlung davon erfährt und sich überfahren fühlt.

Im Gegensatz zu den Wirtschaftsstrafverfahren bzw. BtM-Strafsachen ergibt sich im Rahmen eines Verkehrsstrafverfahrens selten eine Vereinbarung zwi-

---

10 *Landy/Aronson*, The influence of the character of the criminal and his victim on the decisions of simulated jurors, in: *Drapkin/Viano*, Victimology, 1974, S. 195–204 (zitiert nach: *Schneider*, Das Opfer und sein Täter, Partner im Verbrechen, Kindler TB, 1979, S. 89).
11 *Günther*, Strafverteidigung, 1982, S. 69 u. 96.

schen den Prozeßbeteiligten mit dem Ziel, den Angeklagten durch gerichtliche Gegenleistungen zu einem Verzicht auf ihm zustehende prozessuale Rechte zu bewegen. Dies ist allenfalls im Zusammenhang mit den §§ 153 ff. StPO üblich, meist dann, wenn eine geringe Schuld des Mandanten bzw. ein erhebliches Mitverschulden des Verletzten eine Einstellung des Verfahrens (häufig gemäß § 153 a StPO) indizieren. Im Gegensatz zu den langdauernden Wirtschaftsstrafverfahren werden „Vergleichsgespräche" in Verkehrsstrafsachen in offener Sitzung diskutiert, häufig sogar die Modalitäten eines solchen Vergleichs, insbesondere die Übernahmeerklärung bezüglich der Kosten der Nebenklage, erörtert. Die in anderen Verfahren zu beobachtenden Spielregeln[12] gelten nur ausnahmsweise im Prozeß um eine Verkehrsstrafsache.

5.3.1. Werden Sachverständige benötigt?

Ergibt sich bei der Sitzungsvorbereitung, daß anstehende Probleme durch einen Sachverständigen abzuklären sind, muß entweder durch einen entsprechenden Schriftsatz bei Gericht die Beauftragung eines **Sachverständigen** angeregt werden oder aber man muß selbst dafür sorgen, daß zur kommenden Hauptverhandlung ein Sachverständigengutachten erstattet und der betreffende Sachverständige zur Hauptverhandlung geladen wird (**Muster einer Sachverständigenladung durch den Verteidiger** s. unten Rdnr. 125). Dies mag in der Praxis beim nicht rechtsschutzversicherten Mandanten häufig an der Kostenfrage scheitern.

Beim rechtsschutzversicherten Mandanten ist umgehend mit dem Rechtsschutzversicherer abzuklären, ob er die Kosten des Sachverständigen übernimmt. Mit dem Sachverständigen ist rechtzeitig Verbindung aufzunehmen, damit das Gutachten rechtzeitig erstattet wird und der Sachverständige darauf verzichtet, daß die ihm zustehende Entschädigung für Reisekosten und Versäumnis hinterlegt wird. Dies deshalb, weil die Hinterlegung in ihrem technischen Ablauf einige Schwierigkeiten bietet (Muster Nr. 6: Sachverständigenladung durch den Verteidiger). Die Sachverständigenladung ist über den Gerichtsvollzieher dem Sachverständigen zuzustellen und in der Hauptverhandlung dem Gericht vorzulegen. Der Sachverständige ist, selbst wenn er nicht wollte, verpflichtet, bei Gericht zu erscheinen und das Gutachten zu erstatten, wenn folgende Voraussetzungen vorliegen:

---

12 Vgl. dazu *Schmidt-Hieber*, Verständigung im Strafverfahren, 1986; *ders.*, NJW 1990, 1884; *Widmaier*, StV 1986, 357; *Hassemer/Hippler*, StV 1986, 360; *Hassemer*, JuS 1989, 890; *Siolek*, DRiZ 1989, 321; *Schünemann*, StV 1993, 657; *Weigend*; JZ 1990, 774; *Beulke*, Die Strafbarkeit des Verteidigers, Rdnr. 116 ff.; *ders.*, Strafprozeßrecht, Rdnr. 394.

5 Nach Anklageerhebung

Der Sachverständige muß zum Kreis der zur Erstattung von Gutachten für die Gerichte verpflichteten Personen gehören,

er darf kein Recht zur Verweigerung des Gutachtens haben und

dem Sachverständigen muß mit der Ladung die gesetzliche Entschädigung für Reisekosten und Versäumnis angeboten werden bzw. sie muß bei der Geschäftsstelle hinterlegt sein[13].

Das Gericht muß den ordnungsgemäß geladenen Sachverständigen in der Hauptverhandlung als sog. präsentes Beweismittel vernehmen, nach der Neuregelung des § 245 StPO aber nur noch dann, wenn ein entsprechender Beweisantrag gestellt wird, der unter den beschränkten gesetzlichen Voraussetzungen des § 245 StPO abgelehnt werden kann; nach der früheren Regelung war der Sachverständige auch ohne Beweisantrag vom Gericht zu vernehmen. Die Neufassung des § 245 StPO beschränkte letztlich die Rechte der Verteidigung nicht, durch beigebrachte und ordnungsgemäß geladene Sachverständige den Umfang der Beweisaufnahme entscheidend zu beeinflussen[14]. Das wird dann deutlich, wenn das Gericht zunächst einen Antrag auf Anhörung eines Sachverständigen gem. § 244 StPO ablehnte, dann aber – nach der Präsenz des ordnungsgemäß geladenen Sachverständigen – der Beweisantrag wiederholt wird und das Gericht nunmehr über dieses neue Beweisbegehren gem. § 245 Abs. 2 StPO zu entscheiden hat. Anders als bei § 244 Abs. 4 u. 5 StPO kann das Gericht nicht mehr ausweichen: Der präsente Sachverständige muß gehört werden, selbst dann, wenn

a) das Gericht sich die eigene Sachkunde zutraut,
b) das Gericht an sich einen anderen Sachverständigen als den präsenten Sachverständigen anhören möchte oder
c) bereits ein anderer Sachverständiger sein Gutachten erstattet hat.

Selbst wenn das Gericht rein theoretisch die Anhörung des Sachverständigen ablehnen könnte (§ 245 Abs. 2 Satz 2 u. 3 StPO), wird ein kluger Richter doch lieber den präsenten Sachverständigen anhören als ihn abzulehnen und damit der Verteidigung einen Revisionsgrund zu liefern, wohl wissend, daß im Revisionsverfahren die Berechtigung der Ablehnung überprüft und in der Regel diese Berechtigung verneint wird.

Für die Ladung von Zeugen, insbesondere die Ladung von sachverständigen Zeugen, gilt das Vorstehende sinngemäß (**Muster Nr. 7: Zeugenladung durch den Verteidiger**, s. unten Rdnr. 126).

---

[13] *Jessnitzer*, Strafverteidiger und Sachverständiger, StV 1982, 177.
[14] Ähnlich *Widmaier*, StV 1985, 526 ff.

5.3.2. Auseinandersetzung mit einem schriftlichen Sachverständigengutachten

Liegt ein **Sachverständigengutachten** vor, ist vor der Hauptverhandlung eingehend zu prüfen, ob dieses Sachverständigengutachten auch Bestand haben wird. Kann ein Sachverständiger aus finanziellen Gründen nicht vom Mandanten mit der Überprüfung des bereits vorliegenden Sachverständigengutachtens beauftragt werden, muß sich der Verteidiger der Mühe unterziehen, das vorliegende Sachverständigengutachten selbst zu überprüfen. Ob die von *Wimmer*[15] 1966 vertretene Auffassung auch heute noch Bestand hat, muß bezweifelt werden; nach Wimmer ergab sich bei einer Überprüfung von gerichtlichen Unfallakten, daß in 22 Fällen Verkehrsgutachten erstattet wurden, von diesen aber nur eins allen Anforderungen entsprach, die an ein Gutachten zu stellen waren, während 16 Gutachten in jeder Hinsicht als fehlerhaft anzusehen waren. Mit welchen **Fehlerquellen** psychowissenschaftliche Sachverständigengutachten behaftet sind, zeigt die Untersuchung von *Barton*[16]; mit den Fehlerquellen in forensisch-psychiatrischen Gutachten beschäftigt sich die Untersuchung von *Heinz*[17]. Zwei Entscheidungen des *OLG Koblenz* zeigen, was mitunter von Sachverständigengutachten zu halten ist. Es ging in beiden Fällen darum, festzustellen, ob eine Veränderung des Wiegeergebnisses vorliegt, wenn ein überladener Anhänger während des Wiegevorganges an die Zugmaschine angekoppelt bleibt. Während in dem Beschluß vom 7. 6. 1984[18] festgehalten wird, nach Angaben des Sachverständigen hätte sich zugunsten des Betroffenen eine Veränderung um 6% ergeben, wären Zugmaschine und Hänger getrennt gewogen worden, kommt der Beschluß vom 24. 5. 1985[19] zu dem Schluß, nach dem Gutachten des Sachverständigen sei eine Beeinflussung des Wiegeergebnisses durch die Nichtabkupplung des Anhängers von der Zugmaschine auszuschließen.

62

Angesichts der bekannten Fehlerquellen in Sachverständigengutachten empfiehlt es sich, zunächst bei einer groben Überprüfung des Gutachtens festzustellen, ob der Sachverständige Berechnungen liefert, die **nachprüfbar** sind. Spricht der Sachverständige im Gutachten häufig von einem „gesicherten Erfahrungswissen" oder von seiner persönlichen Erfahrung, so ist dies ein Indiz dafür, daß der Sachverständige keinen anderen Weg mehr für die

63

---

15 Justizirrtümer oder summarische Gerechtigkeit in Verkehrsstrafsachen, Schorn-Festschrift, 1966, 109.
16 Sachverständiger und Verteidiger, StV 1983, 73.
17 Fehlerquellen forensisch-psychiatrischer Gutachten, Heidelberg 1982.
18 VRS 67, 298.
19 VRS 67, 300.

5 Nach Anklageerhebung

Lösung weiß und er nicht in der Lage war, gegebene Möglichkeiten der Physik und der Mechanik auszunutzen bzw. sich viel zu früh zu Erfahrungsschlüssen hinreißen ließ[20].

Für psychowissenschaftliche Gutachten empfiehlt *Barton*[21] neben einer Plausibilitätsprüfung des Gutachtens anhand eines medizinischen Wörterbuchs folgende Einzelprüfung:

Welche Methode hat der Sachverständige bei der Gutachtenanfertigung angewandt?

Sind diese in Fachkreisen allgemein anerkannt, sind sie sachgemäß durchgeführt worden und folgt ausschließlich aus ihnen das Gutachtenergebnis?

Lassen Begrifflichkeit und Diktion erkennen, daß der Sachverständige einer bestimmten Schule angehört und gibt es von anderen Fachrichtungen an dieser Schule geäußerte Kritik?

Wie lange dauerte die Exploration?

Läßt das Gutachten erkennen, daß sachfremde Erwägungen für den Sachverständigen mitbestimmend waren?

Maßt sich der Sachverständige Kompetenzen an, die ihm ausbildungsgemäß nicht zustehen?

Nimmt er beispielsweise Stellung zu rechtlichen Fragen oder geriert er sich gar als Ermittlungsgehilfe der Staatsanwaltschaft?

64 Selbst wenn das Sachverständigengutachten nach der Überprüfung ergeben sollte, daß es zwar keinen Nachteil für den Mandanten bringt, aber Gründe für die **Ablehnung** des Sachverständigen vorliegen, so erhebt sich die Frage, ob der Verteidiger von dem Recht Gebrauch machen soll, den Sachverständigen wegen Besorgnis der Befangenheit abzulehnen. Es mag zwar Spaß machen, einen unbequemen Sachverständigen aus dem Verfahren „herauszuschießen", indes wird diese Art des Vorgehens letztlich sinnlos sein, wenn es nicht gelingt, ein Gutachten zu erhalten, das dem Mandanten eine bessere Position verschafft.

---

20 *Danner/Halm*, Technische Analyse von Verkehrsunfällen, München 1981, S. 27; vgl. dazu auch: *E. Müller*, Mögliche Fehlerquellen in KFZ- und verkehrsunfalltechnischen Sachverständigengutachten aus anwaltlicher Sicht, Verkehrsunfall und Fahrzeugtechnik 1984, 176 ff.
21 Wie Fußnote 16.

Ob und wann ein Sachverständiger (oder auch ein Richter) wegen Besorgnis der Befangenheit abzulehnen ist, muß außerordentlich sorgfältig überprüft und abgewogen werden. Vor allem ist das **Kostenrisiko** für den Mandanten nicht nur zu bedenken, sondern grundsätzlich mit dem Mandanten eingehend zu erörtern. Wird nämlich am 10. Verhandlungstag ein Sachverständiger oder Richter mit Erfolg wegen Besorgnis der Befangenheit abgelehnt, so muß die Hauptverhandlung wiederholt werden. Wird dann in der wiederholten Hauptverhandlung der Angeklagte verurteilt, hat er die Kosten der beiden Hauptverhandlungen zu tragen! Die Tatsache, daß er mit Erfolg in der ersten Hauptverhandlung den Sachverständigen oder Richter ablehnte, wirkt sich lediglich dann zugunsten des Angeklagten aus, wenn er in der zweiten Hauptverhandlung freigesprochen wird.

Es reicht häufig aus, Mängel des Gutachtens aufzudecken, um den Richter zu veranlassen, eine neue Begutachtung (sei es durch denselben, sei es durch andere Sachverständige) anordnen zu lassen, weil das Gutachten ungenügend ist (§ 83 Abs. 1 StPO).

5.3.3. Einzelprobleme der Begutachtung

a) In Verkehrsstrafsachen beherrscht der technische Sachverständige das Feld. Sei es, daß er bestimmte Spuren zu analysieren hat, sei es, daß er die Funktionsweise und mögliche Mängel eines Kraftfahrzeuges, einer Verkehrsanlage, die Auswertung einer Diagrammscheibe oder die Beurteilung bestimmter Fahrweisen vorzunehmen hat.

Da **Bremsspuren** für die Beurteilung der Geschwindigkeit entscheidende Bedeutung erlangen, ist dem Bremsen besondere Aufmerksamkeit zu schenken. Nach einer Untersuchung des HUK-Verbandes bei ungefähr 15 000 Unfällen mit Personenschaden stellte sich heraus, daß rd. 57% der an den Unfällen beteiligten Autofahrer noch nicht einmal den Versuch einer Bremsung zur Vermeidung des Unfalles unternahmen; knapp 9% vollführten eine Teilbremsung und nur 33,8% entschlossen sich zu einer Vollbremsung[22]. Nach *Burckhardt*[23], dem Leiter der Hydraulik und Bremsen im PKW-Versuch bei der Daimler-Benz AG, Stuttgart, sind etwa 4% der Autofahrer als Anfänger (Fahrpraxis unter 30 000 km), 95% als Normalfahrer und lediglich 1% als geübte Fahrer und schließlich nur Bruchteile eines Prozents als

---

22 *Burckhardt*, Richtiges und falsches Bremsen in Theorie und Praxis, Vortrag auf der 23. Tagung über Unfall-Untersuchung, Baden-Baden 1980.
23 Wie Fußnote 22.

5 Nach Anklageerhebung

versierte Fahrer einzustufen. Dieses unterschiedliche Fahrerkollektiv zeigt auch ein unterschiedliches Bremsverhalten. Während die Anfänger ein eher zögerndes Bremsverhalten zeigen, da sie mit der Beherrschung des Fahrzeuges vollauf beschäftigt sind, bremst der Normalfahrer, also 95% aller Autofahrer, mit einer Verzögerung ab, die unter $3\,m/s^2$ liegt. Diese Art der Bremsung wird von den Passagieren als komfortabel empfunden. Auf derartige Bremsungen sind Normalfahrer geeicht. Eine sog. „schärfere Bremsung", d.h. mit einem Verzögerungswert von etwa $5\,m/s^2$, bremsen nur noch wenige Normalfahrer ab. Bei dieser Art der Bremsung spricht bereits die Arretierung der automatischen Dreipunkt-Sicherheitsgurte an. Die auftretende Verzögerung wird von den Passagieren als unangenehm empfunden. Die Vollbremsung, die mit einer Verzögerung von etwa $7\,m/s^2$ erfolgt, ist für die meisten Fahrer völlig ungewohnt. Sie sind auch nicht bereit oder in der Lage, die erforderlichen Pedalkräfte aufzubringen in der irrigen Meinung, dies hielten die Bremsen nicht aus. Die Gewaltbremsung, die mit einer Verzögerung von $8\,m/s^2$ erfolgt, wird in der Praxis praktisch nicht erzielt.

Neben der Stärke, mit der das Bremspedal bedient wird, spielt für die Art der Bremsung auch eine Rolle, ob das Fahrzeug beladen oder unbeladen ist. Eine höhere Zuladung führt bei Beibehaltung einer gewohnten Bremsbetätigung zwangsläufig zu einer Verlängerung des Bremswegs, eine Erklärung für viele Unfälle bei mit Urlaubsgepäck vollbeladenen Fahrzeugen.

Falsch beladene Fahrzeuge hinterlassen irreführende Bremsspuren. Dies gilt auch, wenn Bremskraftbegrenzer nur auf die Hinterachse wirken, wie etwa bei älteren französischen oder italienischen Kleinwagen[24].

Verschmutzte Bremsen, insbesondere im Winter versalzte Bremsen, beeinträchtigen die Bremswirkung ebenso wie kalte Bremsbeläge. Unterschiedliche Belagausrüstung ist u.U. schuld daran, daß ein Fahrzeug schleudert; die Frage nach der Belagbestückung ist zu stellen. Eine korrekte Interpretation des Spurenbildes setzt große Übung voraus. Abzuklären ist, ob der Sachverständige davon ausgeht, daß die vorhandenen Brems- oder Blockierspuren zweifelsfrei allen vier Rädern zugeordnet werden können. Schwierig wird die Sachlage, wenn zwei Spuren mit undeutlichen Überdeckungen vorliegen. Dann kann nämlich nicht unterschieden werden, welche Spur von den Vorderrädern und welche Spur von den Hinterrädern stammt. Die Beladung des Fahrzeuges spielt ebenfalls eine wichtige Rolle, so daß in Zweifelsfällen zu verlangen ist, daß das Unfallfahrzeug gewogen wird.

---

24 *Burckhardt*, Fahrzeugbeladung und maximale Bremsverzögerung, NZV 1989, 217.

Eine Betrachtung der in der Unfallskizze festgehaltenen Bremsspur muß ergeben, ob die vom Sachverständigen ausgewertete Spur vom Vorder- oder Hinterrad stammt. Liegt keine entsprechende Klärung vor, ist zugunsten des Angeklagten der Achsabstand des Fahrzeuges von der gesamten Bremsspurlänge abzuziehen[25]. Endet auf einer Unfallskizze die Brems- oder Blockierspur auf Höhe des Fahrzeughecks in dessen Endstand und erklärt der Angeklagte, ihm sei beim Anhalten bzw. beim Aussteigen ein Bedienungsfehler unterlaufen, durch den das Fahrzeug nach dem ursprünglichen bremsenbedingten Stillstand noch nahezu eine gesamte Fahrzeuglänge nach vorne rollte, so ist möglicherweise zusätzlich zu einem bereits abgezogenen Achsabstand auch noch der Abstand zwischen Fahrzeugheck und Vorderachse eines Fahrzeuges in Abzug zu bringen. Von einer rein theoretisch sich errechnenden Bremsausgangsgeschwindigkeit von 49,18 km/h könnte sich so die Geschwindigkeit auf 36,6 km/h reduzieren[26]. Bei Vollbremsversuchen ergab sich eine sichtbare Spurenzeichnung erst bei einer Bremsverzögerung von 6 m/s^2; bei stark aufgewärmten, bitumenreichen Fahrbahnbelägen werden allerdings auch schon bei Bremsverzögerungen von 5 m/s^2 Brems-Blockierspuren gezeichnet[27]. Wichtig ist bei vorhandenen Blockierspuren, daß die Intensität der Spurenabzeichnung in der Regel keine Aussage über die Bremsverzögerung ermöglicht, so daß im Zweifelsfalle von der theoretisch niedrigsten Bremsverzögerung, d. h. von 5 m/s^2 auszugehen ist, wenn auch, allerdings bei trockener Fahrbahn und Normalbereifung, kaum ein Sachverständiger bereit sein wird, einen Verzögerungswert unter 7 m/sec^2 zu bestätigen.

Kommt es ausnahmsweise einmal darauf an, ob der Angeklagte mit der höchstmöglichen Bremsverzögerung abbremsen konnte (etwa wenn es darum geht, ob er den Sicherheitsabstand zum Vorausfahrenden einhielt), kann bei normal beladenem PKW eine maximale Bremsverzögerung von 8 m/sec^2 angenommen werden, jedoch nicht bei Zweiradfahrzeugen. Die gelegentlich in Fachzeitschriften (z. B. Motorrad 10/1985, S. 21 ff. oder 7/85, S. 39 ff.) angegebenen Traumwerte von 8,8 oder gar 8,9 m/sec^2 halten aber keinem Sachverständigengutachten stand, da diese Werte unter unrealistischen Fahrbedingungen, teilweise auch mit anfechtbaren Meßmethoden, gewonnen wurden. Reale Verzögerungswerte, eine Abbremsung über beide Achsen vorausgesetzt, liegen bei 5,5–7 m/sec^2.

---

25 *Burkart/Eberhardt/Himbert/Hörl/Löhle*, Rekonstruktion von Verkehrsunfällen, 2. Aufl., 1980, S. 61.
26 Wie Fußnote 25, S. 61/62.
27 Wie Fußnote 25, S. 73.

5 Nach Anklageerhebung

Bei Frontalzusammenstößen ist bezüglich der Schmutzablagerungen (Kotflügelschmutz) von Bedeutung, daß die Entfernung zwischen Unfallort und Endlage meist sehr gering ist und in der Regel unter 1 m liegt[28].

65a Beim Zusammenstoß mit einem Fußgänger besteht eine Korrelation zwischen der Reichweite der Beschädigung am Fahrzeug und dessen **Aufprallgeschwindigkeit**; es kommt entscheidend auf die Karosserieform des Fahrzeuges an. Fahrzeuge mit Pontonform können bei Aufprallgeschwindigkeiten ab 50–60 km/h einen 1,7 m großen Fußgänger so aufschaufeln, daß dessen Kopf die Windschutzscheibe zerstört; die Dachkante erreicht dieser Fußgänger mit seinem Kopf erst ab einer Aufprallgeschwindigkeit von 60–70 km/h. Bei Fahrzeugen mit einer ab Stoßstangenhöhe schräg nach hinten abgeflacht verlaufenden Karosserieform (Citroen-Limousinen, Porsche) werden die Windschutzscheiben bereits mit einer Aufprallgeschwindigkeit von 40 km/h und die Dachkante mit einer Aufprallgeschwindigkeit von 50–60 km/h erreicht[29].

Eine der Besonderheiten der automatischen Blockierverhinderer (ABV, auch ABS = Antiblockiersystem) besteht in dem Fehlen einer sichtbaren Bremsspur, obwohl das Bremsmaximum erreicht wurde. Nur bei bestimmten Bedingungen, wie sie etwa die Fahrbahnoberfläche von Parkplätzen oder wenig befahrenen Seitenstraßen schaffen, hinterläßt das ABV-gebremste Fahrzeug eine sichtbare Spur, die sog. „Regelspur"[30]. Aus dem Fehlen einer Regelspur kann also nicht der Schluß gezogen werden, der Beschuldigte habe nicht stark genug oder gar überhaupt nicht gebremst.

Bei **Dunkelheitsunfällen** sollte der Lichttechniker als Sachverständiger eingeschaltet werden, nicht etwa der Augenfacharzt, da dessen Fachwissen, z.B. zur Blendempfindlichkeit, im allgemeinen nicht ausreicht, um zur recht komplexen Problematik des Dunkelheitsunfalles fachkundig Stellung nehmen zu können. Die Durchführung von Versuchen im Unfallbereich ist zwingend erforderlich, wenn festgestellt werden soll, auf welche Entfernung ein Kraftfahrer bei Nacht einen Fußgänger erkennen konnte. Gutachten, die sich ohne solche Unfallortuntersuchungen nur auf theoretische Berechnun-

---

28 *Burkart/Eberhardt/Himbert/Hörl/Löhle*, Rekonstruktion von Verkehrsunfällen, 2. Aufl., 1980, S. 100.
29 Wie Fußnote 28, S. 106.
30 *Engels*, Sicherheitstechnische Aspekte von automatischen Blockierverhinderern bei Personenkraftwagen, Verkehrsunfall und Fahrzeugtechnik, 21. Jg., 1983, S. 240. *Engels*, Die Bedeutung des Spurenzeichnungsverhaltens von PKW und ABV für die Unfallrekonstruktion, NZV 89, 89.

gen stützen, müssen vom Verteidiger als ungeeignet zurückgewiesen werden[31].

Sichtbeeinträchtigungen bei Nacht durch verschmutzte Windschutzscheiben oder falsche Scheinwerfereinstellung sollten vom Sachverständigen ebenso berücksichtigt werden, wie schlecht reflektierende Kleidung eines Fußgängers, die dann allerdings auch beim Versuch (wenn auch im zerrissenen oder blutigen Zustand) Verwendung finden muß; ähnliche Kleidung sagt über den Reflektionsgrad zum Unfallzeitpunkt nichts aus und darf daher nicht verwendet werden.

Ob die Scheinwerfer eines Fahrzeuges bei einem Dunkelheitsunfall intakt waren, kann strittig sein. Der mit der Unfallaufklärung beschäftigte KFZ-Sachverständige wird in den meisten Fällen ohne entsprechende Fachkenntnis nicht in der Lage sein, den Beleuchtungszustand eines Kraftfahrzeuges zu rekonstruieren. Erforderlich ist stets eine Untersuchung mit dem Rasterelektronenmikroskop und/oder eine Röntgenmikrofluoreszenzanalyse[32].

Besonderheiten des Dämmerungsunfalles (etwa die Verringerung der Beleuchtungsstärke alle 5 Minuten um die Hälfte) oder eines an sich unerklärlichen Dunkelheitsunfalles sollten Anlaß sein, einen Sachverständigen einzuschalten, zumindest um abzuklären, ob etwa eine altersbedingte Blendempfindlichkeit oder eine reduzierte Sehkraft Unfallursache war.

b) Ampelanlagen

Häufig behaupten bei Unfällen in ampelgeregelten Kreuzungen Mandanten, sie seien bei „Grün" in den Kreuzungsbereich eingefahren, die Ampel müsse defekt gewesen sein. Beweisanträge dahingehend, die Ampel sei defekt gewesen und habe „feindliches Grün" gezeigt, gehen erfahrungsgemäß ins Leere. 66

Ampelanlagen werden regelmäßig gewartet. Meist hat das Land oder die Gemeinde, denen die Straßenbaulast obliegt, einen Wartungsvertrag mit einschlägigen Firmen geschlossen. Die Ampel wird überprüft. Sowohl die Überprüfung als auch etwaige Störungen werden im sog. Ampelkontrollbuch eingetragen. Darüber hinaus wird erfahrungsgemäß durch das jeweilige Tiefbauamt in relativ kurzen Abständen die Ampelanlage kontrolliert.

---

31 *Schmidt/Clausen*, Das lichttechnische Gutachten bei Dunkelheitsunfällen, DAR 1982, 3.
32 *Löhle*, Möglichkeiten einer Rekonstruktion des Beleuchtungszustandes eines Kraftfahrzeuges zum Zeitpunkt eines Unfallgeschehens, der Verkehrsunfall, Hefte 5, 6 und 7 1975, S. 87, 99 und 127 ff.; *Benicke/Puchner*, Das forensische Gutachten über den Betriebszustand von Fahrzeuglampen aus unfallbeteiligten Fahrzeugen, Verkehrsunfall und Fahrzeugtechnik 1984, 181.

5 Nach Anklageerhebung

Durch Einbau entsprechender technischer Vorrichtungen soll gesichert sein, daß bei einer technischen Störung „feindliches Grün" nicht auftritt, vielmehr die Ampel auf „Dauergelb" umschaltet[33].

Daß eine Ampel von „rot" über „rot/gelb" ohne Grünphase auf Rotlicht umspringt, jedoch eine anschließende Überprüfung der Signalanlage keinen Fehler ergibt, obwohl dieser Fehler durch zuverlässige Zeugen nachgewiesen wurde, zeigt ein Fall, den der *BGH* in seinem Urteil vom 5. 4. 1984[34] behandelt.

Der zuständige Sachbearbeiter des Saarbrücker Tiefbauamtes versicherte mir in einer Hauptverhandlung, er habe in seiner 25-jährigen Praxis noch nie ein „feindliches Grün" einer Ampelanlage feststellen können. Wenn ich auch in der damaligen Hauptverhandlung nicht nachweisen konnte, daß die Ampelanlage in der vom Mandanten behaupteten Weise ausfiel, neige ich heute zu der Auffassung, daß bei der Behauptung des Technikers wohl der Hochmut, der gelegentlich Technikern eigen ist, jedenfalls was die Funktion der Technik anbetrifft, eine große Rolle gespielt haben dürfte. Aus dem Urteil des *OLG Karlsruhe* vom 21. 12. 1992 (NZV 1993, 187) ist nämlich abzuleiten, daß es durchaus „feindliches Grün" an der Ampelanlage gibt. Das *OLG Karlsruhe* zitiert die Zeugenaussagen zweier Polizeibeamter, die nach einem Unfall eine 2 Sekunden dauernde Grünphase beobachteten, die es eigentlich gar nicht hätte geben dürfen.

Die Rechtsprechung hat sich immer wieder mit derartigen Unfällen zu beschäftigen; so geht das Urteil des *OLG Zweibrücken* vom 28. 4. 1989 (NZV 1989, 311) davon aus, es sei am 5. 9. 1986 in einer Stadt in der Pfalz zum Zusammenstoß zweier Fahrzeuge gekommen, weil an einer Kreuzung die Ampeln „feindliches Grün" zeigten.

Wer im Strafverfahren „feindliches Grün" behauptet, muß einen entsprechenden Beweisantrag stellen, aus dem sich ergibt, zu welchem Zeitpunkt „feindliches Grün" auftrat. Zumindest sollte hilfsweise beantragt werden, durch Einholung eines Sachverständigengutachtens abzuklären, daß die Ampel sowohl fehlerhaft programmiert war als auch durch eine unzweckmäßige Schaltung der Ampel eine Irreführung des Angeklagten herbeigeführt wurde[35].

---

33 *OLG Hamm*, Urteil v. 27. 3. 1981, VersR 1982, 50.
34 *BGH* in VersR 1984, 759.
35 *BGH*, VersR 1966, 1080.

Zu irreführender Programmierung der Ampel gehört es z.B., daß die Grünphase eines Linkspfeils sich eine gewisse Zeit mit der Grünphase der Ampel für die Gegenrichtung überschneiden kann[36].

In all diesen Fällen, wo entsprechende unzweckmäßige Schaltungen oder gar fehlerhafte Programmierungen vorliegen, muß durch einen Beweisantrag die Beiziehung sowohl des Lage- und Kabelplans als auch des Signalzeitenplans beantragt werden.

Moderne, große Signalanlagen arbeiten mit einem Verkehrsrechner, der jede Änderung im Signalablauf und jede Störung im Betrieb, und zwar bei jeder Einzelampel, ausdruckt. Daher ist bei jeder behaupteten Störung ein Auszug aus dem Ausdruck des Verkehrsrechners anzufordern. Erfahrungsgemäß ist es sinnvoll, den Ausdruck für mindestens zwei Tage vorlegen zu lassen. Aus dem Ausdruck wird nämlich dann erkennbar, zu welchem Zeitpunkt bestimmte Signalpläne eingeschaltet, ausgeschaltet bzw. ob Störungen registriert wurden.

Etwas anderes gilt bei **Baustellenampeln**. Die meist quarzuhrgesteuerten Engstellenampeln reagieren sehr empfindlich auf Temperaturschwankungen und Erschütterungen, so daß es gelegentlich zu abweichenden Programmen der jeweils zu Beginn der Engstelle aufgestellten Ampeln kommen kann. Folglich verlangt die DIN VDE 0832 für Straßenverkehrs-Signalanlagen in Ziff. 14.1.1 die Wartung und Inspektion solcher Ampelanlagen in unregelmäßigen zeitlichen Abständen. U. U. ist sogar eine **tägliche Überprüfung** geboten (3.3 des Katalogs zur „Engstellensignalisierung"; vgl. dazu auch die Entscheidung des *OLG Köln*, Urteil vom 17. 4. 1991, NZV 1992, 364).

c) *Die Diagrammscheibe*

In den EG-Staaten besteht eine **Fahrtschreiber-Ausrüstungspflicht**[37] für

- Kraftfahrzeuge mit einem zulässigen Gesamtgewicht über 3,5 t,
- alle Fahrzeuge zum Transport gefährlicher Güter und
- für Omnibusse mit mehr als neun Fahrgastplätzen (ausgenommen Linienverkehr über 50 km).

Nach einem Verkehrsunfall achten die Polizeibeamten darauf, ob sich in den Unfallfahrzeugen Fahrtschreiber befinden. Der Fahrtschreiber wird geöffnet, die Diagrammscheibe herausgenommen und besonders sorgfältig aufbe-

---

36 *BGH*, Urteil vom 14. 6. 1971, VersR 1971, 867.
37 VO (EWG) 1463/70, Art. 4.

5 Nach Anklageerhebung

wahrt. Die Diagrammscheibe besteht aus einem beschichteten Spezialpapier, das mit Metall- bzw. Saphierstiften beschriftet wird. Jeder Druck mit dem Fingernagel würde auf einer schlecht geschützten Diagrammscheibe eine Markierung ergeben, die jedoch von einer regulären Fahrtschreiberregistrierung deutlich unterschieden werden kann.

67a Abbildung 1 zeigt Original *Kienzle*-Diagrammscheiben. Der **Aufbau** der Diagrammscheiben ist bis auf die Zeitgruppenregistrierung gleich. Am äußeren Rand der Diagrammscheibe sind die Zeiteinheiten von 0–24 Stunden aufgedruckt. Das darunterliegende Feld der Diagrammscheibe dient der Geschwindigkeitsaufzeichnung. Durch die Auf- und Abwärtsbewegungen des Schreibstiftes beim Beschleunigen und Abbremsen entsteht bei einem kontinuierlichen Scheibentransport durch das Uhrwerk das Kurvendiagramm. Das nächste Feld registriert Fahrzeiten als Balken, Haltezeiten als dünne, konzentrische Linie.

Bei EC-Tachografen werden nach der EWG-Verordnung fahrerbezogene Zeiten getrennt registriert, nämlich Lenkzeiten, alle sonstigen Arbeitszeiten, Wartezeiten, Beifahrerzeiten, Pausen und Ruhezeiten. Den einzelnen Zeiten sind bestimmte Symbole zugeordnet.

Das letzte Feld dient der Aufzeichnung der Wegstrecke. Der Wegstreckenschreiber wird durch eine sog. Herzkurve gesteuert, wobei der Aufschrieb in Form einer Zick-Zack-Linie erfolgt; jede Aufwärts- bzw. Abwärtslinie entspricht einer Fahrtstrecke von 5 km.

67b Die **Auswertung** der Diagrammscheibe kann nur durch den Fachmann vorgenommen werden. In einem besonderen Verfahren wird der zur Diskussion stehende Fahrtverlauf anhand des Geschwindigkeitsaufschriebs ausgemessen und grafisch als Geschwindigkeits-Weg-Zeit-Diagramm auf ein Meßblatt umgesetzt. Dies ist unter bestimmten Voraussetzungen auch bei überschriebenen oder beschädigten Aufzeichnungen möglich. Ergänzt wird dieses Dokument durch ein schriftliches Gutachten. Hinzu kommt eine 10-fache Fotovergrößerung des Diagrammscheibenausschnitts, auf dem alle Meßpunkte markiert sind. Die Kosten für die Diagrammauswertung richten sich nach dem Zeitaufwand. Der Stundensatz (Stand August 1989) liegt bei 45,– DM. Bei einer Auswertung, die sich über 300–400 m erstreckt, werden im allgemeinen Kosten zwischen 200,– und 300,– DM anfallen. In der Regel wertet die Herstellerfirma nur ihre eigenen Diagrammscheiben aus. Demgemäß ist an die Fa. Kienzle nicht eine Diagrammscheibe der Firma Tewes, Frankfurt, einzuschicken.

Die Abbildungen 2 und 3 zeigen einen Ausschnitt aus einer Diagrammscheibe und das dazugehörige Zeit-Weg-Diagramm. Nach dem Bericht der

Diagrammscheibe 5

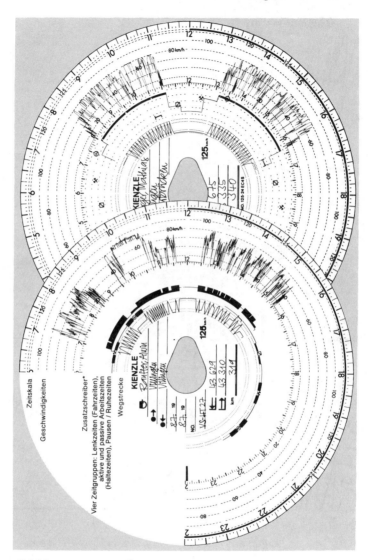

Abbildung 1:
Kienzle Diagrammscheibe

5 Nach Anklageerhebung

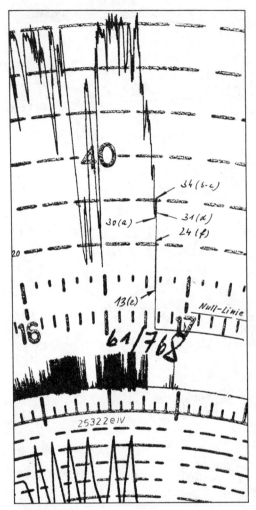

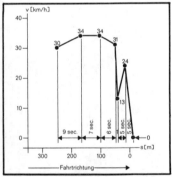

Abbildung 2:
Ausschnitt aus Diagrammscheibe

Abbildung 3:
Zeitweg-Diagramm

Diagrammscheibe 5

Fa. *Kienzle* führte die Diagrammscheibe, die abgebildet ist, zur Einstellung eines Verfahrens. In der *Kienzle*-Schrift „Der zuverlässige Zeuge" liest sich diese Geschichte so:

„Auf der Autobahn bei Limburg kam infolge Schneeglätte ein Fernlastzug bei einem kurzen Bremsmanöver ins Rutschen und scherte dabei auf den Überholstreifen aus. Der Fahrer eines nachfolgenden Kombifahrzeuges konnte nicht mehr rechtzeitig anhalten, fuhr in den Lastzug und wurde zwischen Motorwagen und Anhänger eingeklemmt. Es entstand beträchtlicher Sachschaden.

Laut Polizeibericht war der Lastzug mit zu hoher Geschwindigkeit gefahren, wenn man die Straßen- und Witterungsverhältnisse zur Unfallzeit in Betracht zog. Die erkennbaren Spuren schienen dies zu bestätigen. Die Staatsanwaltschaft erhob Anklage gegen den Lastzugführer und es kam zur Verhandlung. Gleich zu Beginn beantragte die Verteidigung eine mikroskopische Auswertung der sichergestellten Diagrammscheibe des Lastzuges. Diese Auswertung, bei *Kienzle* durchgeführt, hatte folgendes Ergebnis:

Der LKW-Fahrer verminderte die Geschwindigkeit seines Lastzuges von zunächst 77 km/h stufenweise auf rund 30 km/h, beschleunigte über eine Strecke von 80 m auf etwa 34 km/h und hielt diese Geschwindigkeit rund 65 m bei. Anschließend verzögerte er auf einer Strecke von 55 m erneut maßvoll auf etwa 31 km/h. Erst dann bremste der Fahrer, wobei die Räder kurzzeitig blockierten.

Für die Umsichtigkeit des Fahrers in dieser heiklen Situation spricht, daß er bei einer Geschwindigkeit von 13 km/h auf 24 km/h beschleunigte, um den Lastzug nochmals zu strecken, ehe er ihn endgültig abbremste.

Diese Auswertung überzeugte das Gericht; das Verfahren wurde eingestellt. In der Begründung dazu hieß es, daß der Fahrer nach Lage der wetterbedingten Straßenverhältnisse korrekt gehandelt habe. Die Diagrammscheiben-Auswertung habe dies deutlich gezeigt."[38]

Wer sich für weitere Details der Diagrammscheiben-Auswertung interessiert, studiere den Leitfaden für die Auswertung und Nutzung der Original *Kienzle* Diagrammscheibe, *Kienzle*-Information Nr. A 4/2.

Eine ältere Veröffentlichung (Dr. Ing. *G. Wirbitzky*, „Fahrtschreiber als Datenträger für Sicherheit und Wirtschaftlichkeit beim Betrieb von Kraftfahrzeugen", Kirschbaum-Verlag, Bonn- Bad Godesberg, 1973), gibt ebenfalls wertvolle Hinweise.

In einem OWi-Verfahren wurde meinem Mandanten angelastet, er habe die vorgeschriebene Geschwindigkeit auf bestimmten Fahrtabschnitten erheb-

---

[38] „Der zuverlässige Zeuge", Mannesmann-Kienzle GmbH, Postfach 1640, 78006 Villingen-Schwenningen.

5 Nach Anklageerhebung

lich überschritten. Die Diagrammscheibe zeigte auch tatsächlich Geschwindigkeitsaufschriebe, die über die jeweiligen Geschwindigkeitsbegrenzungen hinausgingen. Aufklärung brachte das *Kienzle*-Gutachten.

Nach dem *Kienzle*-Gutachten handelte es sich um sog. „Schleuderspitzen". Das Fahrzeug war mit einer sog. „Schaltachse" ausgerüstet. Beim Betätigen der zusätzlichen Schaltstufe entstanden im Geschwindigkeitsaufschrieb sog. „Schleuderspitzen", die mit der gefahrenen Geschwindigkeit nicht identisch sind[39].

Nach *Danner/Halm* kann der Fahrtschreiber eine Geschwindigkeitszunahme zeigen, obwohl der Fahrer auf der primär wirksamen Gefällestrecke gleich gebremst hat; umgekehrt kann eine Geschwindigkeitsabnahme registriert werden, obwohl der Fahrer auf der primär wirksamen Steigungsstrecke auf dem „Gas" stand[40].

Dieselben Autoren weisen darauf hin, daß alle anderen zusätzlichen, geschwindigkeitsbeeinflussenden Gegebenheiten (evtl. auch starker Rücken- oder Gegenwind) zu berücksichtigen sind. Schließlich ist zu beachten, daß der Fahrtschreiber auf der Streckenskala nur Entfernungen von mehr als 20 m deutlich aufzeigt.

In einem Verfahren wegen vorsätzlicher Straßenverkehrsgefährdung und Nötigung wurde meinem Mandanten der Vorwurf gemacht, er habe auf der BAB zwei LKW überholt, sich dann vor diese Fahrzeuge gesetzt und beide LKW mehrfach hintereinander zu Gewaltbremsungen gezwungen. In der Hauptverhandlung erklärten beide LKW-Fahrer, der Angeklagte habe sie „dreimal hintereinander brutal abgebremst".

Der von mir gestellte Beweisantrag hatte folgenden Wortlaut:

„Zum Beweis dafür, daß weder der LKW des Zeugen X noch der des Zeugen Y nach dem Überholen durch den PKW des Angeklagten abgebremst wurden,
beantrage ich
die Beschlagnahme der Tachografenscheiben der von den Zeugen z. Zt. des Vorfalles geführten Fahrzeuge und deren Auswertung durch die Fa. *Kienzle* in Villingen."

Das Gericht kam dem Beweisantrag nach. Beide Tachografenscheiben wurden beschlagnahmt und das *Kienzle*-Gutachten lieferte den Beweis dafür, daß keiner der beiden LKW abrupt abgebremst wurde. Das Verfahren endete dann mit der Verfahrenseinstellung gemäß § 153 Abs. 2 StPO, nachdem das

---

39 *Kienzle*-Merkblatt, Schleuderspitzen im Geschwindigkeitsdiagramm.
40 *Danner/Halm*, Technische Analyse von Verkehrsunfällen, KFZ-Verlag, Burg-Eltz-Weg 1, 81375 München, 1981, S. 280.

Gericht erklärt hatte, daß bei dieser Verfahrenseinstellung die Verfahrenskosten ebenso wie die notwendigen Auslagen des Angeklagten der Staatskasse auferlegt würden.

d) Die Aufgaben des **medizinischen Sachverständigen** in Straßenverkehrssachen sind vielfältig. In der Regel wird der medizinische Sachverständige auf die Mitarbeit weiterer Sachverständiger angewiesen sein, denn medizinische Probleme sind in der Regel mit Problemen der Unfallmechanik bzw. anderen Unfallparametern eng verknüpft. Auf die notwendige Zusammenarbeit zwischen Rechtsmedizin u. KFZ-Sachverständigen wurde bereits bei der Behandlung des HWS-Schleudertraumas verwiesen[41].

Eine gelegentlich schwierig zu beantwortende Frage ist die, wer zum Unfallzeitpunkt ein Kraftfahrzeug gefahren hat. Neben dem Techniker ist auch der Mediziner aufgerufen, die erforderlichen Untersuchungen und Überlegungen anzustellen, um die Frage nach der Sitzposition vor einem Unfall abzuklären. Der Mediziner wird die Verletzungen zweier in Betracht kommender Personen daraufhin überprüfen, wie diese Verletzungen durch bestimmte Fahrzeugteile hervorgerufen wurden. Er wird Spuren, insbesondere Blutspuren, am Fahrzeug, am Unfallort, an der Bekleidung in Beziehung zu den Verletzungen setzen. Die Endlage der Körper wird ebenso wie die Endlage zusätzlicher Gegenstände (Kopfbedeckung, Schuhe, Handschuhe) inner- und außerhalb des Fahrzeuges Bedeutung erlangen. Schließlich wird in Zusammenarbeit mit dem Techniker auch vom Mediziner zu klären sein, welche Bewegung das Fahrzeug in den einzelnen Unfallphasen durchlief[42]. Findet allerdings die Polizei auf der Beifahrerseite den dort eingeklemmten Damenschuh eines im Fahrzeug verunglückten Ehepaares, wird die Behauptung des Ehemannes, seine bei dem Unfall getötete Ehefrau habe das Fahrzeug selbst gesteuert, ungläubiges Staunen hervorrufen; in einem ähnlich gelagerten Fall war die Mühe von drei Sachverständigen, die der Angeklagte aufbot, umsonst; sie fanden für ihn keine Spuren, aus denen sich ergeben hätte, daß er auf dem Beifahrersitz und seine Ehefrau auf dem Fahrersitz saß.

Hatte einer der Fahrzeuginsassen den **Sicherheitsgurt** angelegt, kann eine Untersuchung der Druck-, Schleif- und Faltspuren am Gurtband, eine Verformung an der Schloßzunge und an dem Gurtbeschlag, eine Deformation des Sitzes und die zugehörigen Verletzungen (Gurthaematome, Knieverletzungen, Hals-, Kopf- oder Gesichtsverletzungen, aber auch innere Verlet-

---

41 vgl. Rn. 19 (fahrlässige Körperverletzung).
42 *Wölkart*, Über die Sitzordnung beim Kraftfahrzeugunfall, DZgerichtlMed. 49 (1959), 247; *Gögler*, Fußnote 32, S. 452.

zungen) den Beweis dafür liefern, in welcher Sitzposition sich die Person befand, von der behauptet wird, sie sei Fahrer bzw. Beifahrer gewesen. Es sei allerdings davor gewarnt, aus der Art des Haematoms etwa Rückschlüsse auf die Geschwindigkeit des Fahrzeuges im Augenblick des Aufpralles zu ziehen; derartige Schlüsse sind nicht möglich. Erfahrene technische Sachverständige achten auch auf Spuren auf den Bedienungspedalen (Abdruckspuren des Schuhwerks) wie auch umgekehrt auf Abdruckspuren der Gummibeläge der Pedale auf den Schuhsohlen[43].

70 Tödliche Verletzungen werden nicht immer durch den Unfall, gelegentlich erst nach dem Unfall, verursacht. In Zweifelsfällen ist daher abzuklären, wie am Unfallort Erste Hilfe geleistet wurde, ob die Bergung und Lagerung der Verletzten ordnungsgemäß erfolgte, welche Maßnahmen ergriffen wurden, um den Kreislauf wiederzubeleben (Herzmassage?), wie und mit welchen Hilfsmitteln eine künstliche Beatmung durchgeführt wurde. Ich erinnere mich noch gut eines Falles, in dem zwei ungeübte Aushilfskrankenwagenfahrer einen nicht sonderlich schwer Verletzten unsachgemäß ins Krankenhaus transportierten, ihn insbesondere mit dem Rücken auf die Tragbahre legten, so daß er Erbrochenes einatmete und bis zur Ankunft im Krankenhaus daran erstickte.

Daß künstliche Beatmung mit dem Pulmonator geeignet ist, eigene Verletzungen zu setzen, ist bekannt. Auch der plötzliche Tod eines Unfallopfers kann eine andere Ursache als den Verkehrsunfall haben. Zu denken ist vor allem an Veränderungen der Herzkranzschlagader. Veränderungen können nur im Wege einer histologischen Untersuchung festgestellt werden.

Behauptet ein Mandant, er habe vor einem Unfall den Unfallgegner nicht gesehen, ist gelegentlich auch daran zu denken, daß eine Beeinträchtigung des Sehapparates vorliegen kann. In solchen Fällen sollte man einen Augenarzt einschalten, damit abgeklärt wird, ob Beeinträchtigungen (die meist behebbar sind) vorliegen. Daß Probleme der Optik ebenso wie Probleme aus dem meteorologischen Bereich bei Dunkelheitsunfällen eine Rolle spielen und durch Sachverständige abzuklären sind, sei nur am Rande erwähnt.

Da häufig Fragen der Unfallmechanik nicht nur vom Mediziner beantwortet werden können, sind einige Institute für Rechtsmedizin (so z. B. München u. Heidelberg) dazu übergegangen, in ihr Team auch Diplom-Physiker und Naturwissenschaftler aufzunehmen, die in der Lage sind, die anfallenden Probleme mit zu klären. Gutachtenaufträge sind daher nicht nur an den

---

43 *Bürger*, Sicherung von Materialspuren nach Verkehrsunfällen, Kriminalistik 1969, 70.

Rechtsmediziner, sondern zweckmäßig an das jeweilige Institut für Rechtsmedizin zu richten.

Die Frage nach dem **plötzlichen Tod** vor einem Unfall (vgl. oben Kapitel 2.1.) kann, ebenso wie nach sonstigen Auffälligkeiten im somatischen Bereich, nur der Mediziner beantworten. Plötzlich auftretende Zustände der Kraftfahrer, die zu Unfällen führen, sind selten; die Häufigkeit wird mit 1 Promille geschätzt[44]. US-Untersuchungen[45] zeigen, daß es trotz des plötzlichen Todes des Fahrers nicht unbedingt zum Unfall kommen muß. Andererseits liegen aber auch Berichte von schweren Unfällen vor, etwa der des New-Yorker Busfahrers, der während der Fahrt einen Herzinfarkt erlitt und dessen Bus in den East River stürzte, – der Busfahrer und 6 Fahrgäste ertranken[46].

---

44 *Herner u.a.*, Brit. J. industr. Med. 23 (1966), 37–41 berichten über 41 Unfälle in Schweden 1959–1963, die durch plötzlich auftretende Zustände der Fahrer bedingt waren; 8 Fahrer starben, in 19 Fällen war bei früheren ärztlichen Untersuchungen ein Krankheitsverdacht festgestellt worden. *Hoffmann*, Herzinfarkt am Steuer, MünchMedWschr 105 (1963), 1785 beobachtete in 10 Jahren 31 Fälle von Herzinfarkt bei KFZ-Führern.
45 Kriminalistik 1962, 484, enthält ein Referat über plötzliche Todesfälle von Autofahrern in Baltimore 1957–1960.
46 *Levy u.a.*, Heart Diseases in Drivers of Public Motor Vehicles, J. amer. med. Ass. 184 (1963), 481.

6. Hauptverhandlung

72 Ist die Hauptverhandlung ordnungsgemäß vorbereitet worden (vgl. oben Abschnitt 5.3.), so kann der Verteidiger mit Ruhe der **Hauptverhandlung** entgegensehen, birgt sie doch erfahrungsgemäß nur noch in Ausnahmefällen Überraschungen. Allerdings darf man nicht vergessen, daß gelegentlich der eigene Mandant die größte Überraschung darstellt, wenn er plötzlich etwas völlig anderes erzählt, als in den vorausgegangenen Besprechungen. Neben dem Mandanten können sich auch die von diesem in den Himmel gelobten Zeugen als Überraschung darstellen; ich spreche gelegentlich in diesem Zusammenhang von dem Zeugen *BUMERANG*, – in Anlehnung an den alten Juristenwitz, wonach der Justizwachtmeister den „Zeugen *Dalcke*" aufruft, nachdem er vom Richter gebeten wurde, „den *Dalcke*" hereinzubringen.

Über die in jedem Strafverfahren zu beachtenden Einzelheiten, angefangen von dem Plan für die Befragung der Zeugen bis zur Prüfung der Besetzung des Gerichts und dem Tragen der Amtstracht gibt das Taschenbuch von *Dahs*[1] erschöpfende Auskunft.

Erscheint ein Mandant nicht pünktlich zur Hauptverhandlung, wird das Gericht normalerweise 15 Minuten warten. Diese 15 Minuten kann man dazu benutzen, um vor der Tür des Gerichtsgebäudes nachzuschauen, ob dort nicht möglicherweise der Angeklagte steht und sich nicht traut, das Gerichtsgebäude zu betreten, – ein Fall, wie ich ihn immerhin schon zweimal erlebte.

6.1. Zeugen[2]

73 In meinem Buch „Strafverteidigung im Überblick" habe ich die wichtigsten Überlegungen zum Zeugenbeweis dargelegt (Rdnr. 71 ff.)[3]. Nachstehend werden die in Verkehrsstrafsachen üblichen Schwierigkeiten und Besonderheiten bei der Behandlung von Zeugenaussagen bzw. von Unfallzeugen beschrieben (**Muster einer Zeugenladung durch den Verteidiger**, s. unten Rdnr. 126).

---

1 *Dahs*, Taschenbuch des Strafverteidigers, 4. Aufl., 1990, Rn. 311–580.
2 Siehe ausführlich: *Rückel*, Strafverteidigung und Zeugenbeweis, 1989, PSt Bd. 9.
3 *Müller*, Strafverteidigung im Überblick, 1989, PSt Bd. 12.

Zeugen 6

Die Zeugenvernehmung folgt nach der Vernehmung des Angeklagten zur Person und Sache. Bereits die Reihenfolge, in der die Zeugen vernommen werden, kann eine Rolle für den Verfahrensausgang spielen.

Nach Möglichkeit sollten die Zeugen zuerst vernommen werden, deren Aussage für den Angeklagten günstig ist. Daß es Vorurteile der Zeugen gibt, ist bekannt und wurde für den Bereich des Verkehrsstrafverfahrens von dem Amerikaner *Gordon Allport* 1964 nachgewiesen. In dieser bekanntgewordenen Bostoner Untersuchung markierten Harvard-Studenten in Boston Unfälle. In dem Schwarzenviertel Roxbury war der weiße Unfallbeteiligte statt des in Wahrheit schuldigen schwarzen Unfallbeteiligten und von zwei weißen Unfallbeteiligten derjenige, der das elegantere Auto fuhr, von Zeugen für schuldig befunden worden. Umgekehrt gab man in den weißen Wohnvierteln von Boston dem nicht schuldigen Schwarzen bzw. dem Fahrer des weniger attraktiven Autos die Schuld!

„Präparierte" oder gar „dressierte" **Polizeizeugen**, die in bestimmten Verfahren eine Rolle spielten[4], trifft man in Verkehrsstrafsachen nicht an. Allerdings können Besonderheiten der Gruppendynamik immer dann beobachtet werden, wenn die Gefahr besteht, daß einem Polizisten aus seinem Tun der Vorwurf einer strafbaren Handlung erwachsen könnte. Bei der Körperverletzung im Amt, die mit der Widerstandsleistung korrespondiert, steht der Verteidiger einer Phalanx der Polizeibeamten gegenüber, gegen die er oft erfolglos anrennt. Gelegentlich hilft aber ein Vergleich des Wortlauts der Aussagen der Polizisten weiter, denn es kann kein Zufall sein, wenn drei Beamte drei wortgleiche Aussagen zu Papier bringen.

Allerdings ist es verständlich, daß jeder Polizeibeamte seine Haut zu retten versucht, wenn der Verdacht besteht, er könne sich bei einer Körperverletzung im Amt beteiligt haben. Die Schwierigkeit für den Verteidiger besteht in diesen Fällen auch darin, herauszufinden, ob einer aus der Schar der Polizisten bereit ist, seine Kollegen im Stich zu lassen und zu berichten, was tatsächlich geschah. Daß unglaubliche Dinge auf dem Polizeirevier oder bei der vorläufigen Festnahme geschehen können, hört man als Verteidiger häufiger. So berichtete mir ein Mandant, man habe auf einem Revier ihn nicht nur grundlos grün und blau geschlagen (nachträglich gefertigte Fotos bewiesen jedenfalls die recht handgreifliche Einwirkung), man habe auch die Einzelheiten einer gewaltsam durchgeführten Blutprobe mit einer Videokamera genüßlich gefilmt.

---

4 *Maeffert*, Polizeiliche Zeugenbetreuung, Europäische Verlagsanstalt, Frankfurt 1980, S. 62.

6 Hauptverhandlung

Der gerichtsmedizinische Sachverständige ließ zwar in der Hauptverhandlung Zweifel aufkommen, ob die Darstellung der Polizeibeamten zutraf, wonach ihnen der Mandant ständig „in die Faust fiel". Die Geschichte mit der Videokamera taten die Polizeibeamten mit der Bemerkung ab, es handle sich um ein Phantasieprodukt des stark alkoholisierten Angeklagten. Das glaubte dann auch der Richter, wobei anzumerken ist, daß die blutentnehmende Ärztin als Zeugin alles andere als eine gute Figur machte. Alle Versuche der Verteidigung, der Wahrheit zum Durchbruch zu verhelfen, schlugen jedenfalls fehl.

Welch üble Spielchen übermütige Polizisten mit betrunkenen Kraftfahrern veranstalten können, schildert der engagierte Kripobeamte *Manfred Such* in seiner Streitschrift „Bürger statt Bullen" (Klartext Essen, 1988, 39ff.): Je mehr sich ein Betrunkener gegen Polizeischläge wehrt, um so mehr Prügel bezieht er! Sadisten ersinnen den Segen mit der Toilettenbürste oder den Tanz mit den „Lübecker Hüten". Berichtet dann ein Angeklagter vor Gericht das, was geschehen war, glaubt ihm kein Richter, zumindest gilt dies für jüngere Richter, nach deren Selbstverständnis kein Polizist so etwas tun würde.

Auf der anderen Seite wissen wir spätestens seit dem Erscheinen des Tagebuchs einer Polizeimeisterin (*Annegret Held*, Meine Nachtgestalten, Frankfurt 1988, S. 122/123), daß es aber auch Polizisten gibt, die Alkoholfahrer „begnadigen", d.h. ihnen nur den Fahrzeugschlüssel wegnehmen und davon absehen, Strafanzeige zu erstatten. Im Laufe der Zeit lernt der Verteidiger die Eigenheiten bestimmter Polizeizeugen kennen. Er sollte aber nie vergessen, daß es nur wenige Polizeizeugen gibt, die es bewußt darauf abgesehen haben, einen Angeklagten mit unwahren Angaben zu belasten.

Gericht und Verteidigung sollten stets berücksichtigen, daß bei der Prüfung der Glaubwürdigkeit von Polizeizeugen zu bedenken ist, daß der Polizeibeamte erfahrungsgemäß unter einem gewissen Erfolgszwang steht und er aus dieser Einstellung heraus nicht mehr wirkliche, sondern mitunter auch vermeintliche oder durch sekundäres Rationalisieren am Erfolgsziel orientierte Beobachtungen schildert[5].

Daß es Beweismanipulationen der Ermittlungsorgane mit dem Ziel gibt, um jeden Preis eine Verurteilung des Angeklagten herbeizuführen, wissen wir aus dem Urteil des *LG Hannover* vom 24. 9. 1984 (StV 84, 94).

---

5 *AG Kaufbeuren*, Urteil vom 21. 7. 1986, StV 87, 57.

Ein Polizist ist zwar nicht verpflichtet[6], vor seiner Vernehmung seine **eigene** Aussage oder den von ihm gefertigten Aktenvermerk durchzulesen; daß er das darf und auch tut, ist selbstverständlich, – wer sollte es denn verhindern oder ihm verbieten. Seit dem 1. 4. 1991 legt die Neufassung des § 378 ZPO einem Zeugen die Verpflichtung auf, Aufzeichnungen und andere Unterlagen einzusehen und zum Beweisaufnahmetermin mitzubringen. Es steht zu erwarten, das diese neu proklamierte zivilprozessuale Zeugenpflicht erwartungsgemäß auch im Strafprozeß bald Eingang finden wird. Etwas anderes muß indes für das vorgängige komplette Aktenstudium gelten. Das kann kein Gericht, aber noch weniger ein Verteidiger ohne Protest zur Kenntnis nehmen, insbesondere dann, wenn zunächst dieser Umstand verschwiegen wurde. Der Verteidiger darf sich daher bei der Vernehmung eines Polizeizeugen nicht damit zufriedengeben, daß der Zeuge offensichtlich ein Wundergedächtnis besitzt, er muß nachdenken und abklären, wie ein solches Wunder zustandekam. Sonst macht sich nämlich das Gericht ein falsches Bild von der Erinnerungsfähigkeit des Zeugen, der ohne die Durchsicht der Akten (aber auch ohne Einsicht in seinen eigenen Aktenvermerk) dasselbe Gedächtnis wie der Zeuge Jedermann hätte.

Der Verteidiger sollte (am besten bereits zu Beginn der Befragung) abklären, ob sich der Polizeizeuge vor der Hauptverhandlung die Akten angesehen hat, insbesondere auf der Dienststelle vorhandene Durchschriften der Vernehmungsniederschrift durchlas. Da es sich hier um eine wichtige „Filterfrage" handelt, kann das Gericht diese Frage nicht zurückweisen bzw. der Beamte sich nicht weigern, die Frage zu beantworten (vgl. *BGHSt* 3, 281).

Stets muß vermieden werden, etwa dem Beamten einen Vorwurf aus der Einsichtnahme in die Vernehmungsprotokolle zu machen, denn unzulässig ist das Verhalten des Beamten nicht. Viel entscheidender ist nämlich die Beantwortung der Frage, was eigentlich Beweisgrundlage ist: der Inhalt des Vernehmungsprotokolls oder die auf der Kenntnis des Protokolls basierende Zeugenerklärung des Polizeibeamten.

Haben mehrere Polizeibeamte einen Vorfall beobachtet, ist jeder Polizeizeuge zu befragen, ob er sich mit seinen Kollegen vor der Hauptverhandlung wieder über den Vorgang unterhalten hat. Es ist absolut normal, daß Gruppen, insbesondere Polizeibeamte, die einen Vorgang gemeinsam beobachtet und ihn dann anschließend bearbeitet haben, sich über diesen Vorgang unterhalten[7].

---

6 *Nöldecke*, Polizeibeamte als Zeugen vor Gericht, NJW 1979, 1644.
7 *Armin Nack*, Verteidigung bei Glaubwürdigkeitsbeurteilung von Aussagen, StV 1994, 555; der Aufsatz von Nack enthält überhaupt sehr wertvolle Hinweise für die Zeugen- und Sachverständigenbefragung in der Hauptverhandlung.

6 Hauptverhandlung

Gelegentlich werden auch **Richter** und **Staatsanwälte**, die an einer vorausgegangenen Hauptverhandlung teilgenommen haben, **als Zeugen** vernommen. Dies gilt insbesondere für die Verfahren, die aus dem Verkehrsstrafprozeß erwachsen, etwa ein Verfahren, das sich gegen einen früheren Zeugen richtet, dem vorgeworfen wird, er habe eidlich oder uneidlich falsch ausgesagt. Gutmeinende, aber schlecht informierte Richter vertreten die Auffassung, dem Staatsanwalt oder Richter, den er als Zeuge lade, müsse er die Strafakten zuleiten, damit sich Staatsanwalt und Richter auf die Zeugenaussage vorbereiten können.

Grundsätzlich hat die Verteidigung in derartigen Fällen zu protestieren, da Akteneinsicht in die Strafakten lediglich die am Verfahren beteiligten Personen nehmen können.

Häufig bekommt dann der Verteidiger zu hören, Richter und Staatsanwälte seien verpflichtet, sich auf ihre Aussage vorzubereiten. Diese Auffassung ist falsch. Zwar wird im Leipziger Kommentar (*Wilms*, 10. Aufl., Rdnr. 7 zu § 163) die Auffassung vertreten, eine Vorbereitungspflicht sei für Zeugen zu bejahen, die in amtlicher Eigenschaft in einer Sache tätig gewesen sind. Es wird insbesondere eine derartige Verpflichtung für Polizeibeamte, Staatsanwälte, Ermittlungs- und Untersuchungsrichter bejaht. In der Kommentarstelle heißt es, daß diese Zeugen sich der schriftlichen Unterlagen zur Auffrischung ihres Gedächtnisses zu bedienen haben, die ihnen ohne weiteres zugänglich und die bei ihrer dienstlichen Tätigkeit angefallen sind. Verwiesen wird dabei auf eine Entscheidung des *OLG Köln* (Urteil vom 22. 3. 1966, NJW 1966, 1420). In dieser Entscheidung steht aber just das nicht drin, was die Kommentarstelle vorgibt. In der Kölner Entscheidung hat der Senat ausgesprochen, daß ein Polizeibeamter verlangen könne, daß man ihm etwa vor der Eidesleistung den Inhalt einer Übertretungsanzeige oder einer Gegenerklärung des Beschuldigten vorhalte. Außerordentlich vorsichtig formuliert der Senat „es wäre folglich nicht ohne weiteres rechtsfehlerhaft, dem Polizeibeamten eine ‚gesteigerte Vergewisserungspflicht' aufzuerlegen...". Wie der Polizeibeamte diese Pflicht wahrzunehmen hat, sagt das Kölner Urteil aber nicht. Es hat daher bei der gängigen Auffassung zu verbleiben, wonach ein Zeuge grundsätzlich nicht verpflichtet werden kann, sich auf seine Vernehmung vorzubereiten (LK, 10. Aufl., Rdnr. 6 zu § 163; *Schönke/Schröder*, 23. Aufl. 1988, Rdnr. 3 zu § 163).

75 Der **14. Verkehrsgerichtstag 1976** beschäftigte sich ausführlich mit den Aussagen von Unfallzeugen. Der zuständige Arbeitskreis IV gab folgende Empfehlung (Veröffentlichungen der auf dem 14. VGT gehaltenen Referate, S. 12 und S. 183 ff.):

1. Aussagen von Unfallzeugen sind besonders kritisch zu würdigen. Da das Unfallgeschehen meist blitzschnell abläuft, besteht auch für Bekundungen unbeteiligter Zeugen eine Vielzahl möglicher Fehlerquellen.
2. Besondere Vorsicht ist geboten
   a) gegenüber Entfernungs-, Geschwindigkeits- und Zeitschätzungen von Zeugen. Versuchsreihen haben ergeben, daß solche Schätzungen selbst bei auf die Situation vorbereiteten Testpersonen nur zu 5–15% annähernd richtig waren.

   b) Allgemein gegenüber Aussagen unfallbeteiligter Fahrer sowie der sonstigen Insassen unfallbeteiligter Fahrzeuge.

Steht dem Gericht nur ein Zeuge zur Verfügung und ist dieser Zeuge möglicherweise auch der Unfallgegner, so ist darauf hinzuweisen, daß es häufig nur dem Zufall zuzuschreiben ist, welchen Unfallbeteiligten die Polizei als Beschuldigten und welchen sie als Zeugen ansieht. Jedenfalls existiert keine Beweisregel des Inhalts, daß die Angaben eines Zeugen, etwa die des Anzeigers, bei gleichem Beweiswert im übrigen, grundsätzlich glaubhafter sein sollen als die des Betroffenen oder Angeklagten (*OLG Bremen*, Beschluß vom 25. 01. 1990, NZV 1991, 41). Von Bedeutung kann auch werden, ob der Zeuge „als Glied eines im wesentlichen gleichen Erlebnis- und Interessenkreises" ausgesagt hat[8].

Bis zur Entscheidung des *BGH* vom 3. 11. 1987 (VRS 74, 169) war nach der sog. **Beifahrerrechtsprechung** häufig zu lesen, die Aussagen der Mitinsassen von Unfallfahrzeugen seien nur dann voll beweiskräftig, wenn ihre Richtigkeit anhand von objektiven Tatsachen überprüft werden könne (*AG München*, Urteil vom 29. 1. 1985, VersR 86, 793). Der *BGH* stellt demgegenüber fest, daß es gegen den Grundsatz der freien Beweiswürdigung verstößt, Aussagen von Insassen unfallbeteiligter Kraftfahrzeuge oder den Aussagen von Verwandten oder Freunden der Unfallbeteiligten nur für den Fall Beweiswert zuzuerkennen, daß sonstige objektive Gesichtspunkte für die Richtigkeit der Aussagen sprechen. Nach der Rechtsprechung des *BGH* gibt es keinen Erfahrungssatz, wonach die Aussagen von Insassen unfallbeteiligter Kraftfahrzeuge stets von einem Solidarisierungseffekt beeinflußt wären und etwa deshalb als unbrauchbar einzustufen sind. Dasselbe gilt für Personen, die mit einem Unfallbeteiligten verwandt oder verschwägert sind. Deren Aussagen gelten ebenfalls nicht von vornherein als parteiisch und unzuverlässig. Zumindest müßte in derartigen Fällen auf den Inhalt der Bekundung näher eingegangen werden und eine entsprechende Wertung vorliegen (*BGH*, Urteil vom 13. 3. 1985, StV 1985, 356).

---

8 *OLG Hamm*, Beschl. vom 29. 1. 1973, VRS 45, 311.

6 Hauptverhandlung

75a Im Verkehrsstrafverfahren wird relativ selten ein Zeuge auf seine Aussage vereidigt, obwohl dies die Regel und nicht die Ausnahme sein sollte (§ 59 StPO). Mit dem Antrag auf **Vereidigung** veranlaßt der Verteidiger das Gericht, sich darüber zu äußern, ob es etwa den Verdacht hat, ein Zeuge mache sich einer Begünstigung oder einer versuchten Strafvereitelung strafbar. Selbst wenn das Gericht einen Zeugen vereidigt hat, muß es bei entsprechendem Verdacht die Aussage im Urteil als unbeeidet werten. In derartigen Fällen besteht die Verpflichtung des Gerichts, die Verfahrensbeteiligten darauf hinzuweisen, daß die beeidigte Aussage nunmehr als unbeeidet gewertet werde[9].

Warum stellt man den Antrag auf Vereidigung: Der Eid wird von der Rechtsprechung als das entscheidende Mittel angesehen, eine wahre Aussage zu erzwingen (*BGHSt* 1, 360). Im Fall der Vereidigung des Zeugen mißt das Gericht grundsätzlich dieser beeideten Aussage eine größere Glaubwürdigkeit bei als der unbeeideten Aussage.

75b Daß der **Beweiswert** sich weniger nach der Zahl etwaig vernommener Zeugen als nach ihrer persönlichen und vor allem ihrer sachlichen Verläßlichkeit richtet, versteht sich von selbst. Allerdings ist es mit der persönlichen und sachlichen Verläßlichkeit der meisten Unfallzeugen eben nicht weit her. Berichten Zeugen über feste Zeiten, feste Entfernungen oder gar Geschwindigkeiten, ist nicht nur Vorsicht angebracht, meist ist die Zeugenaussage auch unbrauchbar, stellt der Zeuge doch bekanntlich das schlechteste Beweismittel dar. Dafür kann allerdings der Zeuge nichts, vielmehr ist der Mensch nun einmal so konstruiert, daß er in seinem Erinnerungsvermögen erheblich eingeschränkt ist; nach dem *Ebbinghausschen* Gesetz[10] soll der Mensch binnen einer Woche z. B. 80% dessen vergessen, was er am ersten Tag dieser Woche lernte!

76 Daß die Art der **Befragung der Zeugen** auch gewisse Antworten programmieren kann, zeigt die Untersuchung von *Loftus*[11]:

Nach filmischer Darbietung eines Verkehrsunfalles wurden die experimentellen Zeugen nach verschiedenen im Film vorkommenden und nichtvorkommenden Gegenständen gefragt. Dieselben Fragen wurden entweder mit bestimmten Artikeln, also „der, die…" oder mit unbestimmten Artikeln, als „ein, eine…" gestellt, z. B. „Sahen Sie einen kaputten Scheinwerfer?" oder „Sahen Sie den kaputten Scheinwerfer?". Das Ergebnis war das folgende:

---

9 *Strate*, Der Verzicht auf die Vereidigung, – eine schädliche Unsitte, StV 1984, 42 ff.
10 *Ebbinghaus*, Das Gedächtnis, 1885.
11 Unglaubwürdige Augenzeugen, Psychologie Heute, April 1975, 21–25.

Zeugen, welchen die Sachfrage mit unbestimmtem Artikel gestellt wurde, antworteten statistisch signifikant häufiger mit „ich weiß nicht" als Zeugen, denen die Sachfrage mit bestimmten Artikel gestellt wurde, und zwar ganz gleich, ob der erfragte Gegenstand im Film zu sehen war oder nicht. War der Gegenstand im Film zu sehen, antworteten 23% der mit bestimmten Artikel Befragten mit „ich weiß nicht", bei dem mit unbestimmten Artikel Befragten hingegen waren es 51%, die mit „ich weiß nicht" antworteten. War der Gegenstand im Film nicht zu sehen, so antworteten die mit bestimmten Artikel Befragten in nur 13% der Fälle mit „ich weiß nicht", während sich die Anzahl der mit unbestimmten Artikel Befragten auf 38% „ich weiß nicht"-Antworten erhöhte. Gleichzeitig behaupteten Zeugen, die mit bestimmten Artikel befragt wurden, weitaus häufiger, einen Gegenstand gesehen zu haben, der im Film gar nicht vorkam, als Zeugen, denen die Frage mit unbestimmtem Artikel gestellt wurde.

Maisch[12] interpretiert dieses Ergebnis wie folgt:

„Die ursächliche Erklärung für diese Ergebnisse ist die: Die Frage mit unbestimmten Artikel unterstellt, daß der erfragte Gegenstand auch tatsächlich vorhanden und zu beobachten war: „Haben Sie den kaputten Scheinwerfer gesehen?" sagt in Wirklichkeit: „Da war ein zerbrochner Scheinwerfer. Haben Sie ihn gesehen?" Die größere Suggestivwirkung geht also von dem bestimmten Artikel aus, der eine bestimmte Unterstellung oder Tattheorie oder Tatsachenbehauptung impliziert, welcher der Befragte eher erliegt als Fragen mit unbestimmten Artikel, die solche impliziten Unterstellungen weniger nahelegen. Zusatzexperimente, bei welchen in der Zeugenbefragung nach einem Verkehrsunfall die Verben „sich berühren", „kollidieren", „aufeinanderfahren", „zusammenstoßen", „zusammenprallen" systematisch variiert wurden, zeigten, daß die Variation dieser Verben zu stark unterschiedlichen Geschwindigkeitsschätzungen der Unfallautos führten, zu unterschiedlichen **Assoziationsprozessen** führten, die **gedächtnisveränderndes Informationsmaterial** einschleusten, z.B. wurde von Zeugen, die mit der Frage „aufeinanderprallen" konfrontiert wurden, nicht nur höhere Geschwindigkeiten geschätzt, sie gaben auch doppelt so viel an, zerbrochenes Glas gesehen zu haben als andere Zeugen mit dem Verb „zusammenstoßen", und dies, obgleich im Film gar kein zerbrochenes Glas zu sehen war. **Fazit: Allein die Wortwahl in einer Frage** kann auf dem Wege über gedankliche Assoziationsprozesse und Gedächtnisveränderungen zu **fehlerhaften Antworten** *führen, die durch eine* **verfälschte, verzerrte Reproduktion selbst wahrgenommener Realität** *gekennzeichnet sind.*"

Daß eine unterschiedliche **Fragetechnik** unterschiedliche Ergebnisse zeigt, liegt auf der Hand. Ob geschlossene Fragen (sie begrenzen die Antwortmöglichkeit dadurch, daß zwei oder mehr Antwortmöglichkeiten bereits in der Frage vorgegeben sind; die extremste Variante dieser Frageart ist die Ja/Nein-

---

12 *Maisch*, Gutachtliche und sozialwissenschaftliche Probleme im Strafprozeß: Für Strafjuristen, 1976, S. 68/69.

6 *Hauptverhandlung*

Frage), offene Fragen (sie enthalten keine festen Antwortkategorien) oder Suggestivfragen (Fragen, deren Form und Inhalt einem Befragten die Antwort suggerieren, die er geben soll) gestellt werden bzw. gestellt werden können, wird vom Vorsitzenden vorgegeben. Dennoch sollte beachtet werden, daß letztlich nichts unbeantwortet bleibt, d. h. der Frager, der dem Gegner seine Schwächen vorhält, schadet sich nur selbst. Worte sind wie Pfeile, wir können sie nie zurücknehmen. Es sind daher auch bei der Befragung nie Wertungen abzugeben, denn sie zerstören Beziehungen und schaden erfahrungsgemäß dem Frager.

77 In einigen Strafverfahren spielen Zeugen eine besondere Rolle, dann nämlich, wenn im vorbereitenden Verfahren durch eine sog. **Wahlgegenüberstellung** durch Zeugen abgeklärt wurde, ob ein bestimmter Beschuldigter zum Zeitpunkt eines Unfalles oder eines Vorfalles ein bestimmtes Fahrzeug lenkte oder ein bestimmtes Verhalten zeigte. Diese Zeugen spielen insbesondere dann eine Rolle, wenn der beschuldigte Kraftfahrer etwa bestreitet, zur Tatzeit ein bestimmtes Fahrzeug gefahren zu haben. Während die Kriminalpolizei eine hinreichende Erfahrung bei der Durchführung der Wahlgegenüberstellungen besitzt[13], wird auf Polizeirevieren oder Verkehrsabteilungen die Kunst der Wahlgegenüberstellung nur selten beherrscht. Selbst die ausgesprochen dürftigen Empfehlungen der Nr. 18 RiStBV scheinen entweder in der Praxis unbekannt zu sein oder aber selbst diese Mindestanforderungen sind so unbequem, daß man meint, sie einfach ignorieren zu können, und nicht nur etwa die Polizei, sondern auch Staatsanwaltschaft und Richter.

Im Gegensatz zum normalen Strafgeschehen ist zu beachten, daß sich die Beobachtungen im fließenden Verkehr nur auf kürzeste Zeitspannen, manchmal nur 1–2 Sekunden, erstrecken und daher normalerweise dem Wiedererkennen durch einen Zeugen keine sonderlich belastende Indizwirkung zukommt[14]. Dasselbe gilt für eine flüchtige Beobachtung eines parkenden Autos bei marginalen Witterungsbedingungen: Der Fahrer wird in der Regel nicht wiedererkannt (vgl. dazu das experimental-psychologische Gutachten im Fall Jünschke von *Schindler/Stadler* in StV 1991, 38).

---

13 Berichte über die Praxis der Kripo Nürnberg und Dortmund in: *Schweling*, Das Wiedererkennen der Täter, MDR 1969, 177 ff.; *Hans-Jörg Odenthal*, Die Gegenüberstellung im Strafverfahren, 2. Aufl. 1992, Boorberg/Stuttgart.
14 *Steinke*, Die Problematik der Wahlgegenüberstellung, Kriminalistik 1978, 505 ff.; *Peters*, Fehlerquellen im Strafprozeß, 2. Band, 1972, S. 91. Zu den Anforderungen an das Wiedererkennen, wenn Polizeibeamte einen Kradfahrer verfolgen, aus den Augen verlieren und ihn dann 10–15 Minuten später in der Nähe seiner Wohnung antreffen, vgl. *OLG Düsseldorf*, Beschl. vom 14. 4. 1983, VRS 65, 381.

Haben aber Zeugen einen Beschuldigten längere Zeit beobachten können, z. B. nach einem Unfall, so kann der Zeugenaussage schon ein erhebliches Gewicht beigemessen werden, wenn bei der Wahlgegenüberstellung alle Fehler ausgeschlossen wurden. Die Kriminalpolizei führt Wahlgegenüberstellungen in der Form durch, daß der Beschuldigte sich neben mindestens 8 andere Personen aufreiht, die dem Beschuldigten ähnlich sehen, d. h. gleichaltrig, gleichgroß, gleichartig gekleidet sind und anscheinend auch der gleichen sozialen Schicht angehören. Damit besteht eine Mindestgarantie dafür, daß eine Person nicht hervorsticht, *„like a carrot in a bunch of bananas"*, wie es unübertrefflich in der englischen Kriminalpsychologie heißt[15].

Wie eine Gegenüberstellung durchzuführen ist und welche Bedenken von der Verteidigung erhoben werden können, habe ich in meinem Buch „Strafverteidigung im Überblick", Rdnr. 75, ausführlich dargelegt. Auf diese Ausführungen darf ich verweisen. Eine fehlerhaft durchgeführte Gegenüberstellung ist meist irreparabel.

Werden Mandanten zu einer Gegenüberstellung vorgeladen, wollen sie in der Regel von ihrem Verteidiger wissen, ob sie ihr Aussehen verändern können, um der Gefahr zu entgehen, wiedererkannt zu werden. Der Rat des Verteidigers, der Mandant solle sich die Haare kürzen lassen, ist nach der Rechtsprechung des OLG Karlsruhe[16] unverfänglich, er wird keinem Verteidiger den Vorwurf der Strafvereitelung einbringen. Allerdings läßt der Karlsruher Senat in seiner Entscheidung die Frage ausdrücklich offen, ob es dem Verteidiger erlaubt sein kann, durch eigenes aktives oder planerisches Handeln dazu beizutragen, das äußere Erscheinungsbild des Mandanten zu verändern, um eine Identifizierung des Mandanten zu erschweren oder gar unmöglich zu machen. Die Formulierungen im Beschluß vom 6. 8. 1991 sind, liest man sie sehr genau, nur als Warnung an jeden Verteidiger zu verstehen, sich zum Komplizen des Mandanten zu machen.

Dies hat insbesondere dann zu gelten, wenn aufgrund einer **fehlerhaften Gegenüberstellung** im Verlauf des Ermittlungsverfahrens der Zeuge einen Angeklagten in der Hauptverhandlung „wiedererkennt". Dieses wiederholte „Wiedererkennen" hat entweder nur geringen oder gar keinen Beweiswert mehr. Der *BGH*[17] hat dazu folgendes ausgeführt:

---

15 *Undeutsch*, Wiedererkennung von Personen, Karl Peters-Festschrift, Heidelberg 1984, S. 461 mit instruktiven Beispielen aus dem angloamerikanischen Rechtskreis.
16 Beschl. v. 6. 8. 1991, StV 91, 519.
17 Urteil vom 28. 6. 1961, *BGHSt* 16, 205.

6 Hauptverhandlung

„Dessen Verläßlichkeit (d. h. des wiederholten „Wiedererkennens") ist aber nach den gesicherten Erfahrungen und Erkenntnissen der kriminalistischen Praxis sehr häufig deshalb fragwürdig, weil es durch das vorangehende Wiedererkennen beeinflußt wird. Der bei diesem gewonnene Eindruck wird das ursprüngliche Erinnerungsbild in der Regel überlagern. Damit entsteht die Gefahr, daß der Zeuge – sich selbst unbewußt – den gegenwärtigen Eindruck mit dem Erinnerungsbild vergleicht, das auf dem ersten Wiedererkennen beruht; in Wahrheit wird also der Angeklagte nicht mit dem Täter, sondern mit der bei der vorhergehenden Gegenüberstellung als verdächtig gezeigten Person verglichen."

Die Erkenntnisse der Psychologie über fehlerhaft durchgeführte Gegenüberstellungen sind allgemein gültige Erfahrungssätze. Die Nichtbeachtung von Erfahrungssätzen stellt einen sachlich-rechtlichen Fehler dar. So wäre zu rügen, daß bei der Gegenüberstellung Erfahrungssätze verletzt wurden (im einzelnen ist darzulegen, welche) ferner, daß der Tatrichter dem wiederholten Wiedererkennen einen Beweiswert zubilligte, also ein völlig untaugliches Beweismittel benutzte. Schließlich kann auch die Urteilsbegründung eine lückenhafte Beweiswürdigung enthalten[18]; da ein entscheidender Fehler bei der Durchführung der Gegenüberstellung nicht zu korrigieren ist, wird in der Regel in der zweiten Hauptverhandlung ein Freispruch erfolgen müssen[19].

Auch wenn keine Gegenüberstellung erfolgte und Zeugen in der Hauptverhandlung behaupteten, sie würden einen Angeklagten als denjenigen wiedererkennen, der als Unfallfahrer in Betracht komme, ist Vorsicht geboten. Der Hinweis auf Irrtumsmöglichkeiten und die kurze Schilderung des bekannten englischen Falles *Beck*[20] bewirkt zumindest, daß der Beweiswert der Zeugenaussage vom Richter oder dem Richterkollegium kritisch gewürdigt wird.

---

18 *Schweling*, wie Fn. 10, S. 179.
19 Der gelegentlich schon mittels Videogerät festgehaltene Ablauf der Gegenüberstellung, gegen den keine rechtlichen Bedenken erhoben werden können (*BVerfG*, Beschluß vom 27. 9. 1982, NStZ 1983, 84), kann dem Verteidiger bei sorgfältiger Überprüfung der einzelnen Stationen der Gegenüberstellung wertvolle Aufschlüsse dazu liefern, ob entscheidende Fehler gemacht wurden.
20 *Hirschberg*, Das Fehlurteil im Strafverfahren, 1960, S. 38; *Kurreck*, Mord nach Paragraphen, 1969, S. 63; von 16 Zeuginnen, die über gewisse Mittel verfügten und die von einem gewissen *John Smith* betrogen wurden, bezeichnete elf in der Hauptverhandlung gegen *Beck* diesen als den Betrüger. Bemerkenswert ist dabei der Umstand, daß die betrogenen Frauen den wahren Täter nicht nur flüchtig kannten, vielmehr mit ihm enge Kontakte pflegten. *Beck* wurde zu sieben Jahren Zuchthaus verurteilt und 1901 vorzeitig entlassen, nachdem er fünf Jahre verbüßt hatte. Als *Beck* 1904 erneut unter falschem Verdacht verhaftet wurde, stellte sich seine Unschuld heraus, – die Polizei konnte den wahren Täter, *John Smith*, ermitteln. Die spannendste Schilderung des Falles *Beck* findet sich übrigens in *Jürgen Thorwald*, Das Jahrhundert der Detektive, 1965, S. 86 ff.
Ausführlich auch: *Jacta*, Berühmte Strafprozesse, England, Bd. 1, 1962, S. 50 ff.

6.2. Sachverständige

Liegt ein **schriftliches Sachverständigengutachten** vor, können in Verkehrsstrafsachen die gängigen Gutachten (ärztliches Attest über Körperverletzung, soweit es sich nicht um schwere Körperverletzungen handelt, Gutachten über Auswertung eines Fahrtschreibers, über die Bestimmung des Blutalkohols einschließlich seiner Rückrechnung und ärztliche Berichte zur Entnahme von Blutproben) in der Hauptverhandlung verlesen werden (§ 256 StPO); soweit ein Verfahrensbeteiligter aber die Ladung des jeweiligen Sachverständigen beantragt, ist dieser Sachverständige zur mündlichen Gutachtenerstattung verpflichtet. 79

Der Verteidiger wird sich so eingehend mit dem Gutachten des Sachverständigen bereits vor der Hauptverhandlung auseinandergesetzt haben, daß er in der Hauptverhandlung gezielte **Fragen an den Sachverständigen** stellen kann. Tritt der Sachverständige zum ersten Mal vor Gericht auf, wird das Gericht in der Regel keine Einwendungen dagegen erheben, wenn der Verteidiger den Sachverständigen nach seinem beruflichen Werdegang fragt. Dasselbe Recht muß aber auch dem Verteidiger eingeräumt werden, der zum ersten Mal auf einen ihm bis dahin unbekannten Sachverständigen trifft. Daß der Verteidiger sich bereits vorher über diesen Sachverständigen erkundigt hat, insbesondere im *Kürschner*[21] abklärte, mit welchem Fachgebiet der Sachverständige besonders vertraut ist, versteht sich von selbst. Dem technischen Sachverständigen wird die Frage vorzulegen sein, ob er von der Industrie- und Handelskammer gemäß § 36 GewO öffentlich bestellt wurde oder ob es sich bei ihm um einen amtlich anerkannten Sachverständigen (Gesetz über KFZ-Sachverständige vom 22. 12. 1971) für technische Überwachungsvereine handelt. Die Industrie- und Handelskammer München hat Leitsätze für die öffentliche Bestellung von **KFZ-Sachverständigen** aufgestellt[22], die einen guten Fragenkatalog über den beruflichen Werdegang des Sachverständigen abgeben. 80

Fehlt dem Sachverständigen die erforderliche Sachverständigenkompetenz, ist er abzulehnen; dasselbe gilt bei Sachverständigen, die dazu neigen, die Grenzen ihres Fachgebietes zu überschreiten. Hat der KFZ-Sachverständige für einen der Prozeßbeteiligten (z. B. für den Nebenkläger) ein Schadensgutachten erstattet, so kann er im Strafverfahren wegen Besorgnis der Befangenheit abgelehnt werden[23]; dasselbe gilt, wenn der Sachverständige zwar nicht 81

---

21 *Kürschners* Deutscher Gelehrten-Kalender 1992, 16. Ausgabe, Walter de Gruyter, Berlin.
22 *Danner/Halm*, Technische Analyse von Verkehrsunfällen, 1980, S. 22 ff.
23 *OLG Hamm*, Urteil vom 3. 9. 1963, VRS 26, 365.

6 *Hauptverhandlung*

für die Partei, wohl aber für deren Haftpflichtversicherung ein Privatgutachten erstattet hat[24]. Zu erstaunlichen Ergebnissen kann die Frage an den Sachverständigen führen, **wer** denn sein Honorar bezahlt hat. So erfuhr ich im Dezember 1995 in einem Strafverfahren wegen Brandstiftung, daß der Brandversicherer fast alle Brandsachverständigen bezahlt hatte; in keinem der Sachverständigengutachten war auch nur der kleinste Hinweis darauf zu finden, daß im Auftrag des Brandversicherers und auf dessen Rechnung das Gutachten erstellt wurde. Die erfolgreiche Ablehnung eines Sachverständigen wegen Besorgnis der Befangenheit hindert das Gericht aber nicht, ihn als Zeugen oder gar als sachverständigen Zeugen über Tatsachen zu vernehmen, die dem Sachverständigen bei Durchführung des ihm erteilten Auftrages bekanntgeworden sind[25]. Das Gericht kann ihn aber nicht zu den Schlußfolgerungen hören, die der Sachverständige aus jenen Tatsachen aufgrund seiner Sachkunde gezogen hat und auf die das Gericht für die Urteilsfindung angewiesen ist.

82   Nach Erstattung des Gutachtens sind dem Sachverständigen gezielte Fragen vorzulegen. Beim technischen Sachverständigen etwa dahingehend, welche Toleranzgrenzen vorhanden sind, sei es bei der Bewertung von Bremsspuren, mittleren Bremsverzögerungszeiten oder etwa den Wurfweiten von Fußgängern[26]. Bei **Fußgängerunfällen** kann es eine wesentliche Rolle spielen, wann der Fußgänger erstmals für den Kraftfahrer als gefährlich erkennbar wurde. Man geht im allgemeinen davon aus, daß die Reaktionsaufforderung erst in dem Augenblick erfolgt, in dem sich der Fußgänger etwa 1 m in den Gefahrenbereich des Fahrzeuglenkers hineinbewegt hat. Beantwortet der KFZ-Sachverständige in diesem Sinne die an ihn gestellte Frage, und gibt sich das Gericht damit zufrieden, wird die Vernehmung eines psychologischen Sachverständigen entbehrlich werden, obwohl es zu dessen Fachbereich gehört, Reaktionsvorgänge zu beurteilen. Der Sachverständige ist beim Fußgängerunfall auch nach den Geschwindigkeiten zu befragen, die er für die Bewegung des Fußgängers einsetzte; diese Werte sind mit den in der Wissenschaft erarbeiteten Werten zu vergleichen und gegebenenfalls zu beanstanden[27]. Welche Fragen dem technischen Sachverständigen vorzulegen sind, ergibt sich letztlich immer aus dem konkreten Fall. Die Art der Fragen wird von dem Wissensstand des Verteidigers mitbestimmt; daß der Sachverständige

---

24   *OLG Frankfurt*, Beschl. vom 20. 8. 1968, VersR 1969, 429.
25   *BGH*, Urteil vom 7. 5. 1965, VRS 29, 121.
26   *Elsholz*, Verhältnis von Wurfweite und Auffahrtgeschwindigkeit bei Fußgängerunfällen, DAR 1970, 200; *Danner/Halm*, wie Fn. 17, S. 329 ff.
27   *Eberhardt/Himbert*, Bewegungsgeschwindigkeiten; Versuchsergebnisse nicht motorisierter Verkehrsteilnehmer, Saarbrücken, 1977.

Sachverständige 6

einen Wissensvorsprung hat, ist zwar selbstverständlich, desungeachtet muß aber der Verteidiger in Verkehrsstrafsachen ein Minimum an Wissen aus der technischen Unfallanalyse besitzen, auch wenn es mühsam ist, sich dieses Wissen zu erarbeiten, zumal es kaum Literatur zur Analyse von Verkehrsunfällen gibt[28]. Der Besuch der Fortbildungsveranstaltungen, wie sie etwa die Arbeits- und Forschungsgemeinschaft für Straßenverkehr und Verkehrssicherheit (AFO)[29] veranstaltet, ist ebenso wichtig wie die z. T. kostenlos zu erhaltende einschlägige Fachliteratur verschiedener staatlicher oder privater Institutionen[30].

Das Sammeln der Sachverständigengutachten, die in den einzelnen Verfahren erstattet wurden, wird im Laufe der Zeit eine brauchbare Arbeitshilfe abgeben.

Sind die Ausführungen des Sachverständigen nicht nach dem Geschmack des Verteidigers, kann der Hinweis darauf, daß der Gutachter wohl vereidigt werden wird[31], ebenso einen Wandel schaffen wie ein Hinweis auf das persönliche Haftungsrisiko durch ein fehlerhaftes Gutachten[32]. Technische Sachverständige kleben häufig an ihrem schriftlich erstatteten Gutachten. Ergeben sich andere Ausgangspositionen, stimmen die Berechnungen des schriftlichen Gutachtens nicht mehr. Dem technischen Sachverständigen muß dann die Gelegenheit gegeben werden, eine neue Berechnung aufzustellen, gegebenenfalls erst nach Aussetzung oder Vertagung der Sache. Schüttelt der technische Sachverständige die neuen Berechnungen aus seinem Taschencomputer oder aus der hohlen Hand, ist er anzuhalten, die neuen Berechnungen in das Protokoll zu diktieren (§ 273 Abs. 2 StPO). Im Einzelfall kann die neue Berechnung der Verteidigung Anlaß geben, die Hauptverhandlung aussetzen oder vertagen zu lassen, damit die neue Situation, insbesondere die Zuverlässigkeit der in der Hauptverhandlung neu präsentierten Werte nachgeprüft werden kann.

---

28 *Danner/Halm*, wie Fn. 17, S. 3.
29 Institut an der Universität zu Köln, Gyrhofstraße 2, 50931 Köln.
30 a) Schweizerische Beratungsstelle für Unfallverhütung (BfU) Postfach 2273, CH 3001 Bern; b) Institut National de Recherche sur les transports et leur sécurité = INRETS (seit 1. 9. 1985 Nachfolgeinstitut für IRT und ONSER), BP 34, F 94114 Arcueil Cédex; c) Calspan Corporation, P. O. Box 235, Buffalo, New York 14221, USA.
31 Dazu ist ein besonderer Antrag gem. § 79 StPO erforderlich.
32 Siehe den *Weigand*-Beschluß des Bundesverfassungsgerichts vom 11. 10. 1978, NJW 1979, 305.

6 Hauptverhandlung

Es empfiehlt sich, bei einer Auseinandersetzung mit dem Sachverständigen, dessen Gutachten nach Auffassung der Verteidigung falsch ist, grundsätzlich den Vereidigungsantrag zu stellen. Die Vereidigung des Sachverständigen, der ein falsches Sachverständigengutachten erstattet hat, ist nämlich im Hinblick auf das Wiederaufnahmeverfahren außerordentlich wichtig. Für die Wiederaufnahme genügt es, daß dem Sachverständigen eine fahrlässige Verletzung seiner Eidespflicht nachgewiesen wird (§ 359 Ziff. 2 StPO).

Wird der Sachverständige nicht vereidigt, wäre im Wiederaufnahmeverfahren bei einer fehlerhaften Begutachtung erforderlich, daß der Nachweis dafür erbracht wird, daß der Sachverständige vorsätzlich ein falsches Gutachten erstellt hat, ein Nachweis, der in der Praxis kaum zu führen sein dürfte. In diesem Zusammenhang ist auf eine Besonderheit der Vereidigung hinzuweisen. Schon nach der ständigen Rechtsprechung des Reichsgerichts (RGSt 20, 235) bezieht sich der Eid gemäß § 79 StPO nur auf das Gutachten, nicht aber auf die Angaben des Sachverständigen zur Person. Bestehen Zweifel an den Antworten des Sachverständigen auf die Frage nach dessen beruflichem Werdegang, ist im Hinblick auf ein Wiederaufnahmeverfahren von diesem Sachverständigen auch noch der Zeugeneid zu verlangen.

6.3. Beweisanträge

83 Die Befugnis des Verteidigers, in der Hauptverhandlung Beweisanträge zu stellen, gibt dem Verteidiger eine Möglichkeit, das gesamte beweisbedürftige Entlastungsmaterial für seinen Mandanten auch gegen den Willen des Gerichts in die Hauptverhandlung einzuführen. Der entgegenstehende Wille des Gerichts läßt sich indes nur dann brechen, wenn der **Beweisantrag** so formuliert ist, daß er nicht abgelehnt werden kann, ohne (etwa durch die Wahrunterstellung) dem Angeklagten Vorteile zu bringen bzw. einen Revisionsgrund zu schaffen. Der Verteidiger, der sein Handwerk versteht und über das erforderliche Wissen verfügt, ist damit in der Lage, dem Gericht seine Gangart des Prozesses aufzuzwingen. In der Theorie ist dies alles recht einfach und auch eingängig, indes sieht die Praxis meist anders aus. Dies nicht zuletzt deshalb, weil die Kunst des Beweisantrages nicht von allen Kollegen beherrscht wird, wiewohl sie eifrig Beweisanträge formulieren und stellen. Daß eine unendliche Literatur zum Beweisantrag vorhanden ist, versteht sich eigentlich von selbst.

Es ist nicht erforderlich, alle gängigen Veröffentlichungen zum Beweisantrag zu studieren, indes ist ein Mindestwissen erforderlich. Dazu gehört das

Wissen, daß entgegen der weitverbreiteten Auffassung nicht das Gericht den Verteidiger, vielmehr der Verteidiger die Arbeit des Gerichts zu überwachen hat. Es ist daher nicht etwa damit getan, daß man bereits vor der Hauptverhandlung einen Beweisantrag stellt, einen bestimmten Zeugen zu vernehmen, zufrieden ist, daß das Gericht den Zeugen zur Hauptverhandlung geladen hat und dann die Feststellung, daß der geladene Zeuge nicht erschienen ist, vom Verteidiger bereits als kommender Revisionsgrund verbucht wird. Der Verteidiger muß in diesem Falle Wert darauf legen, das Erscheinen des Zeugen durch einen entsprechenden Beweisantrag zu veranlassen. Wird dies unterlassen, kann in der Regel auf dieses Unterlassen keine Revision gestützt werden, es sei denn, das Gericht hätte im Verlauf der Hauptverhandlung zu erkennen gegeben, daß über die Ladung des Zeugen noch entschieden werden soll. Die Scheu des Anfängers, dann keinen Beweisantrag zu stellen, wenn man Tatsachen, die durch eine Zeugenvernehmung oder einen Sachverständigen nachzuweisen sind, nicht kennt, ist unbegründet. Der Verteidiger ist berechtigt, zu bestimmten Tatsachen Zeugen zu benennen, auch wenn er noch nicht weiß[33], ob die Zeugen tatsächlich (wie es etwa sein Mandant behauptet) das sagen werden, was der Verteidiger bzw. der Mandant von ihm hören wollen. Es ist allerdings die Gefahr vorhanden, daß der so benannte Zeuge der berühmte Zeuge BUMERANG wird oder der Sachverständige mit Akribie den Beweis dafür führt, daß der Angeklagte aus bestimmten Gründen, die bis dahin dem Gericht unbekannt waren, schuldig ist.

Hilfsbeweisanträge, die im Plädoyer gestellt werden können, sollte man grundsätzlich unterlassen. Das Gesetz kennt nicht den Begriff des „Hilfsbeweisantrages". Erst die Rechtsprechung hat Grundsätze dazu entwickelt, wie derartige Hilfsbeweisanträge zu behandeln sind. Die Gefahr liegt entscheidend darin, daß alle ordnungsgemäßen Beweisanträge gem. §§ 244 Abs. 6, 34 StPO begründet zu bescheiden sind, daß diese Regelung aber bei Eventualbeweisanträgen nicht gilt. Der beschiedene Beweisantrag zeigt dem Verteidiger, wo die Reise hingehen soll. Wird der vom Verteidiger für wesentlich gehaltene Beweisantrag abgelehnt, ist es höchste Zeit, einen neuen, nunmehr noch sorgfältiger begründeten Beweisantrag zu stellen.

Ein Beweisantrag muß zwei Dinge enthalten: eine Tatsachenbehauptung und ein Beweismittel. Zwar ist es nicht erforderlich, daß Beweisanträge schriftlich gestellt werden, jedoch verhindert der schriftlich formulierte und dem Gericht übergebene Beweisantrag, daß etwa in einem langen Verfahren ein

---

33 Der *BGH* hat in seinem Urteil vom 3. 8. 1966 (*BGHSt* 21, 125) festgehalten, daß es „dem Verteidiger nicht verwehrt ist, auch solche Tatsachen unter Beweis zu stellen, die er lediglich für möglich hält"; ebenso *BGH* NJW 1993, 867; dazu *Beulke*, Strafprozeßrecht, Rdnr. 436.

6 Hauptverhandlung

ordnungsgemäß gestellter mündlicher Beweisantrag nicht im Protokoll erwähnt und auch vom Gericht nicht beschieden wird.

Wer sich an den Standardtext gewöhnt hat

„Zum Beweis dafür, **daß** (nunmehr folgt die Tatsachenbehauptung) beantrage ich (Beweisantrag)

die Vernehmung des Zeugen... (Beweismittel)",

hat zumindest schon einmal die formelle Klippe umschifft; ein derartig formulierter Beweisantrag wird vom Gericht nicht als Eventualantrag angesehen. Wird in Verkehrsstrafsachen die Einnahme eines Augenscheins beantragt, kann das Gericht diesen Antrag nicht damit aus der Welt schaffen, daß es unter Hinweis auf das Ergebnis einer etwaigen Zeugenaussage die Einnahme des Augenscheins ablehnt. Allerdings gibt es von diesem Grundsatz wieder Ausnahmen. Die Einnahme des Augenscheins steht grundsätzlich im pflichtgemäßen Ermessen des Gerichts. Eine etwaige Ortsbesichtigung der Unfallstelle wird entbehrlich, wenn vorhandene andere Beweismittel schon eine hinreichend klare Vorstellung von den örtlichen Verhältnissen vermitteln oder wenn es auf die Einzelheiten nicht mehr ankommt, die durch Augenschein geklärt werden sollen.

85 Entscheidend ist die **Formulierung des Beweisantrages** (Muster dafür unten Rdnr. 127). Wird zum Beweis dafür, daß die Fahrbahn an der Unfallstelle nur 3 m breit war, die Einnahme eines Augenscheins beantragt, so kann das Gericht diesen Antrag nicht damit ablehnen, daß bereits der Polizeibeamte Meier erklärte, die Fahrbahn sei 10 m breit. Das Gericht kann aber auf eine andere Art der Aufklärung ausweichen, etwa, indem es eine Auskunft des Tiefbauamtes einholt oder den Sachverständigen, der die Unfallstelle vermessen hat, als sachverständigen Zeugen dazu anhört.

Kommt es auf die Lichtverhältnisse der Unfallstelle an, wird man in der Regel ein lichttechnisches Sachverständigengutachten anfordern. Hier kommt es entscheidend auf die Tatsachenbehauptung an, um eine Ablehnung des Beweisantrages zu vereiteln[34].

86 Kommt das Gericht bei einer Bremsspur von 30 m zu dem Ergebnis die Geschwindigkeit des PKWs habe nur 30 km/h betragen, kann dieser Annahme durch den Antrag auf Einholung eines Sachverständigengutachtens begegnet werden (Muster 8: Beweisantrag auf Anhörung eines Sachverständigen). Kommt es auf die **Beleuchtung** eines Unfallfahrzeuges an, so kann der

---

34 *OLG Koblenz*, Urteil vom 22. 5. 1974, DAR 1974, 276.

Zustand der Glühbirne eines Fahrzeuges wesentliche Bedeutung haben. In rund 75% der Fälle kann der Beleuchtungszustand der Unfallfahrzeuge aufgeklärt werden, vorausgesetzt, eine sorgfältige und umfassende Spurensicherung wurde durchgeführt[35]. Zu der sorgfältigen Spurensicherung gehört aber z. B. auch eine Klärung des Spannungspotentials des Unfallfahrzeuges sowie eine Untersuchung der einzelnen Kabel. Selbst wenn ein Sachverständiger eine Bilux-Birne untersuchte und zu dem Ergebnis kommt, diese Birne habe einen Kaltbruch durchgemacht, ist abzuklären, wie er zu diesem Ergebnis kommt. Stand ihm kein Rasterelektronenmikroskop zur Verfügung, kann eine Untersuchung mit diesem Rasterelektronenmikroskop, wie es beim **Bundeskriminalamt** vorhanden ist, ein überlegenes Forschungsmittel darstellen[36]. Schließlich bleibt noch der Hinweis darauf, daß das Gesetz keine Vorschrift enthält, wann ein Beweisantrag zu stellen ist. Ein Beweisantrag kann nicht mit der Begründung abgelehnt werden, er sei überraschend oder zu spät gestellt worden. Selbst nach Schluß der Beweisaufnahme, ja sogar noch nach der Urteilsberatung bis zum Beginn der Urteilsverkündung können Beweisanträge gestellt werden.

6.4. Vor dem Abschluß der Beweisaufnahme

muß sich der Verteidiger darüber klar werden, ob alle wichtigen Tatsachen, die zugunsten seines Mandanten sprechen oder sprechen könnten, ordnungsgemäß in das Verfahren eingeführt wurden. Es ist also nun Bilanz zu ziehen und notfalls das umgehend nachzuholen, was bis dahin versäumt wurde. Steht eine Verfahrenseinstellung noch zur Diskussion, sollte spätestens zu diesem Zeitpunkt erneut der Antrag an das Gericht gestellt werden, nunmehr das Verfahren einzustellen. Dieser Antrag kann kurz begründet werden. Selbst wenn das Gericht diesen Antrag ablehnt, ergeben sich mitunter aus der Begründung dieser Ablehnung wichtige Anhaltspunkte für das weitere Vorgehen der Verteidigung.

Bevor das Gericht die Beweisaufnahme schließt, muß der Anwalt die Chancen seines Mandanten bereits zutreffend bewerten können. *Traver* behauptet zwar, daß ein Anwalt, der seinen Fall mitten im Prozeß abzuschätzen sucht, einem betrogenen Ehemanne gleiche, nicht selten sei er der letzte, dem die

---

35 *Frei/Sulzer*, Rekonstruktion des Beleuchtungszustandes bei Unfallfahrzeugen, Kriminalistik 1971, 291.
36 *OLG Karlsruhe*, Beschl. vom 22. 9. 1975, VRS 50, 47.

6 Hauptverhandlung

wahre Sachlage aufgehe[37]. In Verkehrsstrafsachen sollte dem Strafverteidiger jedenfalls spätestens bei Schluß der Beweisaufnahme klargeworden sein, ob sein Mandant verurteilt oder freigesprochen wird.

6.5. Plädoyer

88 Ob ein Plädoyer das Gericht so zu beeindrucken vermag, daß der Richter sich zu einem Freispruch veranlaßt sieht, obwohl er eigentlich während der Verhandlung immer mehr den Eindruck gewann, der Angeklagte sei schuldig und demgemäß zu verurteilen, wird keine juristische oder psychologische Untersuchung je ergeben. Allenfalls kann man ganz allgemein festhalten, daß wohl davon auszugehen sein wird, daß die Mitwirkung des Verteidigers im Verfahren überhaupt in einem bestimmten Prozentsatz der Fälle für den Angeklagten kein Nachteil war. So wissen wir aus einer englischen Untersuchung, daß der Haftstrafenanteil von Angeklagten ohne Verteidiger gegenüber solchen, die mit einem Verteidiger vor dem Einzelrichter auftraten, erhöht war[38].

Bei Berufungen sieht das wohl anders aus.

89 Nicht nur die Juristen, auch die Laien, haben unterschiedliche Auffassungen von der Möglichkeit und den Grenzen der **Wirkung eines Plädoyers**. Wie effizient der Verteidiger tatsächlich arbeitet, zeigt die empirische Untersuchung von *Mikinovic/Stangl*[39]:

Der Verteidiger kann nicht dringend genug vor einer Fehleinschätzung seiner eigenen Effizienz gewarnt werden. *Hassemer* wertete 120 Strafbefehlsakten des *AG Heidelberg* aus und kam zu dem Ergebnis, daß die Verteidigung bei der Strafzumessung keine nachweisbare positive Rolle spielte[40].

Nicht alles, was der Verteidiger oder gar sein Mandant wunderbar findet, wird auch von dem Gericht so aufgenommen!

Der Verteidiger in einer Verkehrsstrafsache ist gut beraten, wenn er während der Hauptverhandlung alle notwendigen Schritte unternimmt, um das Urteil

---

37 *Traver*, Anatomie eines Mordes, Ullstein, 1977, S. 248.
38 The Unrepresented Defendant in Magistrates Courts, London 1971, S. 35.
39 *Mikinovic/Stangl*, Strafprozeß und Herrschaft, Luchterhand, 1978, 129 ff.
40 *Hassemer*, Art und Gewicht der Bestimmungsgründe richterlicher Sanktionsentscheidungen bei Strafsachen nach § 316 StGB, MMW, 69. Jg., 1/1986, 21 ff.

zu erreichen, das er bzw. sein Mandant anstrebt. Die Hoffnung auf das Plädoyer zu setzen, ist vergeblich. Was nicht innerhalb der Beweisaufnahme von der Verteidigung vorgebracht werden konnte, kann im Plädoyer nicht mehr nachgeholt werden. Allenfalls bei schwierigen Rechtsfragen kann der Verteidiger im Plädoyer seine Rechtsauffassung anhand geeigneter Rechtsprechungsnachweise darlegen, obwohl es sicher sinnvoller ist, zu schwierigen Rechtsfragen spätestens im Zwischenverfahren schriftlich unter Auseinandersetzung mit dem Schrifttum und der Rechtsprechung Stellung zu nehmen.

Lächerlich wirkt die Beendigung des Pädoyers mit den theaterhaften Danksagungen („Ich bedanke mich bei Gericht für die Aufmerksamkeit, mit der es meinen Ausführungen folgte", oder noch kürzer: „Danke!"). Derartige unverbindliche Floskeln haben auch am Ende eines Plädoyers nichts zu suchen.

6.5.1. Ziel: Freispruch

Geht der Weg der Verteidigung in Richtung **Freispruch** und beantragt der Staatsanwalt den Freispruch des Angeklagten, sollte es sich der Verteidiger nicht immer einfach machen und sich nur mit einem lapidaren Satz den Ausführungen der Staatsanwaltschaft anschließen. Man kann in solchen Fällen die Stimmung abtasten und dem Gericht etwa die Frage vorlegen, ob das an sich beabsichtigte längere Plädoyer tatsächlich gehalten werden muß oder ob es genügt, wenn sich die Verteidigung der Auffassung der Staatsanwaltschaft anschließt. Reagiert das Gericht auf eine derartige Frage nicht, wird es möglicherweise die Auffassung der Staatsanwaltschaft nicht teilen. Dann wird es notwendig, von seiten der Verteidigung weitere Gründe anzuführen, die für den Freispruch des Mandanten streiten. Obwohl es in Verkehrssachen vor dem Amtsgericht verpönt ist, längere Rechtsausführungen zu machen, empfiehlt es sich in einer derartigen Situation, nunmehr die Rechtsprechung daraufhin zu überprüfen, ob sich etwa im LSE[41] weitere Leitsätze aus der höchstrichterlichen Rechtsprechung für die Rechtsauffassung der Verteidigung finden lassen. Die wichtigsten Fußangeln der StVO müssen selbstverständlich beherrscht werden. Etwa Regeln über „die halbe Vorfahrt", das Fahren auf Sicht, die Relativität zulässiger Höchstgeschwindigkeiten, die jeweils nur unter günstigsten Umständen gelten oder die Überbürdung der Verantwortung für Abbiege- oder Wendemanöver. Die in der Rechtsprechung bzw. im Gesetz enthaltenen Ausnahmen zu bestimmten

---

41 LSE = Lexikon straßenverkehrsrechtlicher Entscheidungen, E. Schmidt Verlag, Berlin.

6 Hauptverhandlung

Grundsätzen müssen ebenfalls parat sein. Das ist sicherlich nicht mit einem Wochenendstudium der materiellen Vorschriften der StVO zu schaffen. Hier sollte zumindest auf die jeweilige Hauptverhandlung hin eine intensive Vorbereitung erfolgen, die es dem Anwalt erlaubt, in der Hauptverhandlung abzuschätzen, ob seine Auffassung, wonach ein Freispruch die Hauptverhandlung beenden werde, tatsächlich begründet ist, oder ob es sich hier nur um Wunschdenken handelt.

Steht ein Freispruch ins Haus, kann man auch schon einmal ins Plädoyer ein Bonmot einfließen lassen; es muß ja nicht unbedingt der Hinweis auf *Qualtingers* „Der Papa wird's schon richten"[42] sein. Den Hinweis auf etwaige Justizskandale und Ausflüge in die Literatur sollte man dann tunlichst unterlassen, wenn man nicht sicher weiß, wie der Richter auf derartig ungewöhnliche Art des Plädierens reagiert. So kann ich selbst nur Negatives davon berichten, als ich einmal im passenden Zusammenhang meinte, *Orwell* zitieren zu müssen mit seinem bekanntgewordenen Satz: „Alle Tiere sind gleich, aber einige Tiere sind gleicher als andere"[43]. Das Ergebnis wäre wohl genauso niederschmetternd gewesen, wenn ich die englische Fassung[44] zitiert hätte. In diesem Zusammenhang fällt mir die Warnung *Beradts*[45] ein, wonach es dem Angeklagten niemals nützt, wenn er seine geistige Überlegenheit zeigt. *Beradt* meint, man solle sich eher dumm stellen, denn klug, sollte eher die Ansichten vertreten, die herrschend sind als seine eigenen, niemals aber und bei keiner Gelegenheit Sonderregungen nachgeben, wie der Neigung zu einem verächtlichen Aufwerfen der Lippen, einer manierierten Sprechweise oder herausfordernden Gebärden. Zwar bezieht *Beradt* sich auf den Angeklagten, jedoch gilt dies auch mehr oder weniger für das Verhalten des Verteidigers.

Die schwierige Frage, welchen Antrag der Verteidiger stellen soll, wenn er der Auffassung ist, der Mandant müsse freigesprochen werden, während die Staatsanwaltschaft die Auffassung vertritt, es komme nur eine Verurteilung in Betracht, wird mir so in der Praxis beantwortet, daß ich in derartigen Fällen zunächst zu den Ausführungen der Staatsanwaltschaft zum Strafmaß Stellung nehme und damit beginne, daß das Strafmaß zur Erörterung gestellt wird, falls die Auffassung der Staatsanwaltschaft richtig wäre, wonach der

---

42 *Qualtingers* beste Satiren, Fischer TB, 1976, S. 60 ff.
43 *Orwell*, Farm der Tiere, Diogenes TB 63, 1974, S. 137.
44 „All animals are equal but some animals are more equal than others", Penguin Books, S. 114.
45 *Beradt*, Der Richter, Frankfurt, 1909, S. 46; so auch bezüglich der Behandlung von Rechtsfragen im Plädoyer: *Dahs*, Das Plädoyer des Strafverteidigers, AnwBl. 1959, S. 11–13 (Ziff. 14).

Angeklagte verurteilt werden müßte. Dann kann man ganz kurz die einzelnen Strafzumessungserwägungen ansprechen. Daran anschließend muß aber der eigene Standpunkt des Verteidigers klar herausgestellt werden, daß aus den darzulegenden Gründen ein Freispruch erfolgen muß. Ein hilfsweiser Antrag zum Strafmaß verrät m. E. nur die Schwächen der Verteidigung.

6.5.2. Ziel: Milde Strafe

Ist der Freispruch unerreichbar, muß sich das Plädoyer auf die mildeste Form der Strafe erstrecken, die im konkreten Fall zu erreichen sein wird. Grunderfordernis für ein sachgerechtes Plädoyer in dieser Richtung ist allerdings die Kenntnis der Strafzumessungserwägungen des jeweiligen Gerichtes einschließlich des zugehörigen Obergerichtes. Der Berliner Generalstaatsanwalt *Schultz* hat einen ausgezeichneten Überblick über die Strafantragspraxis der Staatsanwaltschaft in den einzelnen OLG-Bezirken verfaßt[46]. Zwar bezieht sich diese Zusammenstellung nur auf Trunkenheitsdelikte, indes erfährt man, wie der folgenlose Ersttäter (im OLG-Bezirk Saarbrücken: Geldstrafe von 30 Tagessätzen, Fahrerlaubnisentziehung 6–9 Monate), der Wiederholungstäter im ersten Rückfall innerhalb von weniger als drei Jahren (OLG-Bezirk Saarbrücken: Freiheitsstrafe 1–3 Monate mit Bewährung, Fahrerlaubnisentzug 12 Monate), der Wiederholungstäter im ersten Rückfall, der länger als drei Jahre nach der Erstverurteilung erfolgt (OLG-Bezirk Saarbrücken: Geldstrafe 60 Tagessätze, Fahrerlaubnisentzug 12 Monate) und der Mehrfach-Wiederholungstäter (OLG-Bezirk Saarbrücken: Strafe ohne Bewährung, Fahrerlaubnisentzug ab 24 Monate) behandelt wird.

Warum sich allerdings im Bereich des Landgerichts Hamburg die Praxis herausbildete (sie soll sich sogar bewährt haben), dem Ersttäter in der Regel die Fahrerlaubnis für die Dauer eines Jahres zu entziehen[47] und nur in Ausnahmefällen kürzere Sperrfristen zu verhängen, müßte einmal näher untersucht werden. Vielleicht gehen die Wurzeln dieser Rechtsprechung noch in die Zeit der rigorosen Hamburger Strafvollstreckungspraxis zurück, die (im Gegensatz etwa zur Berliner Praxis) in den 50er und 60er Jahren Alkoholsünder mit kurzfristigen Freiheitsstrafen belegte, die grundsätzlich auch zu verbüßen waren[48].

---

46 *Schultz*, Strafmaß bei Trunkenheitsdelikten im Straßenverkehr, BA Vol. 14 (1977), 307 ff.
47 Dazu ausführlich: *LG Hamburg*, Urteil vom 17. 1. 1985, BA, Vol. 22/1985, S. 334. Ähnlich ist übrigens die Praxis auch in Kiel, Bremen, Hannover, Wiesbaden und Mainz (vgl. *Suhren* in VGT 89, 141).
48 *Middendorff*, Strafzumessung, in: Deutscher Verkehrsgerichtstag 1963–1982, Hamburg 1982, 113 ff.

6 Hauptverhandlung

Wer seinen eigenen Gerichtssprengel verläßt und vor einem auswärtigen Gericht plädiert, sollte diese Zusammenstellung lesen, um zu wissen, auf welchem Terrain er sich bewegt. Die meist älteren Untersuchungen zur Strafzumessungspraxis bei Trunkenheitsdelikten[49] sind nur noch bedingt brauchbar. Eine aktuelle Literatur zu Strafzumessungserwägungen bei der fahrlässigen Tötung oder der Unfallflucht existiert leider nicht. Die Erfahrung geht aber dahin, daß die Unfallflucht-Strafe von der Höhe des Fremdschadens abhängt. In der Regel wird eine Geldstrafe verhängt. Die Entziehung der Fahrerlaubnis setzt voraus, daß der Fremdschaden sich in einer Größenordnung von 1200,– DM und mehr bewegt. Fremdschaden zwischen 300,– und 1200,– DM führt zu einem Fahrverbot von 1–3 Monaten. Bei der fahrlässigen Tötung wird grundsätzlich eine Geldstrafe verhängt, es sei denn, der Fall weise Besonderheiten auf, etwa die Trunkenheit. Zum Entzug der Fahrerlaubnis kommt es bei der fahrlässigen Tötung im Regelfall nicht.

Im Gegensatz zur allgemeinen Kriminalität haben sich gewisse Straftaxen im Verkehrsstrafrecht entwickelt, die jedoch je nach Einzelfall über- oder unterschritten werden. Zwar gilt noch nach wie vor der böse Satz von *Weber*: „Die Strafzumessung ist ein Glücksspiel!"[50], indes führt diese Erkenntnis im konkreten Fall nicht weit. Wichtiger ist es für den Verteidiger zu wissen, wann mit einer Geld- bzw. Freiheitsstrafe zu rechnen ist. Bei der Geldstrafe ist das Tagessatzsystem anzuwenden (§ 40 StGB). Die Kommentierung bei *Dreher/Tröndle*[51] reicht für den Normalfall eines Straßenverkehrsdeliktes aus. Ist der Mandant nicht in der Lage, die gegen ihn festzusetzende Geldstrafe auf einmal zu zahlen, sollte bereits im Plädoyer um Ratenzahlung (§ 42 StGB) gebeten werden.

Bei den allgemeinen Strafzumessungserwägungen (§ 46 StGB) wird in Straßenverkehrssachen den objektiven Tatfaktoren ein besonderes Gewicht beizumessen sein. So muß die Basiskenntnis darüber vorhanden sein, ob es sich bei dem Einzelfall um einen seltenen Verkehrsunfall handelt, dessen Einzelheiten dazu führen, die Strafzumessungserwägungen entscheidend zu beeinflussen. Ein Vergleich mit sonstigen Fahrlässigkeitsdelikten (etwa im Bereich des Handwerks) ist häufig angebracht und zeigt, daß bei Nichtbeachtung der im Beruf erforderlichen Sorgfalt die Gerichte häufig milde Urteile fällen[52].

---

49 *Kaiser*, Verkehrsdelinquenz und Generalprävention, Tübingen, 1970, S. 400 ff., insbesondere Fußnote 209.
50 *Weber*, Die Bedeutung der Kriminologie für die Strafrechtspflege, Vortrag 1960 in Freiburg.
51 § 40 Anm. 1–28.
52 *Civis*, Was kostet eine fahrlässige Tötung, Kriminalistik 1963, 110.

Eine milde Strafe wird erstrebt 6

Daß Kraftfahrer häufig durch Mängel der Straßenführung, der Beschilderung, der optischen und meteorologischen Gegebenheiten eine gegebene Situation falsch einschätzen[53], kann ebenfalls ein entscheidendes Kriterium für das Ausmaß des Verschuldens sein.

Bei der fahrlässigen Tötung wird es sicher eine Rolle spielen, ob das Opfer unmittelbar nach der Einlieferung in das Krankenhaus, nach 30 Tagen oder erst nach sechs Wochen starb[54]. Für die Strafzumessung kann es schon von Bedeutung sein, ob ein im Fahrzeug des Angeklagten mitfahrender Freund getötet wurde oder ob das Opfer ein Fußgänger war, der auf dem Bürgersteig angefahren wurde. Die Kenntnis des bei dem Unfall getöteten Mitfahrers von der Trunkenheit des Autofahrers begründet mit Sicherheit ein geringeres Sühneinteresse, denn die freiwillige und selbstverantwortliche Inkaufnahme eines Risikos muß dem Angeklagten bei der Gesamtabwägung letztlich zugutekommen[55]. Ob sich der Mandant um das Unfallopfer oder um die Hinterbliebenen kümmern soll, ist eine oft erörterte Frage. Sie ist sicher nur von Fall zu Fall zu entscheiden, je nach dem, ob auf seiten des Opfers oder der Hinterbliebenen Verständnis für die Situation des Mandanten vorhanden ist oder aber, ob von dieser Seite her dem Mandanten eisige Ablehnung entgegengebracht wird. Daß sich der Angeklagte nicht ausreichend um die Hinterbliebenen kümmert, kann nicht zu seinen Ungunsten berücksichtigt werden[56]; wenn er sich aber, wie es gelegentlich anzutreffen ist, gar rührend um die Verletzten oder die Hinterbliebenen kümmert, dürfte dies sicherlich ein Strafmilderungsgrund sein. In 43 Berufsjahren erlebte ich es sogar einmal, daß sich ein Angeklagter nicht nur rührend um das von ihm angefahrene junge Mädchen kümmerte, sondern es schließlich auch heiratete. Im Verfahren vor dem Jugendgericht kann schon einmal die Bemerkung gemacht werden, daß es angebracht sei, auch daran zu denken, daß eigentlich der Angeklagte den einen Teil aber den anderen Teil der Strafe dessen Vater verbüßen müsse. Ganz so abwegig ist dieser Gedanke nicht, denn in den USA zahlen die Eltern die Kosten für den Gefängnisaufenthalt ihrer mißratenen

---

53 *Undeutsch*, Ergebnisse psychologischer Untersuchungen am Unfallort, Opladen, 1962, untersuchte 200 Unfälle und kommt u. a. zu dem Ergebnis, daß 22% der Unfälle auf eine falsche Einschätzung der Geschwindigkeit und Entfernung anderer Fahrzeuge, 18% auf Fehlschlüsse aus dem Verhalten anderer Verkehrsteilnehmer und 16% auf eine Ablenkung der Aufmerksamkeit zurückzuführen sind.
54 *Händel*, Über die zeitlichen Zusammenhänge zwischen Unfall und Tod, DZgerichtlMed. 55 (1964), 187; *Roxin* in: *Gallas*-Festschrift, 1973, S. 253. Bei *Händel*, Schwächen der Verkehrsunfallstatistik, NZV 1991, 61, finden sich weitere Literaturhinweise.
55 So auch *OLG Karlsruhe*, Urteil vom 7. 3. 1974, NJW 1974, 1007; *OLG Hamm*, Urteil vom 23. 4. 1970, NJW 1970, 1614.
56 *BGH*, Beschluß vom 4. 4. 1971, VRS 40, 418.

6 Hauptverhandlung

Kinder. Diese Maßnahme wird damit begründet, daß der Staat ja nur stellvertretend für die Eltern die Kinder erziehe, da es sich folglich um einen Erziehungsnotstand handele, der von den Eltern verschuldet wurde.

Eine fahrlässige Tötung, bei der kein Alkohol mit im Spiel war, wird in der Regel mit einer Geldstrafe geahndet werden. Treten indes erschwerende Umstände hinzu (z. B. mangelhafter Zustand des Fahrzeuges, besonders schwierige Verkehrsverhältnisse, grobe Fahrlässigkeit, Trunkenheit), wird in der Regel eine Freiheitsstrafe, möglicherweise sogar ohne Bewährung, zur Diskussion stehen. Dies gilt insbesondere dann, wenn der Angeklagte bereits einschlägig vorbestraft ist.

Wenn die Möglichkeit einer Bewährungsstrafe bei einer Alkoholfahrt zu prüfen ist, sollte der Verteidiger die von *Molketin* (Zur Verteitigung der Rechtsordnung bei folgenschweren Trunkenheitsfahrten, NZV 1990, 289) stammende Zusammenstellung der Rechtssprechung (bis 1990) nachlesen. Zwei Entscheidungen, die *Molketin* nicht berücksichtigen konnte, sind wichtig:

1. *OLG Stuttgart* (Beschluß vom 17. 7. 1990, NZV 1991, 80): Die Entscheidung verneint eine Strafaussetzung zur Bewährung bei einer fahrl. Tötung im Zusammenhang mit Trunkenheit am Steuer (0,89‰) trotz 38-jähriger Fahrerfahrung des Angeklagten.

2. *OLG Hamm* (Urteil vom 25. 11. 1992, VRS 1985, 190): Das Urteil verneint ebenfalls eine Bewährungsstrafe nach einer Trunkenheitsfahrt (1,25‰) und überhöhter Geschwindigkeit (160 km/h) auf der BAB. Das Urteil erstaunt nicht, da der Angeklagte zwei einschlägige Vorstrafen hatte. Auf die Revision der Staatsanwaltschaft änderte der Senat das angefochtene Urteil selbst ab und verzichtete auf eine Zurückverweisung!

In Verkehrssachen spielte die Verwarnung mit Strafvorbehalt (§ 59 StGB) bis zum Jahr 1984 deshalb keine Rolle, weil Rechtsprechung und Literatur die Auffassung vertraten, die Vorschrift des § 59 StGB sei auf Verkehrsdelikte nicht anwendbar. Diese Rechtsauffassung bezeichnen zwei Entscheidungen des *OLG Zweibrücken*[57] mit Nachdruck als rechtsirrig. Nunmehr vertritt

---

57 Beschluß vom 13. 7. 1983, VRS 66, 196 und Beschluß vom 24. 11. 1983, VRS 66, 198. Der erste Beschluß vom 13. 7. 1983 behandelt den Fall, daß das Berufungsgericht an sich gem. § 153a Abs. 2 StPO einstellen wollte, aber durch die verweigerte Zustimmung der StA daran gehindert wurde. Der zweite Fall ist ein Rückläufer in der Revision, in dem sich die kleine Strafkammer zu Unrecht darauf berief, der Gesetzgeber habe Straßenverkehrssachen von der Regelung des § 59 StGB ausnehmen wollen.

das *OLG Düsseldorf*[58] einen vermittelnden Standpunkt: Danach gilt § 59 StGB auch bei leichten Verkehrsdelikten, hat aber Ausnahmecharakter und ist in der Praxis wegen der wesentlich elastischeren Verfahrensweise des § 153a StPO entbehrlich. Nach *OLG Düsseldorf* muß nicht in jedem Fall die Vorschrift des § 59 StGB geprüft werden, d.h. eine fehlende Prüfung liefert keinen Revisionsgrund. Wenn allerdings ausdrücklich ein Antrag gem. § 59 StGB gestellt wurde und der Verteidiger zudem die Protokollierung dieses Antrages beantragt, wird das Gericht an einer Prüfung des § 59 StGB nicht vorbeikommen. Die Gerichte weichen gelegentlich gerne auf § 59 StGB aus, wenn die Staatsanwaltschaft dem Vorschlag des Gerichts, ein Verfahren gem. § 153a StPO einzustellen, nicht folgt. Dem Mandanten muß diese „halbe Verurteilung" mit dem Hinweis auf § 4 Ziff. 3 BZRG (d.h. zwar Eintrag im Bundeszentralregister, aber keine Aufnahme in das Führungszeugnis, vgl. § 32 Abs. 2 Ziff. 1 BZRG) eingehend erläutert werden.

Dem **Zeitablauf** kommt im Rahmen der Strafzumessung eine besondere Bedeutung zu. Dies gilt auch im Zusammenhang mit der Frage, ob bedingte Strafaussetzung bewilligt werden kann oder nicht. Ein Musterbeispiel für die Berücksichtigung der Verfahrensdauer stellt die Entscheidung des *BayObLG* vom 25. 4. 1985 dar[59].

Das Amtsgericht hatte nach einer Trunkenheitsfahrt mit fahrlässiger Tötung den Angeklagten zu einem Jahr und sechs Monaten mit Bewährung verurteilt. Die Revision führte zur Zurückverweisung und erneuten Verurteilung durch das Amtsgericht, das nunmehr die Strafe auf ein Jahr festsetzte, aber die Bewährung versagte. Dagegen erfolglose Berufung und erneute Revision. Zwischen Tatbegehung und letztem tatrichterlichem Urteil verstrichen mehr als 4½ Jahre. Warum das so war, läßt sich anhand der mitgeteilten Daten kaum nachvollziehen. Entgegen der Auffassung der Berufungsinstanz ging aber der Senat davon aus, daß die lange Verfahrensdauer von 4½ Jahren nicht nur bei der Strafzumessung, sondern auch bei der Frage der Strafaussetzung zur Bewährung eine wesentliche Rolle spiele.

Der Zeitablauf spielt eine besondere Rolle bei der Tilgung von Vorstrafen im Strafregister bzw. von Eintragungen im Verkehrszentralregister in Flensburg. Daher sollten die Vorschriften der §§ 45 ff. des BZRG ebenso wie § 13a StVZO jedem Strafverteidiger geläufig sein.

---

58 Urteil vom 15. 5. 1984, VRS 68, 263. Daß man hier auch anderer Auffassung sein kann, hat *Dencker* (Ein Plädoyer für § 59 StGB, StV 1986, 399) ausführlich begründet.
59 BA Vol. 22, 1985, 410 (= VRS 69, 283) mit ausführlicher Anmerkung von *Middendorff*.

6 Hauptverhandlung

Bei wiederholten Trunkenheitsdelikten steht die kurzfristige Freiheitsstrafe unter 6 Monaten im Raum, die unter den besonderen Bedingungen des § 47 StGB verhängt werden kann. Hier muß der Verteidiger darauf hinweisen, daß die Verteidigung der Rechtsordnung nicht generell die Verhängung einer kurzfristigen Freiheitsstrafe bei wiederholter Trunkenheitsfahrt gebietet. Zwar handelt es sich dann um den Regelfall, Ausnahmen sind jedoch möglich (*OLG Hamm*, DAR 1972, 244). Bei einer Freiheitsstrafe von über 6 Monaten kann das Gericht unter den Voraussetzungen des § 56 III StGB die Strafaussetzung zur Bewährung versagen. Hier muß der Verteidiger geltend machen, daß nach der Rechtsprechung die Möglichkeit der Strafaussetzung zur Bewährung nicht schlechthin für bestimmte Gruppen von Straftaten ausgeschlossen ist und daß das auch und gerade bei Trunkenheitsdelikten gilt, selbst eine Trunkenheitsfahrt mit tödlichem Ausgang kann deshalb beim nicht vorbestraften Angeklagten zu einer Freiheitsstrafe mit Bewährung führen (*BGH*, NZV 1989, 400).

Wer sich noch gründlicher über Strafzumessungsprobleme in Verkehrssachen informieren will, sei auf das einschlägige Literaturangebot verwiesen[60]; der dicke Wälzer von *Bruns*[61] wird zwar als Standardwerk der Strafzumessung gepriesen, indes enthält er, abgesehen von ein paar Rosinen für den Praktiker, unendlich viel theoretischen Ballaststoff. Was leider auf dem Markt fehlt, ist ein kurzgefaßtes Kompendium der in Verkehrsstrafsachen anzustellenden Strafzumessungserwägungen, kombiniert mit einer Übersicht über die Strafzumessungspraxis der einzelnen Gerichtsbezirke in Verkehrsstrafsachen.

Zu empfehlen bleibt, so kurz und prägnant wie möglich zu plädieren, das Plädoyer in freier Rede zu halten, also nicht vom Blatt abzulesen, wie es leider gelegentlich zu beobachten ist[62].

Nicht nur aus Gründen der Höflichkeit dem Gericht gegenüber, auch auf Grund der Fürsorge- und Betreuungspflicht dem Mandanten gegenüber sollte der Verteidiger (im übrigen nicht nur in Verkehrsstrafsachen) nicht nur

---

60 *Dreher/Tröndle*, Anm. 2 zu § 46 StGB.
61 Strafzumessungsrecht, 2. Aufl., 1974; übersichtlicher: *Bruns*, Das Recht der Strafzumessung, 2. Aufl., 1985.
62 Vielleicht ist die Verkümmerung der Kunst der freien Rede insbesondere im parlamentarischen Bereich, daran schuld. So war nach der Geschäftsordnung des Kaiserlichen Reichstages, also bis 1918, Ablesen strikt untersagt; Ausnahmebestimmungen galten nur – eine Session lang – für die des Deutschen noch nicht so mächtigen Abgeordneten aus Elsaß-Lothringen.

warten, bis das Gericht erscheint, um das Urteil zu verkünden, er sollte auch nach der Verkündung des Urteilstenors im Sitzungssaal bleiben[63]. Der von *Molketin*[64] geäußerte Optimismus, man könne gar während der Urteilsverkündung noch aktiv in das Prozeßgeschehen eingreifen, mag allerdings nur in Ausnahmefällen begründet sein, wie etwa im Falle der beiden Berliner Gynäkologen. Im September 1984 wurden sie wegen Vergewaltigung zu Haftstrafen von je zwei Jahren und drei Monaten verurteilt. Der BGH hob diese Entscheidung mit einem Beschluß auf, der wegen seiner lapidaren Kürze besticht[65]. Die Verteidiger hatten **während der Urteilsverkündung** einen weiteren Hauptbeweisantrag gestellt, den das Gericht dann allerdings falsch beschieden hatte.

Jugendliche und **Heranwachsende** sind grundsätzlich anders zu verteidigen als Erwachsene[66]. Ein etwaiges Mitverschulden des Unfallgegners spielt erfahrungsgemäß bei der Schuldfeststellung keine Rolle. Daher kann auf Zeugen und Sachverständige verzichtet werden, soweit sie nur für ein etwaiges Mitverschulden des Geschädigten von Bedeutung sein könnten. Wie bereits erwähnt (vgl. oben Rn. 60), kommt im Jugendrecht dem Geständnis eine besondere Bedeutung zu. Bei Fahrlässigkeitsdelikten dürfen selbst schwere Tatfolgen nicht überbewertet werden, da diese schweren Tatfolgen die Frage nach der Schwere der Schuld nicht beantworten. Eine fahrlässige Tötung, auch bei hohen Blutalkoholwerten, führt in der Regel nicht zur Verhängung einer Jugendstrafe unter dem Gesichtspunkt der Schwere der Schuld gemäß § 17 Abs. 2 JGG. Daß eine Jugendkammer in einem solchen Fall eine Jugendstrafe von einem Jahr sechs Monaten verhängt, stellt eine Ausnahme dar, die zudem in der Revision keinen Bestand hatte[67].

---

63 Seine Abwesenheit (und die des Angeklagten) bei Verkündung der Urteilsgründe stellt in der Regel keinen Revisionsgrund dar (*BGHSt* 15, 263). Etwas anderes gilt nur dann, wenn ein Schuldspruch wegen eines Verbrechens möglich ist. Dann liegt der Fall der notwendigen Verteidigung vor (§ 140 Abs. 1 Nr. 2 StPO), so daß die Anwesenheit des Verteidigers bei der Urteilsverkündung notwendig wird (*OLG Oldenburg*, Beschl. v. 27. 12. 1994, StV 95, 345).
64 *Molketin*, Die Anwesenheit des Verteidigers während der Urteilsverkündung im Strafverfahren, AnwBl. 1983, 254.
65 *BGH*, Beschl. vom 23. 7. 1985, StV 1985, 398; vgl. auch die Prozeßberichte von *Gerhard Mauz*, „Spiegel" vom 13. 8. und 17. 9. 1984.
66 Ausführlich dazu: *Kahlert*, Verteidigung in Jugendstrafsachen, 2. Auflage, 1986.
67 *BayObLG*, Beschluß vom 9. 4. 1984, VRS 67, 121; dazu auch Anmerkungen von *Böhm*, StV 1985, 156; *AG Dillenburg*, NStZ 1987, 409 m. Anm. *Böhm* und *Eisenberg*. Generell gegen Jugendstrafe bei Fahrlässigkeitsdelikten: *Ostendorf*, Kommentar zum JGG, § 17 Rdnr. 6. Insgesamt zur Jugendstrafe wegen Schwere der Schuld bei Fahrlässigkeitsdelikten s. *Schaffstein/Beulke*, Jugendstrafrecht, 12. Aufl., S. 120.

6 Hauptverhandlung

Bei jugendlichen und heranwachsenden Tätern sollte stets besonders sorgfältig geprüft werden, ob vorausgegangener Alkoholgenuß, der zu BAK-Werten von mehr als 2‰ führte, wegen mangelnder Trinkerfahrung und -gewöhnung nicht dazu führt, daß die Voraussetzungen der Schuldunfähigkeit (§ 20 StGB) erfüllt werden.

Die Entziehung der Fahrerlaubnis ist nicht zwingend im Jugendrecht vorgeschrieben, sie steht gem. § 7 JGG im Ermessen des Gerichts, jedoch ist in jedem Einzelfall die charakterliche Eignung des Jugendlichen zu prüfen[68]. Selbst wenn die Entziehung der Fahrerlaubnis entbehrlich sein sollte, kann desungeachtet immer noch ein Fahrverbot verhängt werden.

---

68 Urteil des *LG Oldenburg* vom 30. 10. 1984, BA, Vol. 22/1985, 186.

7. Kostenprobleme nach einem Urteil

Bei einer Verfahrenseinstellung durch die Staatsanwaltschaft gibt es keine Kostenprobleme, da keine Kostenentscheidung ergeht. Der Beschuldigte trägt seine Auslagen selbst, während die Kosten des Verfahrens von der Staatskasse zu tragen sind[1]. Kommt es zu einem Urteil (im Strafbefehlsverfahren gilt dasselbe wie bei einem Verfahrensende durch Beschluß), so hat das Gericht gemäß § 464 StPO im Urteil eine Entscheidung über die Kosten und Auslagen zu treffen. Entscheidend ist das **Veranlassungsprinzip**. Danach hat der Angeschuldigte die Auslagen der Staatskasse ebenso wie seine eigenen notwendigen Verfahrensauslagen zu tragen, die durch seine Tat veranlaßt wurden. Wer verurteilt wird oder einer Straftat schuldig befunden wurde (nur Verwarnung mit Strafvorbehalt, Absehen von der Strafe), trägt die Kosten. Umgekehrt hat die Staatskasse nach dem Veranlassungsgrundsatz die Kosten zu übernehmen, wenn das Gericht die Unschuldsvermutung nicht zu widerlegen vermochte und der Angeklagte freigesprochen wird.

92

7.1. Kostenpflicht bei Teil-Freispruch

Die Verfahrenskosten des freigesprochenen Angeklagten fallen ebenso wie die notwendigen Auslagen der Staatskasse zur Last (§ 467 Abs. 1 StPO; **Muster eines Antrags auf Kostenfestsetzung** s. unten Rdnr. 128). Auf die Ausnahmen von dieser Regel (§ 467 Abs. 2 u. 3 StPO) sei hingewiesen, obwohl sie in der Praxis nur eine geringe Rolle spielen. Bedeutsam werden kann die Vorschrift des § 465 Abs. 1 StPO, wonach bei einem **Teil-Freispruch** die Kosten des Verfahrens ebenso wie die notwendigen Auslagen des Angeklagten in dem Ausmaß der Staatskasse aufzuerlegen sind, soweit der Angeklagte freigesprochen wurde.

93

Nach der **Differenztheorie** wird bei einem Teil-Freispruch die Staatskasse mit allen Auslagen belastet, die durch die Aufklärung des Verfahrensgegenstandes entstanden sind, der dem Freispruch zugrundeliegt.

94

Obwohl die Praxis die Verfahrenskosten beim Teil-Freispruch quotelt, soll eine derartige Quotelung unzulässig sein. Entscheidend ist, ob sich die

---

1 *Schlüchter*, Rdnr. 851.3.

7 Kostenprobleme

Verteidigung etwa überwiegend gegen den Tatvorwurf richtete, der nicht zur Verurteilung führte. Aus der recht kargen Rechtsprechung:

Wird der Angeklagte nur wegen einer Verkehrsordnungswidrigkeit zu einer Geldbuße verurteilt, war er aber wegen einer fahrl. Straßenverkehrsgefährdung angeklagt, so kann der Staatskasse 4/5 der dem Angeklagten erwachsenen notwendigen Auslagen auferlegt werden (*OLG Celle*, MDR 1975, 165).

Hätte sich der Angeklagte gegen die Verkehrsordnungswidrigkeit nicht verteidigt, d. h. einen Bußgeldbescheid hingenommen und wurde der Verteidiger nur zur Verteidigung gegen den schwereren Vergehensvorwurf hinzugezogen, sind die gesamten notwendigen Auslagen des Angeklagten der Landeskasse aufzuerlegen (*LG Bremen*, MDR 1974, 422; *LG Kempten*, DAR 1974, 26; *LG Limburg*, AnwBl. 1973, 367).

Liegt der Schwerpunkt der Verteidigung in der Abwehr des Vorwurfs eines Verkehrsvergehens, kann der Staatskasse die Hälfte der notwendigen Auslagen des Angeklagten auferlegt werden (*OLG Schleswig*, AnwBl. 1976, 23); nach *LG München* (AnwBl. 1975, 451) sind in diesem Fall die gesamten Verteidigerkosten der Staatskasse aufzuerlegen.

Bei einem Teilerfolg der Rechtsmittelinstanz gelten die vorstehenden Ausführungen sinngemäß. Führt das Rechtsmittel zum vollen Erfolg, sind die notwendigen Auslagen des Angeklagten ebenso wie die Kosten des Rechtsmittels der Staatskasse aufzuerlegen (§ 473 Abs. 3 StPO). Der volle Erfolg mißt sich an dem Ziel, das der Rechtsmittelführer erstrebte. Auf den Musterantrag (Muster 9: Antrag des freigesprochenen Angeklagten auf Kostenfestsetzung) sei hingewiesen.

Wurde also unter Beschränkung der Berufung auf das Strafmaß lediglich die Herabsetzung der Tagessätze oder deren Höhe erstrebt und schließlich auch erreicht, so ist ein voller Erfolg des Rechtsmittels anzunehmen. Bei einem teilweisen Rechtsmittelerfolg hat das Gericht die Gebühr zu ermäßigen und die notwendigen Auslagen der Beteiligten teilweise oder auch ganz der Staatskasse aufzuerlegen.

7.2. Kostenverteilung nach dem Ermessensprinzip

95 Eine bei Gericht unbeliebte Vorschrift und auch bei manchem Kollegen unbekannte Regelung enthält § 465 Abs. 2 StPO. Danach kann das Gericht Kosten und notwendige Auslagen des Angeklagten ganz oder teilweise der Staatskasse auferlegen, wenn es unbillig wäre, den Angeklagten damit zu belasten. Die Kosten müssen durch Untersuchungen (Blutproben, Sachverständigengutachten pp.) ausgelöst werden, die zugunsten des Angeklagten

verlaufen. Kommt das Gericht bei einer fahrlässigen Tötung aufgrund eines Sachverständigengutachtens zu dem Ergebnis, daß ein erheblich mitwirkendes Verschulden beim Getöteten vorlag, so kann (nicht: muß!) eine Überbürdung der Kosten auf die Staatskasse erfolgen. Entscheidendes Kriterium ist, ob die besonderen Kosten nach dem Gesamtergebnis der belastenden und entlastenden Umstände ausgeschieden oder der Staatskasse auferlegt werden können.

Veröffentlichte Entscheidungen zu § 465 Abs. 2 Satz 3 StPO sind rar. Sie befassen sich im übrigen überwiegend mit Fällen aus dem Verkehrsstrafrecht. Aus der nicht sehr reichhaltigen Kostenrechtsprechung folgende Beispiele:

Die Kosten einer Blutprobe sind auch dann vom Verurteilten zu tragen, wenn das Ergebnis der Blutprobe negativ war (*AG Naila*, Beschluß vom 3. 12. 1962, KostRsprStPO, § 465, Nr. 3; so auch *LG Hannover*, Beschluß vom 6. 2. 1979, KostRsprStPO, § 465, Nr. 14).

Zu den Kosten des Verfahrens, die der Angeklagte zu tragen hat, gehören auch die im Ermittlungsverfahren entstandenen Kosten einer Blutuntersuchung, selbst wenn eine Verurteilung wegen Trunkenheit am Steuer nicht erfolgt ist, sondern nur wegen einer Verkehrsübertretung (*OLG Hamburg*, Urteil vom 15. 6. 1966, KostRsprStPO § 465, Nr. 11).

Anderer Auffassung ist das *LG Bremen* (Beschluß vom 28. 2. 1968, KostRsprStPO § 465, Nr. 16), das die Blutuntersuchungskosten dem Verurteilten nicht auferlegt, wenn das Ergebnis der Blutuntersuchung keinen Einfluß auf die Verurteilung gehabt hat.

Sind nach einem Verkehrsunfall von einem Verkehrssachverständigen Gutachten eingeholt worden, erfolgt die Verurteilung aber nur wegen Trunkenheit am Steuer, weil ein Verschulden an dem Unfall nicht nachweisbar ist, hätten die Kosten des Verkehrssachverständigen in dem Urteil der Staatskasse auferlegt werden müssen (*LG Wuppertal*, Beschluß vom 17. 7. 1971, KostRsprStPO § 465, Nr. 33). Die Anmerkung von *Schmidt* zu diesem Urteil ist recht bissig. Seiner Auffassung nach hat sowohl das Gericht als auch der Verteidiger „geschlafen".

7.3. Rechtsmittel gegen Kosten- und Auslagenentscheidungen

Bestehen Bedenken gegen eine Kosten- und Auslagenentscheidung des Gerichts, so hat der Verteidiger gegen die Entscheidung das Rechtsmittel der **sofortigen Beschwerde** einzulegen (§ 464 Abs. 2 Satz 1 StPO); auf den **Musterantrag 10** (unten Rdnr. 129) sei hingewiesen. Die sofortige Beschwerde ist binnen einer Frist von einer Woche (§ 311 Abs. 2 StPO) beim erkennenden

96

7 Kostenprobleme

Gericht einzulegen (§ 306 Abs. 1 StPO). Die Möglichkeit, die Beschwerde auch beim Beschwerdegericht einzulegen, ist entfallen. Eine Beschwerdebegründung schreibt das Gesetz ebensowenig wie eine bestimmte Begründungsfrist vor (LR-*Gollwitzer*, 23. Aufl., Rdnr. 6 zu § 311 StPO). Trotzdem empfiehlt sich stets eine eingehende Begründung der Kostenbeschwerde. Die Ein-Wochen-Frist ist sorgfältig zu beachten, da bei einem etwaigen Anwaltsverschulden der Mandant keine Möglichkeit hat, Wiedereinsetzung in den vorigen Stand zu beantragen.

Die Rechtsschutzversicherer scheinen bisher wenig Wert auf die Herbeiführung der ihrem Versicherungsnehmer günstigen Entscheidungen gelegt zu haben. Da sich ein Verteidiger möglicherweise begründeten Regreßansprüchen seines Mandanten oder des Rechtsschutzversicherers ausgesetzt sieht, wenn er es unterläßt, anfechtbare Kostenentscheidungen anzugehen, empfiehlt sich besondere Aufmerksamkeit bei der Urteilsverkündung, soweit die Kostenentscheidung zur Diskussion steht.

Wird gegen ein Urteil Berufung oder Revision eingelegt, ist daran zu denken, daß die Kostenentscheidung zwar dann von einer positiven Entscheidung des Rechtsmittelgerichts mitumfaßt wird (es entfällt dann auch der Kosten- und Auslagenausspruch), jedoch bei einer negativen Hauptentscheidung des Rechtsmittelgerichts auch die Kostenentscheidung mitumfaßt wird, d. h. rechtskräftig wird. Daher ist bei Rechtsmitteleinlegung grundsätzlich zweispurig zu verfahren:

a) Berufung oder Revision einlegen sowie
b) die Kostenentscheidung mit der sofortigen Beschwerde anfechten.

Das Rechtsmittelgericht hat dann die Kostenentscheidung zu überprüfen, auch wenn es etwa die Revision als unzulässig oder unbegründet zurückweist. Etwas anderes gilt allerdings in Fällen der Rechtsbeschwerde, da die Kostenbeschwerde immer dann unstatthaft ist, wenn die Rechtsbeschwerde nicht zugelassen wurde[2].

7.4. Kostenfestsetzung

97 Steht fest, in welchem Umfange die Staatskasse Kosten zu tragen hat, wird das Kostenfestsetzungsverfahren eingeleitet. Über den Antrag auf **Kostenfestsetzung** entscheidet der Rechtspfleger (§ 21 Abs. 1 Nr. 1 RPflG, §§ 464 b Satz 3 StPO, 103 Abs. 2 Satz 1 ZPO).

---

2 *OLG Stuttgart*, Beschluß vom 15. 3. 1985, VRS 69, 43.

Die Kostenfestsetzungsentscheidung kann mit der **Erinnerung** binnen zwei Wochen angefochten werden.

Festgesetzte Kosten werden mit 4% verzinst; allerdings ist ein besonderer Zinsantrag erforderlich (§ 44 b Satz 2 StPO). Wird die Festsetzung der Verteidigerkosten beantragt, ist zu beachten, daß nur die gesetzlichen Gebühren gegen die Landeskasse festgesetzt werden. Zwar bestimmt der Verteidiger grundsätzlich selbst innerhalb des maßgeblichen gesetzlichen Gebührenrahmens die Höhe seiner Gebühren. Der Rechtspfleger ist aber berechtigt, im Kostenfestsetzungsverfahren niedrigere Gebühren festzusetzen, wenn der Verteidiger von seinem Bestimmungsrecht in unbilliger Weise Gebrauch gemacht hat. Die Gerichte tolerieren lediglich eine Überschreitung der vom Gericht als angemessen angesehenen Gebühren bis zu 20%[3].

---

[3] *OLG Düsseldorf*, Beschl. vom 19. 2. 1982, AnwBl. 1982, 262; Beschl. vom 12. 7. 1982, AnwBl. 1983, 41.

8. Berufung

8.1. Einlegung der Berufung

98 Berufung ist gegen Urteile des Amtsgerichts (Einzelrichter oder Schöffengericht) statthaft (§ 312 StPO). Berufungsgericht ist nunmehr die Kleine Strafkammer des Landgerichts, gleichgültig, ob es sich um eine Berufung gegen ein Urteil des Strafrichters oder gegen ein Urteil des Schöffengerichts handelt (§§ 74 Abs. 3 bzw. 76 Abs. 1 Satz 1 GVG in der Fassung des Gesetzes zur Entlastung der Rechtspflege vom 11. 1. 1993).

Die Berufung ist beim erstinstanzlichen Gericht innerhalb einer Woche seit Verkündung des Urteils einzulegen (§ 314 StPO); erfolgte die Urteilsverkündung in Abwesenheit des Angeklagten, beginnt die Berufungsfrist mit der Urteilszustellung (§ 314 Abs. 2 StPO).

Um notfalls den Nachweis zu erbringen, daß die Berufung rechtzeitig eingelegt wurde, lasse ich stets auf der Durchschrift des Berufungsschriftsatzes (vgl. Muster 11, unten Rdnr. 130) dessen Eingang bei Gericht von dem Geschäftsstellenbeamten quittieren. Geht die Berufung an ein auswärtiges Gericht, geht sie per Einschreiben mit Rückschein zur Post. Gegen die Versäumung der Berufungsfrist kann Antrag auf Wiedereinsetzung in den vorigen Stand gestellt werden.

Wird im Strafbefehlsverfahren der Einspruch verworfen, weil der Angeklagte trotz ordnungsgemäßer Ladung nicht erschienen war, ist grundsätzlich zweispurig zu verfahren:

a) Wiedereinsetzung in den vorigen Stand beantragen (z. B. wenn der Angeklagte wegen Krankheit dem Termin fernbleiben mußte; Arztattest, das die Verhandlungsunfähigkeit nachweist, erforderlich!),
b) Berufung einlegen, da die beantragte Wiedereinsetzung abgelehnt werden könnte.

Wer nur Berufung einlegt, verzichtet auf die Wiedereinsetzung in den vorigen Stand (§ 315 Abs. 3 StPO).

Das Gesetz zur Entlastung der Rechtspflege vom 11. 1. 1993 hat eine **wesentliche Änderung** für die Berufung gebracht. Gemäß § 313 StPO ist bei einer Verurteilung zu einer nach § 40 StGB verhängten oder einer nach § 59 StGB vorbehaltenen Geldstrafe von nicht mehr als 15 Tagessätzen die Berufung nur dann zulässig, wenn sie vom Berufungsgericht **angenommen wird**. Über die Annahme der Berufung entscheidet das Berufungsgericht durch unanfechtbaren Beschluß (§ 322a StPO). Die Berufung ist anzunehmen, soweit sie nicht offensichtlich unbegründet ist (§ 313 Abs. 2 StPO). Es empfielt sich daher, stets mit der Berufungseinlegung, spätestens aber innerhalb der Berufungsbegründungsfrist (§ 317 StPO) darzulegen, daß die Berufung nicht offensichtlich unbegründet ist. Dies sollte entweder unter Bezugnahme auf die Urteilsgründe oder auf die Sitzungsniederschrift erfolgen.

Die Staatsanwaltschaft und die Nebenkläger sind in der Berufungsmöglichkeit ebenfalls eingeschränkt worden. Wurde der Angeklagte freigesprochen oder wurde das Verfahren eingestellt, so kann die Staatsanwaltschaft bzw. die Nebenklage nur dann Berufung einlegen, wenn die Staatsanwaltschaft eine Geldstrafe von mehr als 30 Tagessätzen beantragt hatte (§ 313 Abs. 1 Satz 2 StPO).

Eine **Beschränkung der Berufung** auf einzelne Teile des Urteils (§ 318 StPO) sollte in der Regel erst dann vorgenommen werden, wenn die schriftlichen Urteilsgründe vorliegen und sich absehen läßt, ob die Berufungsbeschränkung sinnvoll ist. Die Beschränkung der Berufung erfordert besondere Vorsicht, damit es nicht zu ungewollter Teilrechtskraft des angefochtenen Urteils kommt. Wird **vor** der neuen Hauptverhandlung die Berufung beschränkt (oder zurückgenommen), ist die Zustimmung der Staatsanwaltschaft entbehrlich (§ 303 StPO).

99

Wer ganz vorsichtig sein will, der bezeichne sein Rechtsmittel nicht als Berufung, sondern eben nur als

„Rechtsmittel"

Er hat dann die Möglichkeit, innerhalb der Revisionsbegründungsfrist zu erklären, ob er dieses „Rechtsmittel" als Revision angesehen haben will (§ 335 StPO). Wird anstelle der Berufung nur ein „Rechtsmittel" eingelegt, so weiß der Amtsrichter nicht, ob nicht doch der Strafsenat des OLG (anstelle der kleinen oder großen Strafkammer) sein Urteil unter die meist recht gestrenge Revisionslupe nimmt. Dies wird für manchen Richter Ansporn sein, sein Urteil besonders sorgfältig abzufassen. Sorgfalt wird aber vielfach mit großer Ausführlichkeit gleichgesetzt. Ausführlichkeit beinhaltet indes meist Fehler, so daß die fehlende Benennung des Rechtsmittels eine Chance für eine Revision bedeuten kann.

8 Berufung

Soll das „Rechtsmittel" zurückgenommen werden, ist es zunächst als Revision zu bezeichnen und dann erst zurückzunehmen, da die Revisionsrücknahme gerichtskostenfrei ist (vgl. Nr. 1605 und 1623 Kostenverzeichnis, das als Anlage 1 zum GKG im Schönfelder abgedruckt ist).

Im **Jugendstrafrecht** ist die Berufungsmöglichkeit eingeschränkt (§ 55 JGG). Wird nur auf Erziehungsmaßregeln oder Zuchtmittel erkannt, kann das Urteil nur mit der Behauptung angegriffen werden, der Angeklagte sei unschuldig. Wird gegen den Angeklagten eine Maßregel der Sicherung und Besserung verhängt, d.h. wird ihm z.B. die Fahrerlaubnis entzogen, ist grundsätzlich das Rechtsmittel der Berufung zulässig. Richtet sich in einer Jugendstrafsache die Berufung gegen ein Urteil des Jugendschöffengerichts, so entscheidet nach wie vor eine Große Strafkammer in der Besetzung mit drei Richtern und zwei Jugendschöffen (§ 33 b Abs. 1 JGG).

8.2. Lohnt sich die Berufung?

100 Vor der Berufungseinlegung, zumindest aber vor der kommenden Berufungsverhandlung, muß mit dem Mandanten abgeklärt werden, welches Ziel die Berufung haben soll. Daß der Mandant mit dem Urteil der ersten Instanz unzufrieden ist, ist relativ häufig, aber für sich alleine noch kein Grund, Berufung einzulegen. Die Berufungsgerichte halten sich im großen und ganzen an die Empfehlung, die *Peters* in seinem Lehrbuch des Strafprozesses gibt:

„Die Tatsache, daß das Berufungsverfahren auch Überprüfung des Urteils erster Instanz bedeutet, sollte das Berufungsgericht sich bei seiner Entscheidung vor Augen halten, um kleinliche Abweichungen in Ermessensfragen zu vermeiden. Vor allem ist hier an unerhebliche Abweichungen im Strafmaß nach oben oder unten zu denken. Ist das angefochtene Urteil in seinen tatsächlichen Feststellungen und rechtlichen Erwägungen zutreffend, so sollte das Gericht zweiter Instanz, wenn es hinsichtlich des Strafmaßes nicht wesentlich anderer Ansicht ist, es bei dem ersten Urteil belassen. Das Berufungsgericht soll tatsächlich und rechtlich unrichtige und nach der Ermessensseite unerträgliche Entscheidungen beseitigen und ersetzen, aber nicht ein an sich haltbares Urteil durch ein anderes, nicht mehr oder weniger haltbares Urteil ersetzen."[1]

Der Verteidiger muß erkennen, ob der Wunsch des Mandanten, freigesprochen zu werden, in der Berufungsinstanz zu realisieren ist, nachdem das

---

1 *Peters*, Strafprozeß, 4. Aufl., 1985, § 74 III 5, S. 627.

Lohnt sich die Berufung? 8

Gericht der ersten Instanz den Mandanten verurteilte. Vor allem ist daran zu denken, ob durch neue Beweismittel (insbesondere Sachverständigengutachten) in der zweiten Instanz der Nachweis erbracht werden kann, daß dem Angeklagten kein schuldhaftes Verhalten vorzuwerfen ist.

Wenn der Mandant Vorstrafen oder Voreintragungen in dem Verkehrszentralregister aufzuweisen hat, sollte sorgfältig geprüft werden, ob eine herausgeschobene Rechtskraft nicht möglicherweise zur Tilgung der Vorstrafe bzw. der Eintragung im VZR führt. Das Zeitproblem kann aber auch für die Berufung Bedeutung erlangen, etwa wenn abzusehen ist, daß die Berufungsverhandlung so spät stattfinden wird, daß möglicherweise bei einem Zeugen Erinnerungsausfälle eintreten können.

Die Kosten des Berufungsverfahrens sind mit dem Mandanten zu erörtern, insbesondere auch die möglicherweise hohen Kosten der Nebenklage, die erheblich ansteigen können, wenn in der Berufungsverhandlung ein Verhandlungstag nicht ausreicht oder nach einem Verhandlungstag vertagt werden muß. Die Gerichtskosten einer erfolglosen Berufung sind relativ niedrig (z.B. bei einer Freiheitsstrafe bis zu sechs Monaten lediglich 100,– DM); die Auslagen für Zeugen und Sachverständige können aber ebenso wie die Kosten der Nebenklage sehr schnell 2000,– bis 3000,– DM betragen.

Häufig ist der Mandant mit dem Strafmaß und dem Maßregelausspruch nicht einverstanden. In diesen Fällen ist die Berufung auf den **Straf- und Maßregelausspruch** (kürzer: **Rechtsfolgenausspruch**) **zu beschränken** (vgl. Muster 12; unten Rdnr. 131). Dem Gericht ist gleichzeitig mit der Beschränkung des Rechtsmittels mitzuteilen, daß für die künftige Hauptverhandlung auf Ladung von Zeugen und Sachverständigen ausdrücklich verzichtet wird.

101

Während die Staatsanwaltschaft die von ihr eingelegte Berufung stets begründen muß (Nr. 147 u. 154 RiStBV), bedarf die Berufung des Angeklagten keiner Begründung. Es empfiehlt sich aber, vor der Berufungsverhandlung in einem kurzen Schriftsatz darzulegen, welches Ziel die Berufung verfolgt. Zum einen wird der Verteidiger damit gezwungen, vor sich und dem Mandanten Rechenschaft über das Ziel der Berufung abzulegen, zum andern wird der Berufungsrichter bereits vor der Berufungsverhandlung Gelegenheit haben, die in der Berufungsschrift dargelegten Gründe und die mitgeteilten Rechtsprechungszitate zu überprüfen. Eine gut durchdachte schriftliche Berufungsbegründung erspart unnötig lange Berufungsverhandlungen!

8 Berufung

8.3. Vor der Berufungsverhandlung

Wurde in der ersten Instanz die Fahrerlaubnis entzogen, ist darauf zu achten, wann die in der ersten Instanz verhängte Sperrfrist abläuft. Rechtzeitig vor Ablauf der Sperrfrist ist beim Berufungsgericht der Antrag zu stellen, den Beschluß über die vorläufige Entziehung der Fahrerlaubnis aufzuheben und den Führerschein zurückzugeben. War die Entziehung der Fahrerlaubnis in der ersten Instanz nicht angezeigt, kann bereits mit der Berufungsschrift der vorstehende Antrag gestellt werden.

Falls die Berufung in vollem Umfang durchgeführt wird, erlangt die Sitzungsniederschrift der 1. Instanz besondere Bedeutung. Daher muß sie in angemessener Zeit vor der neuen Hauptverhandlung bei Gericht angefordert werden.

Weigert sich das Gericht bzw. der Vorsitzende, eine Kopie der Sitzungsniederschrift zu überlassen, muß erneut Akteneinsicht beantragt werden, damit das Sitzungsprotokoll kopiert werden kann. Der Verteidiger kann aber auch versuchen, unter Hinweis auf Nr. 182 Abs. 2 der Richtlinien für das Strafverfahren eine Abschrift der Sitzungsniederschrift zu erhalten. Die Richtlinien bestimmen, daß Abschriften oder Ablichtungen aus den Akten auf Verlangen zu erteilen sind, wenn ein Recht auf Akteneinsicht besteht[2].

Kosten entstehen insoweit nicht, da Nr. 1900 des Kostenverzeichnisses zum GKG in Ziff. 2 d bestimmt:

„Frei von Schreibauslagen sind für jede Partei, jeden Beteiligten und jeden Beschuldigten eine Abschrift jeder Niederschrift über eine Sitzung."

102 Notwendig kann auch die Stellung von **Beweisanträgen** vor der Berufungsverhandlung werden. Ist der Mandant nicht rechtsschutzversichert und besteht Aussicht auf einen Freispruch bei einer vorausgegangenen Verurteilung wegen fahrlässiger Körperverletzung oder fahrlässiger Tötung, empfiehlt es sich, den Haftpflichtversicherer des Mandanten an den Verteidigerkosten zu beteiligen, da dieser erfahrungsgemäß ein großes Interesse daran hat, daß das Strafverfahren damit abschließt, daß dem eigenen Versicherungsnehmer kein Schuldvorwurf gemacht wird. Nach meiner Erfahrung beteiligen sich Haftpflichtversicherer gerne an den Verteidigungskosten, wenn begründete Er-

---

2 Vgl. dazu ausführlich *Schmidt*, AnwBl. 1984, S. 261, 262, dessen Auffassung jedoch mit dem Dreier-Beschluß des Bundesverfassungsgerichts vom 13. 6. 1983 (AnwBl. 1984, 261) in Widerspruch steht. Der Beschluß vom 13. 6. 1983 hält ausdrücklich fest, daß § 147 StPO weder dem Angeklagten noch seinem Verteidiger einen Anspruch auf gerichtliche Übersendung von Fotokopien aus den Gerichtsakten einschließlich des Hauptverhandlungsprotokolls gibt.

folgsaussicht besteht. Die Kostenübernahme ist ausdrücklich in § 150 Abs. 1 Satz 2 VVG geregelt.

Führen alle Überlegungen vor der Berufungsverhandlung zu dem Ergebnis, daß der Berufung kein Erfolg beschieden sein kann, ist der Mandant eindringlich darauf hinzuweisen, daß es nunmehr an der Zeit ist, die Berufung zurückzunehmen.

Ist das Berufungsziel die Wiedererlangung der Fahrerlaubnis, so kommt dem Zeitpunkt des Berufungsurteils besondere Bedeutung zu. Läuft die im Urteil erster Instanz angeordnete Sperre vor der Berufungsverhandlung ab, fehlt es in der Regel an der Ungeeignetheit des Angeklagten zum Führen von Kraftfahrzeugen. Das Berufungsgericht verhängt dann nur noch das **Regelfahrverbot** und der Mandant erhält in der Berufungsverhandlung seinen Führerschein zurück[3] (s. zu diesem Verfahren auch oben Rdnr. 47).

Die dagegen erhobenen Bedenken oder gar die Überlegung, die Berufung sei rechtsmißbräuchlich, gehen an dem Problem vorbei: Arbeitet die Justiz schnell genug, entsteht das Problem nämlich erst gar nicht.

103

Die Praxis kann anders aussehen. So ist es teilweise schlechter Brauch, wenn die Strafkammer die Berufung des Angeklagten verwirft, ohne die Zeit, die zwischen der Hauptverhandlung erster und zweiter Instanz liegt, bei der Dauer der Sperrfrist zu berücksichtigen. Wenn man das „Ärgerchenspiel" betreibt, wartet der Vorsitzende mitunter mit der Terminierung der Berufungsverhandlung solange, bis dem Angeklagten die Luft ausgeht und er im Hinblick auf die längst verstrichene Zeit der Sperrfrist die Berufung zurücknimmt. Gegen eine derartig miese Praxis ist leider kein Kraut gewachsen. Diese Zustände werden sich nur durch ein Eingreifen des Gesetzgebers ändern lassen[4].

Mit welch' bösartigen Richtern es die Verteidigung gelegentlich zu tun hat, ist dem bitterbösen Prozeßbericht von *Uwe Maeffert*[5] zu entnehmen, der u. a. schreibt:

„... Von dem Vorsitzenden weiß man, daß er einem Referendar die Frage stellte: „Woran erkennen Sie, daß ein Anwalt lügt?" und daß er auch selbst die Antwort gab: „Wenn er den Mund aufmacht".

---

3 *OLG Frankfurt*, VerkMitt. 1976, 40.
4 *Janiszewski/Suhren*, Wie kann Fehlentwicklungen bei der Entziehung und Wiedererteilung der Fahrerlaubnis begegnet werden?, VGT 89, 124 ff. und 136 ff.
5 Der Richter und sein Zeuge, StV 96, 181.

8.4. Berufungsverhandlung

104 Das, was zur Hauptverhandlung gesagt wurde (vgl. oben Kapitel 6) gilt sinngemäß für die **Berufungsverhandlung**. Besonderheiten bestehen einmal darin, daß unter besonderen Umständen die Berufung des nichterschienenen Angeklagten ohne Verhandlung zur Sache verworfen werden kann.

Der Gang der Berufungsverhandlung weicht kaum vom Gang der Hauptverhandlung des ersten Rechtszuges ab. Das Urteil braucht nur soweit verlesen zu werden, soweit es für die Berufung bedeutsam ist (§ 324 StPO). Für die Beweisaufnahme kann der Grundsatz der Unmittelbarkeit eingeschränkt sein (§ 325 StPO).

Nur dann, wenn feststeht, daß Zeugen in der Berufungsverhandlung von ihren Aussagen, die sie in der ersten Instanz gemacht haben, nicht abweichen werden, kann der Verteidiger der Verlesung dieser Zeugenaussagen zustimmen. Geht es aber darum, daß der Angeklagte einen Freispruch erzielen will, muß der Verteidiger (immer vorbehaltlich der Besonderheiten des Einzelfalles) darauf bestehen, daß alle Zeugen der 1. Instanz geladen und durch das Berufungsgericht auch vernommen werden. In diesem Zusammenhang ist auf die Ausführungen des *OLG Zweibrücken* in dessen Beschluß vom 26. 3. 1981 (StV 1981, 332) zu verweisen. In dieser Entscheidung heißt es u.a. wörtlich:

„Nach der Strafprozeßordnung besteht dessen Wesen gerade darin, daß, vorbehaltlich der aus §§ 318, 327 sowie aus § 311 StPO sich ergebenden Einschränkungen das Berufungsgericht in voller Unabhängigkeit von dem erstinstanzlichen Verfahren und dessen Ergebnissen über den Gegenstand der Anklage aufs neue zu verhandeln und ausschließlich aufgrund der Berufungsverhandlung nach eigener Überzeugung die Entscheidung zu treffen hat. Insoweit hat das Berufungsgericht eigene Feststellungen zu treffen und den in eigener Verantwortlichkeit festgestellten Sachverhalt rechtlich selbst zu beurteilen. Ob – und gegebenenfalls in welchem Umfang – im Rahmen dieser Aufgabe § 325 StPO anzuwenden ist, bestimmt sich regelmäßig nach der Beweislage im ganzen, der Beziehung einer Beweistatsache zur andern, nach dem Gegenstand der Aussagen überhaupt und nicht zuletzt nach dem Grade der Vollständigkeit und Klarheit der zur Verlesung zur Verfügung stehenden Niederschriften."

Sollte nach gelegentlich schlechtem Brauch der Vorsitzende der Berufungskammer zu Beginn der Rechtsmittelverhandlung den Verteidiger fragen, ob er die Berufung nicht lieber zurücknehme[6], wird sich der Verteidiger die Frage zu stellen haben, ob er seinem Mandanten empfehlen soll, diesen

---

6 *Dahs*, Der Anwalt im Strafprozeß, AnwBl. 1959, 188.

Vorsitzenden wegen Besorgnis der Befangenheit abzulehnen, da angesichts der Frage fast mit Sicherheit davon auszugehen ist, daß die Berufung von diesem Vorsitzenden und damit auch seinem Gericht verworfen wird.

Nach der Rechtsprechung wird ein derartiger Antrag allerdings keine hinreichende Erfolgsaussicht haben, da die Revisionsgerichte die Auffassung vertreten, etwa der Rat, das Rechtsmittel wegen geringer Erfolgsaussichten zurückzunehmen, könne nicht die Besorgnis der Befangenheit begründen[7].

Der Befangenheitsantrag könnte aber den Erfolg haben, daß der Prozeß alsdann in sachlicher Form weitergeführt werden kann.

Empfehlenswert ist in der Berufungsverhandlung eine besonders sorgfältige rechtliche Aufbereitung des Prozeßstoffes; besonders sorgfältig sind auch die Beweisanträge zu stellen, da zum einen das Gericht diesen Beweisanträgen große Bedeutung beimißt, zum andern aber auch für ein etwaiges Revisionsverfahren vorgearbeitet werden kann. Daß auch in der Berufungsverhandlung in geeigneten Fällen das Problem der Verfahrenseinstellung zu erörtern ist, versteht sich eigentlich von selbst.

---

[7] KK-*Pfeifer*, § 24, Rdnr. 8.

9. Revision

9.1. Allgemeine Überlegungen

105 Daß es sich bei der Revision um ein mehr als kompliziertes Rechtsmittel handelt, ist allgemein anerkannt. Das Revisionsrecht gilt als die hohe Kunst der Strafjuristen. Rund 80% der Revisionen werden durch Beschluß als offensichtlich unbegründet ohne Hauptverhandlung verworfen[1], für einige Kritiker der Anwaltschaft angeblich ein Zeichen dafür, daß viele Strafverteidiger das Revisionsrecht nicht beherrschen. *Sarstedt* schrieb dazu[2]:

„Wenn manche Verteidiger eine immer nachlässigere Behandlung des Revisionsrechts bei sich einreißen lassen, wenn die Kunst sachgemäßer Handhabung der Verfahrensrügen allmählich in Vergessenheit gerät, wenn die redliche und mühsame Arbeit weiterhin bequemen, schablonenhaften Formeln Platz macht, wenn die Mehrzahl(!) der Revisionen so nachlässig begründet wird, daß sie als offensichtlich unbegründet verworfen werden müssen, wenn es immer öfter dem Revisionsgericht überlassen wird, entweder einer unzulänglich begründeten Revision auf den verschlungensten Wegen um der Gerechtigkeit willen zum Siege zu verhelfen oder zu resignieren – dann kann eines Tages die Frage gestellt werden, aus welchem Grund überhaupt Verteidiger am Revisionsverfahren teilnehmen sollen."

Wünscht der Mandant die Einlegung der Revision oder bringt der Verteidiger selbst den Vorschlag, Revision einzulegen, muß sich der Verteidiger darüber im klaren sein, daß er sich eine Arbeitslast aufbürdet, die nicht während der normalen Arbeitszeit abgetragen werden kann, die vielmehr die freien Samstage und Sonntage beanspruchen wird.

Daß man es einer Revisionsschrift, zumal wenn sie knapp formuliert wird, nicht immer ansieht, wieviel Arbeit zu leisten war, sei nur am Rande erwähnt. Die oft mühsame Überprüfung der Sitzungsniederschrift führt selten zum

---

1 Genauere Zahlen bei *Dahs/Dahs*, Die Revision im Strafprozeß, NJW-Schriftenreihe 16, 5. Aufl. 1993, Rdnr. 3. Dies gilt übrigens unverändert seit 1976, während der Anteil erfolgreicher Revisionen in den Jahren 1980 bis 1983 zwischen 19 und 16,7% einpendelte; vgl. die Übersicht für die Zeit von 1952 bis 1983, die *Meyer*, StV 1984, S. 226/227, erläutert. Statistische Erhebungen zur Revisionsrechtsprechung des *BGH* (StV 87, 267) ergaben, daß rd. 40% der erstinstanzlichen Urteile der Landgerichte und Oberlandesgerichte mit der Revision angefochten werden und 15% dieser Revisionen erfolgreich sind.

2 *Sarstedt*, Die Revision in Strafsachen, 4. Aufl., 1962, S. 6; in der Neuauflage (*Sarstedt/Hamm*, Die Revision in Strafsachen, 5. Aufl., 1983, Rdnr. 11) wiederholt *Sarstedt* diese Beurteilung, jedoch mit der weiterführenden Frage, ob Anwälte nicht einer besonderen Ausbildung und Zulassung für die Teilnahme am Revisionsverfahren bedürfen.

Erfolg, kann jedoch bei einer gewissenhaften Überprüfung nicht außer Acht gelassen werden. Diese Überlegungen sollen nur skizzieren, daß im Zweifel von der Revision Abstand genommen werden sollte; dies vor allem dann, wenn der Mandant nicht bereit ist, den enormen Arbeitsaufwand des Verteidigers angemessen zu honorieren.

9.2. Revisionseinlegung und -begründung

Urteile des Landgerichts, seien sie erstinstanzlich oder als Berufungsurteile ergangen, können ebenso mit der Revision angegriffen werden wie erstinstanzliche Urteile des Amtsgerichts (§§ 333, 335 StPO). 106

Vor der **Sprungrevision** ist zu warnen, da eine Instanz verschenkt wird, in der möglicherweise leichter ein Erfolg errungen werden kann (bei einem Mißerfolg bleibt immer noch die Revision gegen das Berufungsurteil) und andererseits die Revisionsbegründung (es sei denn, es läge ein absoluter Revisionsgrund vor) keine Erfolgsgarantie darstellt.

Die Revision ist binnen einer Frist von einer Woche nach Verkündung des Urteils einzulegen. Bereits bei der Revisionseinlegung ist das Mindesterfordernis jeder Revisionsbegründung zu beachten, nämlich die Aufnahme des Satzes:

„Gerügt wird die Verletzung sachlichen Rechts."[3]

Auf den Musterantrag Nr. 13 (Revisionseinlegung; unten Rdnr. 132) wird hingewiesen.

Die Revisionsbegründungsfrist beträgt einen Monat (§ 345 StPO). Die **Revisionsbegründung** ist beim erkennenden Gericht einzureichen. Zu beachten ist, daß die Revisionsgründe, soweit sie die Prozeßrüge betreffen, nur bis zum Ablauf der Revisionsbegründungsfrist bei Gericht eingereicht werden können, während die Ausführungen zur Sachrüge, ist diese einmal ordnungsgemäß erhoben, bis zur Entscheidung des Revisionsgerichts nachgeschoben werden können. Insbesondere ist zu beachten, daß eine Auseinandersetzung mit der Revisionsgegenerklärung der Staatsanwaltschaft (§ 347 StPO) die letzte Möglichkeit darstellen sollte, die eigene Revisionsbegründung einer eingehenden Überprüfung zu unterziehen und das eigene Vorbringen im Rahmen der Sachrüge zu erweitern. 107

---

3 *Sarstedt*, a.a.O., S. 6; ausführlicher jetzt *Sarstedt/Hamm*, in der 5. Aufl., vgl. dort S. 12, Fußnote 37, aber auch dort S. 97, Fußnote 32.

9 Revision

108 Während die **Sachrüge** das Revisionsgericht zur Überprüfung veranlaßt, ob das angefochtene Urteil gegen materielle Rechtsvorschriften, Denkgesetze, Erfahrungssätze, Sprachgesetze oder Auslegungsregeln verstoßen hat, setzt die **Verfahrensrüge** voraus, daß der Beschwerdeführer den einzelnen Verfahrensmangel, den er rügt, so genau wie möglich durch Tatsachen kennzeichnet, d. h. den Verfahrensmangel hinreichend genau substantiiert. So genügt es z. B. nicht, zu behaupten, die Fünf-Wochen-Frist des § 275 StPO sei überschritten. Es muß zumindest angegeben werden, an welchem Tag das Urteil verkündet und an welchem Tag das Urteil zu den Akten gebracht wurde. Die behauptete Tatsache muß genügend bestimmt behauptet werden, so daß es also nicht genügt, nur Vermutungen zu äußern oder etwa darum zu bitten, zu überprüfen, ob in einem bestimmten Punkt eine Verfahrensnorm unbeachtet blieb.

Ein häufiger Fehler in Verkehrssachen unterläuft den Richtern, die Urkunden, die eigentlich zu verlesen sind, lediglich „zum Gegenstand der Verhandlung" machen. Dies ist häufig bei Blutalkoholgutachten bzw. bei ärztlichen Berichten über die Blutentnahme festzustellen. Hier verhilft die Verfahrensrüge in der Regel zu einem vorläufigen Erfolg. Ein endgültiger Erfolg ist deshalb fast ausgeschlossen, weil nach Rückverweisung das Gericht ordnungsgemäß die Urkunden verlesen wird, damit den Verfahrensmangel heilt und möglicherweise die Dauer der Sperrfrist im selben Umfang festsetzt, wie dies bereits in dem aufgehobenen Urteil geschehen ist.

Wie erhebt man die Verfahrensrüge in einem derartigen Fall?

In der Revisionsbegründungsschrift ist etwa folgendes auszuführen:

„Die Strafkammer hat das Gutachten des Instituts für Rechtsmedizin über die BAK zur Entnahmezeit ebenso wie den ärztlichen Bericht des Dr. X über die Blutentnahme in rechtlich unzulässiger Weise in das Verfahren eingeführt und verwertet. Diese Urkunden wurden weder im Wege des Urkundenbeweises verlesen, noch wurden die Aussteller der Urkunden als Sachverständige bzw. Zeugen gehört."

Eigentlich braucht diese Verfahrensrüge nicht weiter begründet werden, denn in der vorstehenden knappen Begründung sind alle wesentlichen Elemente der Verfahrensrüge enthalten. Man kann aber auch noch auf die Rechtsprechung hinweisen, etwa in folgender Form:

„Zwar enthält die Sitzungsniederschrift den Vermerk, daß das Blutalkoholgutachten bzw. der ärztliche Bericht zum Gegenstand der Verhandlung gemacht wurden. Indes vermag dieser Protokollvermerk nicht aufzuzeigen, daß diese Urkunden ordnungsgemäß in das Verfahren eingeführt wurden. Der vorliegende Protokollvermerk ist zu unklar, als daß dadurch die Verlesung einer Urkunde, die allein im Wege des Urkundenbeweises zur Verfahrensgrundlage gemacht werden kann, bezeugt werden könnte (*OLG Düsseldorf*, Beschluß vom 20. 7. 1987, m. w. Rechtsprechungshinweisen, StV 1988, 144)."

Wird die Aufklärungsrüge erhoben, muß der Beschwerdeführer geltendmachen, welche Tatsachenermittlung das Gericht unterließ, es müssen die Beweismittel bezeichnet werden, die eine weitere Sachaufklärung ermöglicht hätten und schließlich muß dargelegt werden, welche weitere Beweiserhebung sich dem Gericht als notwendig aufgedrängt haben müßte.

109

Soweit mit der Revision nur die tatsächlichen Feststellungen angegriffen werden, bietet sie keinerlei Erfolgsaussicht. Grundsätzlich ist von dem Urteilstatbestand auszugehen, der schriftlich vorliegt, mag dieser Urteilstatbestand nach der Auffassung des Revisionsführers auch noch so falsch sein. Allerdings kann mit der Begründung, die Beweiswürdigung sei widersprüchlich, das Urteil enthalte keine Beweiswürdigung, obwohl dies zur Überprüfbarkeit erforderlich sei oder aber die Beweiswürdigung sei bei Schwierigkeit der Sach- und Beweislage unzureichend, ein Urteil mit der Sachrüge angegriffen werden. Das Revisionsgericht kann aufgrund der Sachrüge die Beweiswürdigung des Tatrichters daraufhin überprüfen, ob Denkgesetze oder Erfahrungssätze nicht beachtet werden. In diesem Falle wäre die Beweiswürdigung fehlerhaft[4].

Eine Verfahrensrüge ordnungsgemäß zu erheben, setzt eine hinreichende Kenntnis des Revisionsrechts voraus. Auf die einschlägige Literatur ist daher zu verweisen[5].

Entgegen der Auffassung von *Sarstedt*[6], der meint, eine erfolgreiche Verfahrensrüge führe in der neuen Verhandlung in aller Regel wieder zu ganz demselben Ergebnis, ist nach den Untersuchungen von *Haddenhorst*[7]festzustellen, daß in 60% erfolgreiche Verfahrensrügen in einer neuen Verhandlung zu neuen Tatsachenfeststellungen oder zur Änderung des Strafmaßes geführt haben.

Für Straßenverkehrsstrafsachen gelten keine revisionsrechtlichen Besonderheiten. Demgemäß kann auf die Kommentierung der §§ 333 ff. StPO in den gängigen Kommentaren hingewiesen werden.

4 *Schlüchter*, Rdnr. 694–695.
5 *Schlüchter* bringt eine Literaturzusammenstellung zur Revision, die sich über drei eng- und kleingedruckte Seiten erstreckt; zur ersten Information sei auf die hervorragende Zusammenstellung bei *Dahs*, Taschenbuch des Strafverteidigers, 4. Aufl. Rdnr. 626 ff. hingewiesen. Auch im Rahmen der Reihe „Praxis der Strafverteidigung" ist ein Sonderband über das Revisionsrecht geplant. Eine einführende Checkliste für die wichtigsten Prozeßrügen bei: *Müller*, Strafverteidigung im Überblick, Rdnr. 101 ff.
6 A.a.O., S. 3.
7 Die Einwirkung von Verfahrensrügen auf die tatrichterlichen Feststellungen im Strafprozeß, 1971.

9 Revision

Relativ häufig wird von den Instanzgerichten übersehen, daß bei hohen Blutalkoholwerten die Schuldfähigkeit möglicherweise vermindert oder ausgeschlossen sein kann.

Bei Blutalkoholwerten über 2‰ hat das Gericht grundsätzlich die Voraussetzungen des § 21 StGB zu prüfen und sich in der Regel damit auch in den Urteilsgründen auseinanderzusetzen; beträgt die Blutalkoholkonzentration mehr als 2,5‰, so ist in der Regel eine Prüfung der Voraussetzungen des § 20 StGB erforderlich[8]. Ab einer BAK von 2,6‰ liegt die verminderte Schuldfähigkeit sogar besonders nahe (*BGH*, NStZ 1989, 17). Bei der Prüfung der Schuldfähigkeit ist zugunsten des Angeklagten von der höchstmöglichen BAK auszugehen. Folglich sind hinsichtlich Abbauwert und Ende der Resorption die für den Angeklagten günstigsten Werte zugrundezulegen. Früher wurde zumeist mit 0,29‰ für die ersten 2 Stunden, danach mit 0,2‰ je Stunde zurückgerechnet (*BGH* bei *Janiszewski*, NStZ 1986, 254). Heute legt man überwiegend einen maximalen stündlichen Abbauwert von 0,2‰ und einen Sicherheitszuschlag von 0,2‰ zugrunde (*BGH*, NJW 1989, 779; Einzelheiten s. oben Rdnr. 30).

Amtsrichterliche Urteile enthalten häufig die Anmerkung, die Einlassung des Angeklagten verdiene keinen Glauben, es handele sich um eine **Schutzbehauptung**. Wird nicht näher ausgeführt, warum der Amtsrichter die Einlassung mit dem Etikett „Schutzbehauptung" versieht, dürfte eine Sprungrevision in der Regel eine hinreichende Erfolgsaussicht haben. In diesem Zusammenhang sei auf die Ausführungen eines Beschlusses des *OLG Düsseldorf* verwiesen, die so klar in ihrer Definition sind, daß sie nachstehend im vollen Wortlaut wiedergegeben werden sollen:

Es ist das Recht jedes Angeklagten und Betroffenen, zu seinem Schutz (d. h. zur Verteidigung gegen straf- und ordnungsrechtliche Vorwürfe) Behauptungen aufzustellen. Solche „Schutzbehauptungen" können für die zu treffende Entscheidung entweder unerheblich oder erheblich sein. Im letzteren Fall kommt es darauf an, ob sie unwahr, wahr oder nicht widerlegbar sind. Mit diesen Alternativen muß sich der Tatrichter ausdrücklich auseinandersetzen. Ansonsten ist ein Verstoß gegen den Rechtsgrundsatz, daß im Zweifel für den Angeklagten bzw. Betroffenen entschieden werden muß, nicht auszuschließen. Die undifferenzierte Verwendung des Begriffs „Schutzbehauptung" (ohne wertende Beurteilung) ist daher rechtsbedenklich. Sie sollte vermieden werden[9].

---

8 *OLG Köln*, Beschl. v. 11. 1. 1985, VRS 69, 38 mit weiteren Rechtsprechungshinweisen jeweils zur BGH- bzw. OLG-Rechtsprechung.
9 *OLG Düsseldorf*, Beschluß vom 22. 6. 1984, NStZ 1985, 81.

10. Nebenklage

10.1. Nebenklage – ein Problem?

Wer sich mit Verkehrsstrafsachen befaßt, wird häufig vor die Frage gestellt, 110
ob er seinem verletzten Mandanten anraten soll, sich dem Verfahren als
Nebenkläger anzuschließen (vgl. **Muster 14**, unten Rdnr. 133); das gilt gleichermaßen für die Angehörigen des beim Unfall getöteten Kraftfahrers oder
Fußgängers.

Mehrere Aufsätze in der juristischen Fachliteratur zu Anfang der 80er Jahre
stellten das Institut der Nebenklage überhaupt in Frage[1]. Der Gesetzgeber
schuf in Eile das **Opferschutzgesetz** vom 18. 12. 1986, das die alten Bestimmungen über die Nebenklage total umkrempelte, ohne letztlich eine einschneidende Verbesserung für die Opfer von Straftaten zu bringen[2]. Sozusagen in letzter Minute konnte verhindert werden, daß in Fällen der fahrlässigen Körperverletzung die Nebenklagebefugnis abgeschafft wurde. Als Kompromiß erlaubt § 395 Abs. 3 StPO n. F. die Zulassung der Nebenklage, wenn
dafür besondere Gründe sprechen, wie etwa die schweren Folgen der Tat.
Entgegen der Befugnis, ablehnende oder zustimmende sonstige Nebenklageentscheidungen mit dem Rechtsmittel der Beschwerde anzufechten, verhält
es sich bei Entscheidungen gem. § 395 Abs. 3 StPO anders: Sie sind unanfechtbar (§ 396 Abs. 2 S. 2 StPO). Da aber nichts so heiß gegessen wird, wie es
gekocht wird, eröffnet in geeigneten Fällen die **Gegenvorstellung** eine Möglichkeit, die Entscheidung abändern zu lassen (vgl. **Muster 15**, unten
Rdnr. 135).

Wenn Kollegen über die Nebenklage diskutieren, scheiden sich oft die Geister. Engagierte Strafverteidiger meinen, das Nebenklageverfahren gehöre
nicht in unser Strafrechtssystem, zumindest widerspreche es dem Verteidigerideal, sich als Nebenklägervertreter mit dem Staatsanwalt auf eine Stufe zu
stellen. Ich bin da anderer Auffassung. Meiner Meinung nach sollten Geschädigte sich im Strafverfahren nicht durch Zivilanwälte vertreten lassen, denen
das Strafverfahren fremd ist. Nur der Strafverteidiger kann das Opfer einer
Straftat nach den Regeln der Strafprozeßordnung vor Gericht vertreten. Die

---
1 Vgl. dazu meine Ausführungen in der 3. Aufl., Rdnr. 110, mit ausführlichen Literaturhinweisen.
2 Vgl. *E. Müller*, „Strafverteidigung im Überblick", Rdnr. 120 und 121; zu den Auswirkungen der Neuregelung insbes. im Strafverfahren wegen Straßenverkehrsdelikten s. *Beulke*, DAR 1988, 114 ff.

10 Nebenklage

Betonung liegt dabei auf den Worten „vor Gericht", denn für militante Nebenkläger, die es versuchen oder verstehen, Gott und die Welt für sich zu mobilisieren[3], sollte sich der seriöse Anwalt nicht hergeben.

Warum vertrete ich Verletzte in Ermittlungs- und Strafverfahren, also auch in Verkehrsstrafsachen? Einfach deshalb, weil die Vertretung auch der Verletzten mit zum Metier gehört.

Vielleicht hängt die Abneigung einiger Kollegen, Verletzte im Strafverfahren zu vertreten, mit der häufig bei uns anzutreffenden Opferverachtung zusammen. *Scheuerle*, der verstorbene Mainzer Rechtslehrer, wendet sich in einem auch heute noch lesenswerten Buch[4] gegen diese Opferverachtung. Er schreibt:

„Der Täter, gar der Sensationstäter, der sog. Triebtäter und Gewaltverbrecher, ist die Lieblingsfigur von Presse, Funk und Fernsehen, eine Person der Zeitgeschichte mit teuer verkäuflichen Memoiren und Kunstschöpfungen, gepflegt und beschrieben von dogmatisierten Wissenschaften und betreut von erfahrungslosen Gesetzgebern. In eigenartiger Verwechslung der Fronten gilt der Gewaltverbrecher selber als Opfer (der Gesellschaft), dem Nächstenliebe gebühre, nicht Gerechtigkeit. Eben diese wird damit den blutigen Opfern seines Handelns verweigert..."

Entgegen der bei manchem Kollegen, vor allem aber auch bei Staatsanwaltschaft und Gericht auch heute noch vertretenen Auffassung, die Nebenklage gehöre eigentlich abgeschafft, geht meine Erfahrung in Straßenverkehrsstrafsachen dahin, daß die Nebenklage durchaus notwendig ist, zuletzt auch deshalb, um den Angehörigen einer beim Unfall getöteten Person die Schwierigkeiten eines Strafverfahrens auseinanderzusetzen, eine Aufgabe, der sich erfahrungsgemäß weder das Gericht noch die Staatsanwaltschaft unterzieht.[5] Dies wird insbesondere dann notwendig, wenn gegen einen beschuldigten Kraftfahrer ein Verfahren erst gar nicht eröffnet oder ein angeklagter Kraftfahrer nach einem langen Verfahren freigesprochen wird. Schließlich geht meine Erfahrung auch dahin, daß es häufig langer Diskussionen bedarf, um den Angehörigen eines Getöteten klarzumachen, daß das vom Gericht festgesetzte Strafmaß üblich und angemessen war. Ohne tatkräftige Mitwirkung des Nebenklägervertreters wäre nach meiner Erfahrung manches Verfahren wegen fahrlässiger Tötung zu einem anderen Abschluß gekommen. Wenn auch einzuräumen ist, daß einige Nebenkläger Interesse an einer harten Verurteilung des Angeklagten haben, so geht doch überwiegend das Interesse der Nebenkläger auch dahin, den genauen Unfallablauf

---
3 *E. Müller*, Überblick, Rdnr. 122.
4 *Scheuerle*, Vierzehn Tugenden für vorsitzende Richter, 1983.
5 Wie wichtig diese Auseinandersetzung ist, beschrieb *Gerhard Mauz* (Die Justiz vor Gericht, 1990, S. 115 und 181) eindringlich am Beispiel der Kapitalverbrechen und der Verkehrsopfer.

aufgeklärt zu wissen, insbesondere den häufig im Raum stehenden Vorwurf eines Mitverschuldens des Getöteten auszuräumen. Zwar soll die Staatsanwaltschaft als objektivste Behörde der Welt auch die Interessen der Angehörigen eines Getöteten vertreten, im Alltagsgeschäft bleibt aber dafür manchmal kein Raum. So ist es durchaus verständlich, wenn etwa die Eltern eines Mädchens, das nach einem Discobesuch von einem Bekannten im Auto mitgenommen wird und dann auf der Heimfahrt bei einem Unfall das Leben verliert, alles Interesse daran haben, den untadeligen Ruf der Tochter verteidigt zu wissen und sich dagegen wehren, wenn der Angeklagte behauptet, er sei von der erheblich angetrunkenen jungen Dame zur Fahrt animiert worden. Dann ist es schon wichtig für die Eltern, daß eindeutig festgestellt wird, daß ihre Tochter nicht betrunken war, und daß sie lediglich nach Hause gebracht werden wollte, keinesfalls aber ein Abenteuer suchte.

10.2. Annahme des Mandats

Die Grundsätze, die für die Annahme des Beschuldigten- oder Angeklagtenmandats entwickelt wurden (vgl. Kapitel 1), gelten sinngemäß auch für die Annahme des Nebenklagemandats. Wenn sich bei der Mandatsübernahme bereits abzeichnet, daß unüberbrückbare Auffassungen zwischen Anwalt und Mandanten bestehen (etwa, wenn die Nebenkläger meinen, es müsse für Fälle der fahrlässigen Tötung die Todesstrafe eingeführt werden), dann sollte man das Mandat scheitern lassen. Sind die unterschiedlichen Auffassungen aber durch entsprechende Aufklärung des Mandanten letztlich doch zu überbrücken, dann erwächst dem Anwalt in seinem schwierigen Mandanten eine Aufgabe, die er nicht leichtfertig von sich weisen sollte.

111

Wer ist befugt, sich als Nebenkläger dem Verfahren anzuschließen?

Im Falle der fahrlässigen Tötung sind (übrigens wie auch schon früher) nebenklagebefugt die Eltern, Kinder, Geschwister und der Ehegatte des Getöteten (§ 395 Abs. 2 Nr. 1 StPO).

Bei der fahrlässigen Körperverletzung kommt es darauf an, ob die Zulassung der Nebenklage aus besonderen Gründen, namentlich wegen der schweren Folgen der Tat, zur Wahrnehmung der Interessen des Verletzten geboten erscheint (§ 395 Abs. 3 StPO). Wird jemand schwer verletzt, ist von schweren Folgen der Tat auszugehen, folglich bereitet in diesen Fällen die Zulassung der Nebenklage keine Schwierigkeit. Umgekehrt gilt, daß bei leichten Verletzungen die Nebenklage nicht zugelassen wird. Die Grenzen zwischen leichten und schweren Folgen sind fließend.

10 *Nebenklage*

Die Frage, ob bereits grundsätzlich jeder stationäre Krankenhausaufenthalt Verletzungen als schwer i. S. d. § 395 Abs. 3 StPO ansehen läßt oder ob hier eine Mindestdauer von etwa 4 Wochen erforderlich ist, ist bisher in der Rechtsprechung noch nicht ausdiskutiert. Schwere Verletzungen werden sicher dann zu bejahen sein, wenn es sich um Frakturen handelt, die erfahrungsgemäß Dauerfolgen nach sich ziehen oder aber zumindest eine längere Arbeitsunfähigkeit bedingen.

Problematisch sind schließlich alle Fälle, in denen nur mittlere Verletzungen vorliegen, d. h. etwa multiple Körperprellungen, einfache Frakturen, die ohne weiteres ambulant zu behandeln sind oder auch größere Schnittwunden, die möglicherweise Narben hinterlassen[6].

In diesen Fällen wird darauf abgestellt, ob der Schaden reguliert ist. Eine Anschlußbefugnis wird verneint, wenn die Schadensregulierung abgeschlossen wurde. Es soll auch darauf ankommen, ob gröbere oder erhebliche Verkehrsverstöße vorgelegen haben, was z. B. immer dann der Fall sein dürfte, wenn die Verhängung eines Fahrverbots oder gar der Entzug der Fahrerlaubnis im Raum steht. Problematisch sind aber auch die Fälle, in denen ein Mitverschulden des Verletzten eine Rolle spielt. Nach den Empfehlungen des Arbeitskreises VII des 26. Deutschen Verkehrsgerichtstages 1988 soll darauf abgestellt werden, ob ein Mitverschulden des Verletzten vorlag. In diesen Fällen soll nach Auffassung des Verkehrsgerichtstages die Nebenklage zugelassen werden. Das führt aber zu dem paradoxen Ergebnis, daß man als Vertreter eines Nebenklägers zunächst behaupten muß, der eigene Mandant habe den Unfall mitverschuldet, um dann nachher, wenn es um die Kostenfrage geht, zu behaupten, es sei geboten, die Kosten der Nebenklage dem Angeklagten aufzuerlegen, da ein Mitverschulden des Verletzten nicht vorliege.

Zu beachten ist, daß bei Jugendlichen die Nebenklage unzulässig ist (§ 80 Abs. 3 JGG).

Die Frage, wer dann für die Kosten der Nebenklage aufzukommen hat, wenn der rechtskräftig in die Kosten der Nebenklage verurteilte Angeklagte (vgl. nachstehend Rn 116) nicht bezahlt, sei es, daß er krank, arbeitsscheu oder aus sonstigen Gründen weder willens noch in der Lage ist, die gegen ihn festgesetzten Kosten zu bezahlen, muß, um spätere unliebsame Auseinanderset-

---

6 Einzelheiten bei *Kleinknecht/Meyer-Goßner*, § 395 Rdnr. 11; *Beulke*, DAR 1988, 114 ff.; vgl. auch *E. Müller*, Prozessuale Fragen der fahrlässigen Körperverletzung im Straßenverkehr – die Antragsbefugnis, Heft 8 der Schriftenreihe der Arbeitsgemeinschaften des DAV, 1989, 46 ff.

Schmerzensgeld nicht vergessen! 10

zungen mit dem Mandanten zu verhindern, bei der Mandatsannahme geklärt werden. Erfährt nämlich der Mandant, daß er möglicherweise selbst die Kosten der Nebenklage zu tragen hat, weil sein Rechtsschutzversicherer jedenfalls für diese Kosten nicht aufzukommen hat, ist in sehr vielen Fällen seine Begeisterung für den Anschluß als Nebenkläger schnell zu Ende.

Um allen späteren Schwierigkeiten vorzubeugen, sollte man daher in der Regel mit dem Mandanten eine Honorarvereinbarung für den Fall abschließen, daß das Verfahren von der Staatsanwaltschaft eingestellt, der Angeklagte freigesprochen wird oder aus sonstigen Gründen von dem Beschuldigten bzw. Angeklagten keine Kosten bezahlt werden müssen.

Vorsicht ist auch später geboten, wenn Vollstreckungsmaßnahmen gegen den zahlungsunwilligen Verurteilten erforderlich werden. In jedem Falle ist vor jeder kostenauslösenden Maßnahme der Mandant zu verständigen. Ihm sind auch die Kosten vor Einleitung von Vollstreckungsmaßnahmen mitzuteilen.

Nach der Mandatsübernahme ist ein **Antrag auf Zulassung** der Nebenklage zu den Akten zu bringen (vgl. **Muster 14: Antrag auf Zulassung der Nebenklage**, unten Rdnr. 133).

10.3. Exkurs: Schmerzensgeld nicht vergessen!

In der 3. Auflage dieses Buches setzte ich mich ausführlich mit den Schwierigkeiten auseinander, die auftraten, wenn Schmerzensgeldansprüche rechtshängig zu machen waren. Alle Überlegungen zu diesem Problemkreis wurden ab dem 1. 7. 1990 hinfällig, da ab diesem Zeitpunkt § 847 Abs. 1 Satz 2 BGB nicht mehr galt[7].

112

Damit machte (wieder einmal) der Gesetzgeber eine umfangreiche Literatur und Judikatur zur Makulatur.

---

7 Allerdings entstanden neue Probleme mit der Abschaffung des § 847 BGB im Erbrecht (*Greger*, Gesetzesänderung im Haftungsrecht, 1990, NZV 1991, 17)

10 Nebenklage

10.4. Zulassung der Nebenklage

113 Nach Erhebung der öffentlichen Klage entscheidet das Gericht, bei dem Anklage erhoben wurde, über die **Zulassung** der Nebenklage (§ 396 Abs. 2 und 3 StPO). Für das Strafbefehlsverfahren gilt folgende Besonderheit: Es muß entweder bereits Termin zur Hauptverhandlung anberaumt worden sein oder aber der Antrag auf Erlaß eines Strafbefehls wurde abgelehnt (§ 396 Abs. 1 StPO).

Nach dem rechtskräftigen Abschluß des Verfahrens ist ein Anschluß nicht mehr zulässig.

Zu beachten ist, daß nach einem rechtskräftigen Schuldspruch die Nebenklage unzulässig wird. Dies ist eine Folge der Neuregelung in § 400 Abs. 1 StPO, die dem Nebenkläger ein Rechtsmittel gegen den Rechtsfolgenausspruch verweigert. Auch hat der Nebenkläger kein Recht, etwa die Wiederaufnahme des Verfahrens zuungunsten des Angeklagten zu beantragen, wie dies früher möglich war.

10.5. Nebenklagevertretung in der Hauptverhandlung

114 Das Opferschutzgesetz hat die Rechte des Nebenklägers eingeschränkt. Entgegen der früheren Regelung (Pauschalverweisung auf die Rechte des Privatklägers) regelt nunmehr § 397 StPO in einer Einzelaufzählung die Rechte des Nebenklägers. Er hat das Recht zur Anwesenheit, er kann Richter oder Sachverständige ablehnen, er kann den Angeklagten, Zeugen und Sachverständige befragen, kann Anordnungen des Vorsitzenden oder bestimmte Fragen beanstanden, er hat ein Beweisantragsrecht und kann Erklärungen abgeben. Da ihm im Gegensatz zur früheren Regelung eine Reihe von Mitwirkungsrechten entzogen wurde, ist in der Hauptverhandlung darauf zu achten, ob der Nebenkläger sich Rechte anmaßt, die ihm nicht zustehen bzw. (wenn man auf der Seite des Nebenklägers steht) der Versuch zu unternehmen, etwa entsprechend der alten Regelung noch Rechte durchzusetzen. Es sind folgende Rechte entzogen worden: Das Ladungsrecht, d. h. der Nebenkläger kann weder Zeugen noch Sachverständige unmittelbar laden lassen. Der Nebenkläger kann keinen Antrag auf Vereidigung des Sachverständigen stellen. Er kann auch im Rahmen der Urkundenverlesung keine Ansprüche geltendmachen. Teilweise kann auch auf die Zustimmung des Nebenklägers verzichtet werden, etwa wenn von der Vereidigung eines Zeugen, der Erhebung einzelner Beweise abgesehen werden soll. Dasselbe gilt für eine Verle-

sung früherer richterlicher Vernehmungen oder des erstinstanzlichen Urteils in der Berufungsverhandlung. Angeblich soll durch die Einschränkung der Rechte des Nebenklägers der Gang des Verfahrens beschleunigt werden. Ob dies tatsächlich in der Praxis auch so aussieht, bleibt abzuwarten, da die entsprechenden Streitfragen, die mit Sicherheit auftreten werden[8], das Verfahren wohl eher aufhalten als beschleunigen werden.

In der **Hauptverhandlung** ist darauf zu achten, daß die Punkte, die möglicherweise in einem späteren Zivilprozeß, auf alle Fälle aber im Rahmen der Schadensregulierung, eine Rolle spielen können, hinreichend klar erörtert werden. Da die Höhe des Schadensersatzanspruches entscheidend von der Frage eines etwaigen Mitverschuldens abhängt, ist auch auf diesen Punkt besondere Sorgfalt zu verwenden.

Das Strafmaß sollte den Nebenklägervertreter nicht interessieren. Daher genügt bei einer ordnungsgemäß durchgeführten Hauptverhandlung und einem sachgemäßen Plädoyer der Staatsanwaltschaft der Hinweis des Nebenklägers auf den sachgerechten Vortrag des Staatsanwaltes. Es ist nicht üblich, daß der Vertreter der Nebenkläger in Verkehrsstrafsachen lange Plädoyers hält oder sich gar mit der Strafhöhe ausführlich auseinandersetzt. Meiner Meinung nach ist der Nebenkläger nur befugt, im Rahmen der Zulassung der Nebenklage in der Hauptverhandlung mitzuwirken, d. h. auch Fragen zu stellen oder Anträge zu formulieren. Soweit neben einer fahrlässigen Tötung noch eine Unfallflucht zur Diskussion steht, geht dieser Tatkomplex den Nebenklägervertreter absolut nichts an.

Steht eine Einstellung des Verfahrens zur Diskussion, so ist die Zustimmung des Nebenklägers weder gemäß § 153 noch gemäß § 153 a StPO erforderlich. Der Nebenkläger kann allenfalls darauf hinweisen, daß die Voraussetzungen für die Anwendung dieser Vorschriften nicht vorliegen.

10.6. Rechtsmittel des Nebenklägers

Entgegen der früheren Regelung, wonach der Nebenkläger auch den Rechtsfolgenausspruch mit Berufung oder Revision angreifen konnte, schränkte das Opferschutzgesetz die Rechtsmittelmöglichkeiten des Nebenklägers erheblich ein: Er kann das Urteil nur noch anfechten, falls der Schuldspruch zur Diskussion steht, d. h. wenn der Angeklagte wegen des Nebenklagedelikts freigesprochen wurde (§ 400 Abs. 1 StPO). Wird der Angeklagte etwa

---

8 LR-Nachtrag, *Hilger*, § 397, Rdnr. 11.

wegen einer Unfallflucht freigesprochen, so gilt die frühere Regelung, daß der Nebenkläger insoweit keine Rechtsmittelbefugnis hat, da er durch das Urteil nicht beschwert ist. Zur Klarstellung weist § 400 Abs. 1 StPO aber ausdrücklich darauf hin, daß dann die Rechtsmittelmöglichkeit entfällt, wenn der Nebenkläger das Ziel verfolgt, daß der Angeklagte wegen einer Gesetzesverletzung verurteilt wird, die nicht zum Anschluß des Nebenklägers berechtigt.

Von der Neuregelung unberührt bleibt selbstverständlich die Befugnis des Nebenklägers, sich in der Berufungs- oder Revisionsinstanz am Verfahren zu beteiligen, wenn die Staatsanwaltschaft oder der Angeklagte gegen den Schuldspruch Rechtsmittel eingelegt haben.

Gegen den Nichteröffnungsbeschluß und gegen Beschlüsse, durch die das Verfahren gem. §§ 206a und 206b StPO eingestellt werden, steht dem Nebenkläger die Beschwerde zu.

10.7. Kosten der Nebenklage[9]

116 Wird der Angeklagte verurteilt, sind ihm die notwendigen Auslagen des Nebenklägers aufzuerlegen (§ 492 StPO). Dies gilt selbstverständlich nur dann, wenn die Verurteilung wegen einer Tat erfolgte, die den Nebenkläger betrifft. Im Weg der **Billigkeitsentscheidung** kann aber das Gericht davon absehen, die Nebenklägerkosten ganz oder auch nur teilweise dem Angeklagten aufzuerlegen (§ 472 Abs. 1 Satz 2 StPO). Besteht kein vernünftiger Anlaß für den Anschluß als Nebenkläger (etwa bei abgeschlossener Schadensregulierung, einem umfassenden Geständnis des Beschuldigten bereits im Ermittlungsverfahren), wird das Gericht von dieser Billigkeitsentscheidung Gebrauch machen. Dies gilt insbesondere bei einem überwiegenden Verschulden des Nebenklägers. Je nach der Quote des Mitverschuldens trifft das Gericht seine Kostenentscheidung. Das *OLG Koblenz*[10] bestätigte die Quotierung der Nebenklagekosten durch die Strafkammer, die einen Mitverschuldensanteil des getöteten Fahrzeugführers von ¾ annahm, dementsprechend die notwendigen Auslagen der Nebenklage nur in Höhe von ¼ dem Angeklagten auferlegte. Angesichts der stets möglichen Billigkeitsentscheidung kann vor Abschluß eines Prozesses keinem Mandanten eine ir-

---

9 Weitere Einzelheiten bei *Madert*, Rdnr. 84 ff.
10 Beschluß vom 27. 1. 1988, NZV 1988, 115.

gendwie geartete Kostenentscheidung des Gerichts prognostiziert werden. Daher sollte der Anwalt immer daran denken, mit dem Nebenkläger die Kosten des Verfahrens abzuklären. Nach meiner Erfahrung legen die meisten Nebenkläger dann keinen Wert mehr auf eine Vertretung, wenn sie erfahren, daß ein Rechtsschutzversicherer die Kosten einer aktiven Nebenklage nicht übernimmt.

Vor einer **Strafantragsrücknahme** durch den Nebenkläger (auch außerhalb der Hauptverhandlung) muß darauf geachtet werden, daß dem Mandanten nach der Rücknahme des Strafantrages keine Kostennachteile entstehen. Es könnte sonst dem Verteidiger so gehen, wie jenem Kollegen, der zwar seinem Mandanten einen Schadensersatzbetrag von 750,- DM verschaffen konnte, sich aber einen Schadensersatzanspruch des Mandanten in Höhe von rd. 1200,- DM einhandelte, weil er vergessen hatte, im zivilrechtlichen Vergleich die Übernahme der Verfahrenskosten nach Rücknahme des Strafantrages zugunsten seines Mandanten zu klären[11].

Der Anwalt muß in der Hauptverhandlung den Antrag stellen, dem Angeklagten die notwendigen Auslagen des Nebenklägers aufzuerlegen, denn das Gericht ist seinerseits gehalten, eine ausdrückliche Entscheidung über die notwendigen Auslagen des Nebenklägers zu treffen. Fehlt eine solche ausdrückliche Entscheidung des Gerichts, ist für eine Auslegung kein Raum. Der Anwalt hat sich daher zu vergewissern, ob die Kostenentscheidung des Gerichts im Tenor enthalten ist. Fehlt sie im Tenor, muß er gegen die Kostenentscheidung sofortige Beschwerde einlegen (§ 464 Abs. 3 StPO).

Stellt das Gericht das Verfahren gemäß § 153 StPO ein, ist der Nebenkläger vorher dazu zu hören. Er hat aber gegen die Einstellung kein Rechtsmittel. Er hat auch die Kosten selbst zu tragen, denn nur aus Billigkeitsgründen kann das Gericht die notwendigen Auslagen des Nebenklägers ganz oder zum Teil dem Angeklagten auferlegen (§ 472 Abs. 2 StPO).

Wird das Verfahren gem. § 153a StPO eingestellt, sind die notwendigen Auslagen des Nebenklägers in der Regel dem Angeklagten aufzuerlegen (§ 472 Abs. 1 und 2 StPO). Ausnahmsweise kann aber wiederum im Weg der Billigkeitsentscheidung davon abgesehen werden, dem Angeklagten die notwendigen Auslagen des Nebenklägers aufzuerlegen. Die Billigkeitsentscheidung wäre unanfechtbar (§ 464 Abs. 3 StPO).

In der Rechtsmittelinstanz gilt die Regel, daß bei einem erfolglos gebliebenen oder zurückgenommenen Rechtsmittel des Angeklagten diesem die notwen-

---

11 *Schlee*, Haftungsgefahren bei strafrechtlichen Mandanten, AnwBl. 1986, 31.

10 Nebenklage

digen Auslagen des Nebenklägers aufzuerlegen sind (§ 473 Abs. 1 Satz 2 StPO). Umgekehrt sind dem Nebenkläger die notwendigen Auslagen des Angeklagten aufzuerlegen, wenn das Rechtsmittel des Nebenklägers erfolglos blieb. Der Mandant ist grundsätzlich darauf hinzuweisen, daß er Anspruch auf Prozeßkostenhilfe hat, falls die entsprechenden Voraussetzungen dafür vorliegen (§ 397 a StPO).

Schließlich wird das Muster 15 (Antrag auf Nebenklagezulassung und Gebührenfestsetzung im Nebenklageverfahren, s. unten Rdnr. 134) hingewiesen. Dieses Muster betrifft den Fall, daß zunächst gegen den Strafbefehl Einspruch eingelegt wurde, der Einspruch nach Terminsanberaumung aber zurückgenommen wurde.

In diesem Fall hat das Gericht zunächst über die Zulassung der Nebenklage zu entscheiden. Wirksam wird der Anschluß des Nebenklägers, wenn entweder Termin zur Hauptverhandlung bestimmt oder aber der Antrag auf Erlaß des Strafbefehls abgelehnt wurde (§ 396 Abs. 1 und 2 StPO). Die Kostenentscheidung erfolgt analog § 473 Abs. 1 StPO (LR-*Schäfer*, 23. Aufl., Rdnr. 3 zu § 473).

11. Verletzten- und Nebenklagebeistand

Das Opferschutzgesetz führte den Begriff des Verletztenbeistandes und des Nebenklagebeistandes ein. Wer durch eine Straftat verletzt wird (vgl. dazu § 172 StPO), hat bereits bestimmte Befugnisse, wenn er sich auch nicht als Nebenkläger einem Verfahren anschließen will.   116a

a) Verletztenbeistand

Wer beim Verkehrsunfall verletzt wurde oder durch Unfall Sachschaden erlitten hat, kann sich des Beistandes eines Anwaltes bedienen (§ 406 d Abs. 2 Satz 2 StPO).   117

Über den Anwalt kann der Verletzte Akteneinsicht beantragen (§ 406 e Abs. 1 StPO). Der Verletzte hat Anspruch darauf, daß ihm der Ausgang des Verfahrens mitgeteilt wird, soweit er daran ein berechtigtes Interesse hat (§ 406 d StPO). Der Verletztenbeistand, d. h. der Anwalt, der sich für den Verletzten bestellt (§ 406 f Abs. 1 StPO)[1], hat ein Anwesenheitsrecht bei der Vernehmung des Verletzten, für den er dann auch Fragen beanstanden kann. Nach der Vernehmung des Verletzten besteht dieses Anwesenheitsrecht nicht mehr (§ 406 f Abs. 2 StPO).

b) Nebenklagebeistand

Der zum Anschluß als Nebenkläger Befugte (§ 395 StPO) kann sich vor der Erhebung der öffentlichen Klage, selbstverständlich aber auch danach, des Beistandes eines Rechtsanwaltes bedienen (§ 406 g StPO). Dieser Nebenklagebeistand ist zur Anwesenheit in der Hauptverhandlung berechtigt. Er kann innerhalb der Hauptverhandlung aber wohl auch das Fragerecht ausüben, da er ohne dieses elementare Recht nur als Statist an der Hauptverhandlung teilnehmen würde.   118

Entscheidend ist wohl die Verpflichtung des Gerichts, den Nebenklagebeistand von Hauptverhandlungsterminen ebenso wie von richterlichen Terminen zu benachrichtigen (§ 406 g Abs. 2 Satz 2 StPO).

Auslagen des Nebenklagebeistandes sind grundsätzlich dem Verurteilten aufzuerlegen (§§ 472 Abs. 3 Satz 1, 473 Abs. 1 Satz 2 StPO). Die Höhe der Anwaltsgebühr ergibt sich aus § 95 BRAGO, der durch Art. 4 des Op-

---

1 Muster eines Bestellungsschreibens als Zeugenbeistand an das Gericht bei *Rückel*, Strafverteidigung und Zeugenbeweis, Rdnr. 185.

11 Verletzten- und Nebenklagebeistand

ferschutzgesetzes geändert wurde. Danach erhält der Rechtsanwalt für die Tätigkeit als Beistand oder Vertreter des Verletzten die Hälfte der Gebühr, die er als Nebenklagevertreter erhalten würde. Konkret ausgedrückt: Anstelle der Mittelgebühr von 570,– DM (Hauptverhandlung vor dem Einzelrichter) erhält der Anwalt ½, d.h. 285,– DM. Hier gilt selbstverständlich aber auch die Billigkeitsentscheidung bezüglich der Kosten, so daß es stets offen sein wird, wer schließlich die Anwaltskosten des Verletzten- oder Nebenklagebeistandes zu tragen hat. Daher ist auch hier ein behutsames Vorgehen angezeigt.

12. Adhäsionsverfahren

Obwohl in Frankreich in fast jedem Strafverfahren wegen eines Verkehrsunfalles auch über die zivilrechtlichen Schadensersatzansprüche mitentschieden wird, ist in Deutschland dieses Verfahren, obwohl es seit 1943 möglich wäre, teilweise unbekannt, meist aber unbeliebt. 119

Das Opferschutzgesetz hat die Vorschriften über das Adhäsionsverfahren (§§ 403–406c StPO) erheblich umgestaltet, da der Gesetzgeber dem Optimismus huldigte, es werde sich nunmehr etwas ändern, insbesondere werde nach einem Strafprozeß der Zivilprozeß entbehrlich. Ich vermag diesen Optimismus deshalb nicht zu teilen, weil die entscheidende Vorschrift, nämlich § 405 StPO, nicht abgeschafft wurde. Diese Vorschrift erlaubt es aber dem Gericht, von einer Entscheidung über den Entschädigungsantrag des Verletzten abzusehen, wenn sich der Entschädigungsantrag zur Erledigung im Strafverfahren nicht eignet (§ 405 Satz 2 StPO). Diese Entscheidung, die in jeder Lage des Verfahrens ergehen kann, bedarf keiner Begründung, sie ist im übrigen auch unanfechtbar (§ 406a Abs. 1 StPO).

Wer sich entschließt, die Schadensersatzansprüche des Mandanten im Adhäsionsverfahren geltendzumachen (vgl. Musterantrag unten Rdnr. 136), ist an Wertgrenzen nicht gebunden, es besteht kein Anwaltszwang, allerdings richtet sich das Verfahren nur gegen den Schädiger, nicht etwa gegen dessen Haftpflichtversicherer, was wiederum zu Schwierigkeiten bei einer etwaigen Vollstreckung führen kann. Gegen Jugendliche und Heranwachsende ist ein Adhäsionsverfahren ebenso ausgeschlossen (§§ 81, 109 Abs. 2 Satz 1 JGG) wie gegen einen Betroffenen im Bußgeldverfahren (§ 46 Abs. 3 Satz 4 OWiG).

Von Bedeutung ist das Adhäsionsverfahren deshalb, weil der Adhäsionsantrag geltendgemachte Ansprüche rechtshängig werden läßt, was bei Schmerzensgeldansprüchen deshalb wichtig werden könnte, wenn eine lange Verfahrensdauer im Strafverfahren abzusehen ist und die Frage, ob wegen des Schmerzensanspruchs vor dem Zivilgericht geklagt werden soll, in der Regel davon abhängig gemacht wird, welchen Ausgang das Strafverfahren nimmt. Hier ist immer an die kurze Verjährungsfrist des § 852 BGB zu denken. Die Rechtshängigkeit wird nach überwiegender Auffassung aber erst eintreten, wenn der Adhäsionsantrag bei Gericht eingeht; obwohl vereinzelt der Ein-

12 Adhäsionsverfahren

gang bei der Staatsanwaltschaft ausreichen soll, wird diese Meinung im Schrifttum nicht geteilt[1].

Das Adhäsionsverfahren richtet sich nach strafprozessualen Grundsätzen, d. h. insbesondere hat das Gericht von Amts wegen aufzuklären (§ 244 Abs. 2 StPO), ob der Anspruch dem Grunde und der Höhe nach besteht. Dieser Untersuchungsgrundsatz verschafft dem Geschädigten, dem keine Zeugen zur Seite stehen, eine bessere Situation im Strafverfahren, insbesondere dann, wenn zivilrechtlich nicht nach dem Anscheinsbeweis eine Besserstellung in der Position des Klägers vorhanden wäre.

Entgegen den Vorschriften des Zivilprozesses hat der Antragsteller im Adhäsionsverfahren weder eine Darlegungs- noch eine Beweislast. Der Antragsteller soll allerdings Beweismittel benennen (§ 404 Abs. 1 Satz 2 StPO).

Hält das Gericht den Anspruch ganz oder teilweise für unbegründet, so weist es den Antrag nicht ab, sondern es sieht von einer Entscheidung über den Antrag ab. Damit verliert der Antragsteller nicht seine zivilrechtlichen Ansprüche, vielmehr kann er diese Ansprüche vor einem Zivilgericht erneut einklagen (§ 406 Abs. 3 Satz 2 StPO).

Spricht das Gericht einen Entschädigungsanspruch dem Grunde oder auch der Höhe nach zu, so wirkt diese Entscheidung des Strafrichters bindend. Wird dagegen etwa nur die Hälfte des Anspruchs dem Grunde nach für gerechtfertigt erklärt, hindert dies wiederum den Verletzten nicht, den nicht zuerkannten Teil des Anspruchs vor dem Zivilgericht geltendzumachen.

Der Angeklagte kann mit Rechtsmitteln nur den zivilrechtlichen Teil des Urteils anfechten, kann also den strafrechtlichen Teil des Urteils rechtskräftig werden lassen (§ 406a Abs. 2 Satz 1 StPO). Legt der Angeklagte insgesamt Rechtsmittel ein und wird er daraufhin freigesprochen, ist eine Entscheidung, mit der dem Entschädigungsantrag stattgegeben wurde, aufzuheben, selbst wenn das Urteil insoweit nicht angefochten worden sein sollte (§ 406a Abs. 3 StPO).

Die Kosten des Adhäsionsverfahrens werden gem. § 472a StPO dem Angeklagten auferlegt, wenn er zur Entschädigung des Verletzten verurteilt wird. Sieht das Gericht von einer Entscheidung über den Entschädigungsbetrag ganz oder teilweise ab, so entscheidet es nach pflichtgemäßem Ermessen, wer die insoweit entstandenen Auslagen des Gerichts und der Beteiligten trägt

---

1 *Schirmer,* Das Adhäsionsverfahren nach neuem Recht, die Stellung der Unfallbeteiligten und deren Versicherer, DAR 88, 121 ff., insbesondere Seite 122.

(§ 472a Abs. 2 Satz 1 StPO). Die Anwaltsgebühren richten sich nach § 89 BRAGO. Möglicherweise kann daneben noch eine Vergleichsgebühr anfallen (§§ 89 Abs. 4, 23 BRAGO). Im ersten Rechtszug beträgt die Einheitsgebühr das Eineinhalbfache, in der weiteren Instanz das Doppelte der vollen Gebühr (§ 11 BRAGO). Diese Gebührenregelung wird für den gebührenbewußten Anwalt keinen Anreiz darstellen, seinen Mandanten im Falle eines Straßenverkehrsunfalles anzuraten, zivilrechtliche Ansprüche im Strafprozeß geltendzumachen. Es darf jedoch nicht unbeachtet bleiben, daß möglicherweise bei einem routinierten Richter sehr schnell über den Grund des Anspruchs und die Höhe entschieden werden kann, so daß bei einem zügig durchgeführten Strafverfahren doch der Anreiz größer ist, das Adhäsionsverfahren zu betreiben als es zunächst den Anschein hat.

Abschließend ist noch darauf hinzuweisen, daß Kosten, die dem Angeklagten deshalb entstehen, weil er im Adhäsionsverfahren Schadensersatzansprüche des Verletzten abzuwehren versucht, vom Haftpflichtversicherer zu decken sind, da er verpflichtet ist, insoweit seinen VN von Kosten freizustellen (§ 150 Abs. 1 Satz 1 VVG).

13. Muster von Verteidigeranträgen bzw. sonstigen Verteidigerschreiben[1]

Übersicht

	Rdnr.
1. Verteidigerbestellung	120
2. Honorarvereinbarung	121
3. Antrag auf Verfahrenseinstellung nach erfolgter Schadensregulierung	122
4. Ausnahme vom vorläufigen Entzug der Fahrerlaubnis	123
5. Einstellungsantrag	124
6. Sachverständigenladung durch den Verteidiger	125
7. Zeugenladung durch den Verteidiger	126
8. Beweisantrag auf Anhörung eines Sachverständigen	127
9. Antrag des freigesprochenen Angeklagten auf Kostenfestsetzung	128
10. Sofortige Beschwerde gegen die Kostenentscheidung gem. § 465 Abs. 2 StPO	129
11. Berufungseinlegung	130
12. Berufungsbeschränkung und -begründung	131
13. Revisionseinlegung	132
14. Bestellung zum Verletzten- und Nebenklagebeistand sowie Antrag auf Zulassung der Nebenklage	133
15. Antrag auf Auferlegung der Kosten der Nebenklage	134
16. Gegenvorstellung gegen einen Beschluß, mit dem der Antrag auf Zulassung der Nebenklage zurückgewiesen wurde	135

---

1 Weitere praktische Beispiele zu Schreiben und Anträgen im Strafverfahren s. die anderen Beiträge der Reihe „Praxis der Strafverteidigung": Band 2: *Kahlert,* Verteidigung in Jugendstrafsachen, 2. Aufl. 1986; Band 3: *Weihrauch,* Verteidigung im Ermittlungsverfahren, 4. Aufl. 1995; Band 4: *Eberth/Müller,* Verteidigung in Betäubungsmittelsachen, 2. Aufl. 1993; Band 5: *Madert,* Anwaltsgebühren in Straf- und Bußgeldsachen, 2. Aufl., 1996; Band 6: *Beck/Berr,* OWi-Sachen im Straßenverkehrsrecht, 2. Aufl., 1994; Band 7: *Ulsenheimer,* Arztstrafrecht, 1988; Band 8: *Volckart,* Verteidigung in der Strafvollstreckung und im Strafvollzug, 1988; Band 9: *Rückel,* Strafverteidigung und Zeugenbeweis, 1988; Band 10: *Schlothauer,* Vorbereitung der Hauptverhandlung durch den Verteidiger, 1988; Band 11: *Beulke,* Die Strafbarkeit des Verteidigers, 1989; Band 12: *Müller,* Strafverteidigung im Überblick, 1989; Band 13: *Malek/Rüping,* Zwangsmaßnahmen im Ermittlungsverfahren – Verteidigerstrategien, 1991; Band 14: *Schlothhauer/Weider,* Untersuchungshaft, 2. Aufl., 1996; Band 15: *Himmelreich/Bücken,* Verkehrsunfallflucht, 2. Aufl., 1995; Band 16: *Michalke,* Umweltstrafsachen, 1991; Band 17: *Marxen/Tiemann,* Die Wiederaufnahme in Strafsachen, 1993; Band 18: *Malek,* Verteidigung in der Hauptverhandlung, 2. Aufl. 1997; Band 19: *Quedenfeld/Füllsack,* Verteidigung in Steuerstrafsachen, 1996.

17. Antrag auf Bewilligung von Prozeßkostenhilfe und Zahlung
    eines Schmerzensgeldes im Adhäsionsverfahren 136
18. Beschwerde gegen vorläufige Entziehung der Fahrerlaubnis 137
19. Antrag auf Entschädigungsleistung 138

13 Muster von Anträgen

120 Muster 1
Verteidigerbestellung

An die
Staatsanwaltschaft
Saarbrücken
60 Js 2310/82

In dem Ermittlungsverfahren

gegen Erich Meier

bestelle ich mich zum Verteidiger des Beschuldigten; auf mich lautende Strafprozeßvollmacht füge ich bei.

Mein Mandant wird sich schriftlich über mich zur Sache einlassen, sobald ich Akteneinsicht erhalten habe.

Hiermit bitte ich höflichst darum, mir alsbald Akteneinsicht zu bewilligen; die sofortige Rückgabe der Akten wird ausdrücklich zugesichert.

Rechtsanwalt

Muster 2 121
Honorarvereinbarung[1]

Honorarvereinbarung

In dem Ermittlungsverfahren gegen mich wegen fahrl. Tötung (Vorfall vom 10. 4. 1982) habe ich Herrn Rechtsanwalt Dr. S. Brent zu meinen Verteidiger bestellt.

Im Hinblick auf die Bedeutung und den Umfang der Sache verpflichte ich mich (neben den gesetzlichen Gebühren; anstelle der gesetzlichen Gebühren, falls diese nicht höher sind), ein Grundhonorar in Höhe von

2000,– DM

(i. W.: Zweitausend Deutsche Mark) zu zahlen, fällig wie folgt: 1. Rate bis zum 31. 7. 1982 in Höhe von 1000,– DM, 2. Rate in Höhe von 1000,– DM bis zum 31. 8. 1982.

Für jeden Hauptverhandlungstag zahle ich außerdem ein Honorar von je

2000,– DM

(i. W.: Zweitausend Deutsche Mark), fällig wie folgt:
1. Rate von 1000,– DM spätestens bis 6 Wochen vor der Hauptverhandlung,
2. Rate von 1000,– DM 4 Wochen vor der Hauptverhandlung.

Darüberhinaus gilt folgende Sondervereinbarung:
Auslagen, Reisekosten, Tagegelder, Abwesenheitsgelder, Mehrwertsteuer und dergl. werden gesondert berechnet.

Für jede weitere Instanz bleibt für die Vertretung oder Sachbearbeitung eine neue Honorarvereinbarung vorbehalten. Wird eine solche neue Honorarvereinbarung nicht getroffen, so gilt die Hauptverhandlung des jeweiligen neuen Rechtszuges als Verhandlungstag.

Hiermit bestätige ich den Empfang einer Durchschrift dieser Honorarvereinbarung.

Saarbrücken, den 1. 6. 1982 ....

---

[1] Weitere einschlägige Muster: *Madert*, Muster 1–7.

13 Muster von Anträgen

122 Muster 3
Antrag auf Verfahrenseinstellung nach erfolgter Schadensregulierung[1]

An die
Staatsanwaltschaft
Saarbrücken

60 Js 1234/81

In dem Ermittlungsverfahren

gegen Helmut Schneider

stelle ich den

Antrag:
Das Verfahren gem. § 153a StPO unter Bußauflage vorläufig einzustellen.

Gründe:
Mein Mandant hat sich in meiner Gegenwart wie folgt geäußert:
„Die Unfallschilderung der Polizei trifft zu. Ich geriet beim Befahren der Mainzer Straße zu weit nach rechts und streifte den dort stehenden PKW des Zeugen Meier. Ich fuhr dann weiter, da ich Angst vor der Polizei hatte. Bereits am nächsten Tage setzte ich mich mit dem Zeugen Meier in Verbindung und habe ihm den Schaden gemäß Reperaturkostenvoranschlag in Höhe von 540,– DM bezahlt.
Mit einer Verfahrenseinstellung gegen Bußauflage bin ich einverstanden."

....

Abschließend gestatte ich mir den Hinweis auf die beigefügte Erklärung des Zeugen Meier, der zu entnehmen ist, daß der Zeuge sich nach Zahlung des Betrages von 540,– DM bezüglich aller Schadensersatzansprüche für abgefunden erklärt und er kein Interesse mehr an der Strafverfolgung hat. Auch dürfte es wesentlich sein, daß der Zeuge gemäß der beigefügten Erklärung auf einen schriftlichen Einstellungsbescheid der Staatsanwaltschaft verzichtet.

Rechtsanwalt

---

[1] Weitere einschlägige Muster für Einstellungsanträge: unten, Rdnr. 124, ferner: *Müller*, Überblick, Rdnr. 157; *Kahlert*, Rdnr. 112; *Weihrauch*, Rdnr. 174, 185, 198, 205; *Beck/Berr*, OWi-Sachen im Straßenverkehrsrecht, Rdnr. 562; *Himmelreich/Bücken*, Verkehrsunfallflucht, Rdnr. 313–315.

Muster von Anträgen 13

Muster 4
Ausnahme vom vorläufigen Entzug der Fahrerlaubnis

An das
Amtsgericht
– Strafabteilung –
Saarbrücken
6 Gs 103/82

In dem Ermittlungsverfahren

gegen Hugo Ernst

stelle ich den

Antrag:
Vom vorläufigen Entzug der Fahrerlaubnis Fahrzeuge der Klasse II einschließlich Omnibusse zur Personenbeförderung auszunehmen.

Gründe:
Der Beschuldigte hat den Unfall vom 1. 4. 1982 mit seinem Privat-PKW verursacht. Der dabei festgestellte Blutalkoholwert lag bei 1,6‰. Dem Beschuldigten, der seit 15 Jahren ohne Beanstandung Omnibusse der Gesellschaft für Straßenbahnen im Saartal AG fährt (vgl. beigefügte Bescheinigung), droht seine Entlassung, falls vorstehend beantragte Ausnahme nicht bewilligt wird. Angesichts der langen, unfallfreien Fahrpraxis als Berufskraftfahrer läßt es sich vertreten, dem Antrag stattzugeben, zumal der Beschuldigte während seinen berufsbedingten Fahrten der regelmäßigen Kontrolle der Fahrmeister der Gesellschaft für Straßenbahnen im Saartal AG unterliegt.

Rechtsanwalt

13 Muster von Anträgen

124 Muster 5
Einstellungsantrag

An das
Amtsgericht
– Strafabteilung –
Saarbrücken

63 Js 6253/81

In dem Ermittlungsverfahren

gegen Christoph Wolff

stelle ich den

Antrag:
Das Verfahren gem. § 153 StPO einzustellen.

Gleichzeitig beantrage ich hilfsweise:
Das Verfahren gem. § 153a StPO unter Bußauflage einzustellen.

Gründe:

Mein Mandant hat sich in meiner Gegenwart wie folgt eingelassen:
„Der in der Verkehrsunfallanzeige festgehaltene Sachverhalt trifft zu. Meine Geschwindigkeit betrug lediglich 50 km/h. Den auf der Fahrbahn liegenden Fußgänger sah ich erst im letzten Augenblick, da ich mich mehr auf den entgegenkommenden PKW konzentriert hatte, der mehrfach auf- und abblinkte.
Bereits im 2. Weltkrieg erwarb ich den Wehrmachtsführerschein, der nach meiner Entlassung aus der Kriegsgefangenschaft umgeschrieben wurde. Meine jährliche Fahrleistung liegt bei 50 000 km."

....

Mein Mandant nimmt seit mehr als 40 Jahren ohne Beanstandung am Straßenverkehr teil.
Das Verschulden meines Mandanten ist gering.
Mein Mandant bedauert außerordentlich, daß der Fußgänger tödliche Verletzungen davontrug.
Falls wider Erwarten eine Einstellung des Verfahrens gem. § 153 StPO abgelehnt werden sollte, ist mein Mandant auch damit einverstanden, daß das vorliegende

Verfahren gem. § 153a StPO unter Bußauflage eingestellt wird. Das durchschnittliche monatliche Nettoeinkommen des Mandanten beläuft sich auf 1500,– DM. Die Ehefrau meines Mandanten ist seit Monaten bettlägerig erkrankt. Die beiden minderjährigen Kinder des Mandanten müssen durch Dritte versorgt werden.

Ich rege an, die Bußauflage den schlechten finanziellen Verhältnissen des Mandanten anzupassen.

Falls die Bußauflage den Betrag von 500,– DM übersteigen sollte, bitte ich höflichst darum, dem Mandanten Ratenzahlungen zu bewilligen.

Rechtsanwalt

13 Muster von Anträgen

125 Muster 6
Sachverständigenladung durch den Verteidiger[1]

An den
Herrn KFZ-Sachverständigen
Dr. Ulrich Löhle
Skagerrak-Straße 1
79100 Freiburg

durch den

Herrn Obergerichtsvollzieher
K. H. Schwarz
Bahnstraße 60
66117 Saarbrücken

Sachverständigenladung

In der Strafsache

gegen Alfons Schäfer

wegen fahrl. Tötung

lade ich Sie hiermit in meiner Eigenschaft als Vertreter der Nebenkläger gem. § 220 StPO
als Sachverständigen
zu der am 1. 9. 1993, 9.00 Uhr, Amtsgericht Saarlouis, Sitzungssaal 40, stattfindenden Hauptverhandlung.

Gemäß fernmündlicher Rücksprache haben Sie auf die Hinterlegung bzw. Darbietung der Ihnen gesetzlich zustehenden Entschädigung für Reisekosten und Versäumnis zunächst verzichtet, nachdem ich mich persönlich für die entstehenden Gebühren starkgesagt habe. Ich gestatte mir den Hinweis auf § 51 StPO; diese Vorschrift lautet wie folgt:

„Einem ordnungsgemäß geladenen Zeugen, der nicht erscheint, werden die durch das Ausbleiben verursachten Kosten auferlegt. Zugleich wird gegen ihn ein Ordnungsgeld und für den Fall, daß dieses nicht beigetrieben werden kann, Ordnungshaft festgesetzt. Auch ist die zwangsweise Vorführung des Zeugen zulässig; § 135 StPO gilt entsprechend. Im Falle wiederholten Ausbleibens kann das Ordnungsgeld noch einmal festgesetzt werden."

Gemäß § 72 StPO ist auf Sachverständige der 6. Abschnitt der StPO über Zeugen (und damit der vorstehend zitierte § 51 StPO) entsprechend anzuwenden.

---

1 Weiteres Muster für Sachverständigenladung durch den Verteidiger: *Schlothauer*, Rdnr. 219.

Muster von Anträgen 13

Muster 7
Zeugenladung durch den Verteidiger[1]

126

Herrn Facharzt
Dr. Egon Hartung
Viktoriastraße 20

66117 Saarbrücken

durch den

Herrn Obergerichtsvollzieher
W. Braun
Bahnstraße 60

66117 Saarbrücken

Zeugenladung

In der Strafsache

gegen Hans Josef Noll

wegen fahrl. Tötung

lade ich Sie in meiner Eigenschaft als Verteidiger des Angeklagten gem. § 220 StPO
als Zeuge
zu der am Dienstag, dem 13. 7. 1993, vormittags 9.00 Uhr, vor der Jugendkammer III des Landgerichts Saarbrücken, Hindenburgstraße 15, Sitzungssaal 38, stattfindenden Hauptverhandlung.

Den Betrag von 100,– DM zur Deckung der Ihnen gesetzlich zustehenden Entschädigung für Reisekosten und Versäumnis habe ich heute unter dem Aktenzeichen GHB 212/93 bei der Gerichtskasse Saarbrücken hinterlegt; der Hinterlegungsnachweis ist beigefügt.

Ich weise auf die Bestimmung des § 51 Abs. 1 StPO hin, die wie folgt lautet:
„Einem ordnungsgemäß geladenen Zeugen, der nicht erscheint, werden die durch das Ausbleiben verursachten Kosten auferlegt. Zugleich wird gegen ihn ein Ordnungsgeld und für den Fall, daß dieses nicht beigetrieben werden kann, Ordnungshaft festgesetzt. Auch ist die zwangsweise Vorführung des Zeugen zulässig; § 135 StPO gilt entsprechend. Im Falle wiederholten Ausbleibens kann das Ordnungsgeld noch einmal festgesetzt werden."

Rechtsanwalt

---

[1] Weiteres Muster für eine Zeugenladung bei *Rückel*, Strafverteidigung und Zeugenbeweis, Rdnr. 180; *Schlothauer*, Rdnr. 219.

183

13 *Muster von Anträgen*

127 **Muster 8**
Beweisantrag auf Anhörung eines Sachverständigen[1]

An das
Amtsgericht
– Schöffengericht –
Saarbrücken
24–13/80

In der Strafsache

gegen Peter Heck

wegen fahrl. Tötung

stelle ich folgenden **Beweisantrag:**
>Zum Beweis dafür, daß der PKW des Zeugen Schleicher zum Unfallzeitpunkt mit einer Geschwindigkeit von 100 km/h und mehr fuhr
>
>**beantrage ich**
>
>die Anhörung eines KFZ-Sachverständigen.

Gründe:
Zwar beträgt die festgestellte Bremsspur nur 30 m, indes ist zu berücksichtigen, daß beide Fahrzeuge bei dem Unfall total beschädigt wurden. Da es sich um zwei stabile Fahrzeuge handelt (Mercedes 280 SE / BMW 730), bedeutet die Verformung der jeweiligen Frontpartie bis zur Spritzwand, daß alleine bei dem Anstoß eine kinetische Energie in der Größenordnung von mindestens 50 km/h vernichtet wurde. Wenn auch die einzelnen Beschädigungen der beiden Fahrzeuge keine 100%ig exakte Geschwindigkeitsangabe zulassen, bleibt doch festzustellen, daß nach dem derzeitigen Stand der Wissenschaft die Verformung der jeweiligen

---

[1] Weitere einschlägige Muster für Beweisanträge: *Müller*, Überblick, Rdnr. 160; *Kahlert*, Rdnr. 116–119, 121; *Eberth/Müller*, Verteidigung in Betäubungsmittelsachen, Muster 3; *Weihrauch*, Rdnr. 150; *Rückel*, Strafverteidigung und Zeugenbeweis, Rdnr. 176 ff.; *Schlothauer*, Rdnr. 106, 131; *Michalke*, Rdnr. 266–268.

Frontpartie um mindestens je 50 cm gleichbedeutend ist mit der Vernichtung kinetischer Energie, wie sie bei Tests (Maueraufprall bei 50 km/h) festgestellt wurden; als Sachverständigen für die Vernichtung der kinetischen Energie benenne ich den Dipl.-Ing. Edwin S. Kiefer, zu laden bei der Adam OPEL AG, Rüsselsheim.

Rechtsanwalt

13 Muster von Anträgen

128 Muster 9
Antrag des freigesprochenen Angeklagten auf Kostenfestsetzung[1]

An das
Amtsgericht
– Schöffengericht –
Saarbrücken
8-200/92

In der Strafsache

gegen Erwin Forster

beantrage ich, die nachstehend berechneten Kosten gegen die Landeskasse festzusetzen und die Gerichtskasse anzuweisen, den unten errechneten Betrag auf mein Postscheckkonto Saarbrücken Nr.... zu überweisen.

I. Gebühren des Verteidigers

1. Gebühr gem. § 83 BRAGO (Termin vom 11. 1. 1993)   1 060,— DM
2. Gebühr gem. § 83 BRAGO (Termin vom 30. 6. 1993)   1 060,— DM
3. Pauschsatz   30,— DM
4. Kosten für 399 Kopien gem. § 27 BRAGO
   a) 50 Kopien à 1,— DM = 50,— DM
   b) 349 Kopien à 0,30 DM = <u>104,70 DM</u>   154,70 DM
5. 15% Mehrwertsteuer   <u>345,71 DM</u>
       2 650,41 DM

II. Auslagen des Freigesprochenen

1. Verdienstausfall gem. § 2 II ZSEG
   a) anläßlich der drei Rücksprachen mit dem Unterzeichner; je Rücksprache 2 Stunden = 6 Stunden,
   b) anläßlich der Hauptverhandlungen vom 11. 1. 1993 und 30. 6. 1993, je 2 Stunden = 4 Stunden, = insgesamt 10 Stunden à 12,— DM =   120,— DM

---

[1] Weitere Muster für Kostenfestsetzungsgesuche bei *Madert*, Muster 11–22; s. auch die Checkliste für Kostenrechnungen in Strafsachen bei *Himmelreich/Bücken*, Rdnr. 325.

Muster von Anträgen 13

2. Fahrtkosten gem.
§ 9 III ZSEG
a) zu den drei Rücksprachen beim Unterzeichner; Entfernung hin und zurück
20 km × 3 = 60 km
b) zu den Hauptverhandlungsterminen vom 11. 1. 1993 und 30. 6. 1993, Entfernung hin u. zurück 10 km × 2 = 20 km
insgesamt 80 km × 0,40 DM =   32,— DM   152,— DM
                                                                                                    2 802,41 DM

Ich bitte auszusprechen, daß die Kosten mit 4% seit Antragstellung zu verzinsen sind.

Gründe für vorstehenden Kostenantrag:

Die Höchstgebühr wurde deshalb in Ansatz gebracht, weil es sich um ein außerordentlich umfangreiches Verfahren handelte, das sowohl im tatsächlichen als auch im rechtlichen Bereich Problemlösungen erforderte.

Hinzu kommt, daß sich der Verteidiger mit drei umfangreichen Sachverständigengutachten auseinandersetzen mußte. Die Auseinandersetzung mit diesen Gutachten machte ein umfangreiches Quellenstudium erforderlich. Die jeweilige Terminvorbereitung (erneute Durcharbeitung der Sachverständigengutachten) einschließlich der notwendigen Rücksprachen mit dem Mandanten war ungewöhnlich zeitaufwendig.

Rechtsanwalt

13 *Muster von Anträgen*

129 **Muster 10**
Sofortige Beschwerde gegen die Kostenentscheidung gem. § 465 Abs. 2 StPO[1]

An das
Amtsgericht
– Schöffengericht –
Saarbrücken

8–421/81

In der Strafsache

gegen Justus Brant

lege ich hiermit gegen den Beschluß vom 15. 7. 1982

sofortige Beschwerde

ein.

Gründe:

Die sofortige Beschwerde richtet sich lediglich dagegen, daß die Kosten des Sachverständigen Prof. Dr. Jellinek nicht erstattet wurden.

Entgegen der Auffassung des angefochtenen Beschlusses sind die Sachverständigenkosten erstattungsfähig. Ich gestatte mir den Hinweis auf die Entscheidung des LG Verden vom 23. 5. 1969 (VersR 70, 558). Der Leitsatz dieser Entscheidung lautet wie folgt:

„Als notwendige Auslagen können auch Aufwendungen für Verteidigungsmaßnahmen angesehen werden, die im Ergebnis den Ausgang des Strafverfahrens nicht beeinflußt haben. Es kommt nur darauf an, ob die kostenverursachende Handlung z. Zt. ihrer Vornahme aus der Sicht des Angeklagten bzw. seines Verteidigers zur zweckentsprechenden Rechtsverfolgung notwendig erschien (hier: Einholung eines privaten Sachverständigengutachtens).

Zu demselben Ergebnis kommt eine Entscheidung des OLG Koblenz vom 16. 10. 1963 (NJW 1964, 462).

Nach der Auffassung des OLG Koblenz kommt es darauf an, ob das private Sachverständigengutachten für die Verteidigung des Angeklagten geeignet und zweckmäßig war.

---

1 S. auch *Madert*, Muster 11.

Muster von Anträgen 13

Schließlich ist auf die Entscheidung des LG Bremen vom 11. 10. 1967 (KostRsp StPO § 467 B, Nr. 40) hinzuweisen. Das Landgericht Bremen hat entschieden, daß zu den notwendigen Auslagen des Betroffenen auch die Kosten der Hinzuziehung eines privaten Sachverständigen gehören, wenn der Beschuldigte wegen der Abgelegenheit des Rechtsgebietes zu seiner Verteidigung nicht nur der Hilfe eines Anwalts, sondern auch der eines Sachverständigen bedurfte.

Schließlich kann nicht unerwähnt bleiben, daß die Landeskasse ja auch die Kosten der von der Staatsanwaltschaft angeforderten Gutachten trägt, obwohl diese Gutachten letztlich für die Staatsanwaltschaft keine positiven Gesichtspunkte erbrachten.

Rechtsanwalt

13 Muster von Anträgen

130 Muster 11
Berufungseinlegung[1]

An das
Amtsgericht
– Strafabteilung –
Saarbrücken
Az.: 6 Ds 5/93

In der Strafsache

gegen Ernst Meier

lege ich hiermit gegen das Urteil vom 7.12.1993 das Rechtsmittel der

Berufung[2]

ein.

Gleichzeitig stelle ich den

Antrag:
Die Berufung anzunehmen.
Schließlich lege ich gegen die Kostenentscheidung das Rechtsmittel der

sofortigen Beschwerde

ein.

Gründe:

Der Angeklagte beabsichtigt, die Berufung zu begründen. Ich darf vorweg darum bitten, mir die Sitzungsniederschrift vom 7.12.1993 nach Fertigstellung zuzuleiten.

Der Antrag auf Annahme der Berufung wird bereits jetzt schon damit begründet, daß ein Freispruch des Angeklagten hätte erfolgen müssen. Das Gericht hat die

---

1 Weitere Muster für Rechtsmitteleinlegungen: *Müller*, Überblick, Rdnr. 162–165; *Kahlert*, Rdnr. 126, 127.
2 Besser wäre es wohl, in allen Fällen nur ein „Rechtsmittel" einzulegen, das nach Zustellung der schriftlichen Urteilsgründe immer noch als Berufung bezeichnet werden kann. Warum das so ist, wird unter der Rdnr. 99 erklärt.

Muster von Anträgen 13

beiden Beweisanträge der Verteidigung auf Vernehmung des Zeugen Schulze bzw. auf Anhörung eines Sachverständigen als verspätet zurückgewiesen.

Da bis zum Schluß der Beweisaufnahme die Verteidigung Beweisanträge stellen kann, hätten die beiden Beweisanträge nicht als unzulässig zurückgewiesen werden dürfen. Die Verteidigung behält sich indes vor, nach Eingang der Sitzungsniederschrift den Annahmeantrag weiter zu begründen.

Rechtsanwalt

13 Muster von Anträgen

131 Muster 12
Berufungsbeschränkung und -begründung[1]

An das
Landgericht
– 7. Strafkammer –
Saarbrücken

7 Ns 40/81

In der Strafsache

gegen Ernst Meier

wird die am 15. 4. 1982 eingelegte Berufung auf den Straf- und Maßregelausspruch beschränkt.

Gleichzeitig wird die Berufung wie folgt **begründet:**

Der Angeklagte war in vollem Umfang geständig. Er ist vorbestraft, jedoch liegt die Vorstrafe bereits vier Jahre zurück. Die Verhängung einer Freiheitsstrafe war daher nicht erforderlich. Es hätte, wie in gleichartigen Fällen üblich, eine Geldstrafe verhängt werden müssen.

Die Entziehung der Fahrerlaubnis wird in der Berufungsverhandlung nicht mehr erforderlich sein, da der Angeklagte bereits heute schon zwölf Monate seine Fahrerlaubnis entbehrt. Die Voraussetzungen des § 69a Abs. 1 StGB liegen nicht vor. Auch der festgestellte Blutalkoholwert von 1,35‰ rechtfertigt die verhängte Sperrfrist nicht.

Da in jeder Lage des Verfahrens zu prüfen ist, ob der Angeklagte noch ungeeignet zum Führen von Kraftfahrzeugen ist (§ 111a Abs. 2 StPO), stelle ich bereits jetzt schon den

Antrag:
Den Beschluß des AG Saarbrücken vom 10. 5. 1981 aufzuheben und den Führerschein des Mandanten (über mich) zurückzugeben.

Rechtsanwalt

---

[1] Weiteres Beispiel für eine Berufungsbeschränkung bei *Rückel,* Strafverteidigung und Zeugenbeweis, Rdnr. 184.

Muster von Anträgen 13

Muster 13
Revisionseinlegung

132

An das
Landgericht
– 6. Strafkammer –
Saarbrücken
6–18/81

In der Strafsache

gegen Josef Sonnenfels

lege ich hiermit gegen das Urteil vom 8. 1. 1982

Revision

ein und stelle den

Antrag:
Das angefochtene Urteil nebst den zugrundeliegenden Feststellungen aufzuheben und die Sache zur erneuten Verhandlung und Entscheidung (auch bezüglich der Kosten der Revision) an eine andere Strafkammer des LG Saarbrücken zurückzuverweisen.

Gründe:
Gerügt wird die Verletzung materiellen Rechts[1]. Gegen die Kostenentscheidung lege ich das Rechtsmittel der

sofortigen Beschwerde[2]

ein.

Rechtsanwalt

---

1 Die früher von mir vertretene Auffassung, in die Revisionseinlegungsschrift gehöre auch die Prozeßrüge hinein, vertrete ich nicht mehr, da gute Gründe dagegen sprechen (vgl. z. B. die harsche Kritik, die *Barton* – StV 1991, 325 – an dieser Formulierung übt).

2 Da die Frist für die Kostenbeschwerde nur eine Woche (!) beträgt (§§ 464 Abs. III, 311 Abs. II StPO), sollte immer dann, wenn auch nur die geringsten Bedenken gegen die Kostenentscheidung auftauchen, das Rechtsmittel der sofortigen Beschwerde eingelegt werden. Dieses Rechtsmittel kann jederzeit zurückgenommen werden, wenn sich später herausstellen sollte, daß an der Beschwerde nichts dran ist.

133 Muster 14
Bestellung zum Verletzten- und Nebenklagebeistand sowie Antrag auf Zulassung der Nebenklage[1]

An das
Amtsgericht
– Strafabteilung –
Saarbrücken
26–304/88

In der Strafsache

gegen Peter Lamm

bestelle ich mich zum

Verletzten- und Nebenklagebeistand

meiner beiden Mandanten, nämlich der Frau Eva Reich und des Herrn Franz Kenn (§§ 406f u. g StPO); auf mich lautende Vollmacht füge ich bei.
Meine Mandanten hatten bereits bei der Polizei am 12. 4. 1987

Strafantrag

gestellt (vgl. Bl. 49 u. 63 d. A.).

Hiermit stelle ich den

Antrag:
Meine Mandanten, anwaltlich vertreten durch mich, als Nebenkläger zuzulassen.

Gründe:

Während Herr Kenn bei dem Unfall schwere Verletzungen davontrug (Bruch der Kniescheibe und des Nasenbeins), wurde Frau Reich nur leicht verletzt (multiple Körperprellungen).
Dennoch liegen die Voraussetzungen des § 395 Abs. 3 StPO vor, da der Angeklagte behauptet, der Unfall sei ausschließlich auf das schuldhafte Verhalten des Herrn Kenn zurückzuführen.

---

[1] Weiteres Muster für Anträge auf Zulassung der Nebenklage: *Müller*, Überblick, Rdnr. 166.

Da der gegnerische Haftpflichtversicherer in den vergangenen 12 Monaten auf Betreiben des Angeklagten noch keine Mark Schadensersatz zahlte, sollte das Gericht die weiteren Voraussetzungen des § 395 Abs. 3 StPO bejahen.

13 *Muster von Anträgen*

134 **Muster 15**
Antrag auf Auferlegung der Kosten der Nebenklage

An das
Amtsgericht
– Strafabteilung –
Saarbrücken
26–233/93

In der Strafsache

gegen Wilhelm Blau

stelle ich hiermit den

Antrag:
Die Kosten des Nebenklägers dem Verurteilten aufzuerlegen und mir eine vollstreckbare Beschlußausfertigung wegen der nachstehenden Beträge zu erteilen:

1. Gebühr gem. § 95 i.V.m. § 84 BRAGO	285,— DM
2. Pauschsatz	30,— DM
3. 15% Mehrwertsteuer	47,25 DM
	362,25 DM

Ich bitte auszusprechen, daß die Kosten mit 4% seit Antragstellung zu verzinsen sind.

Gründe:

Der Angeklagte hat nach der Anberaumung des Hauptverhandlungstermins den Einspruch zurückgenommen. Er ist daher in die Kosten zu verurteilen.

Rechtsanwalt

Muster von Anträgen 13

Muster 16
Gegenvorstellung gegen einen Beschluß, mit dem der Antrag auf Zulassung der Nebenklage zurückgewiesen wurde.

135

An das
Amtsgericht
– Strafabteilung –

Saarbrücken

26–304/88

In der Strafsache

gegen Peter Lamm

erhebe ich

Gegenvorstellung

gegen den Beschluß vom 22. 8. 1989, mit dem die Anträge auf Zulassung der Nebenklage zurückgewiesen wurden. Gleichzeitig stelle ich den

Antrag:
Den Beschluß vom 22. 8. 1989 aufzuheben und sowohl Herrn Kenn als auch Frau Reich als Nebenkläger zuzulassen.

Gründe:

I.

Zwar ist die Entscheidung vom 22. 8. 1989 unanfechtbar (§ 396 Abs. 2 StPO), dies hindert aber nicht eine nachträgliche Überprüfung und eine etwaige Bejahung der Berechtigung zum Anschluß (KK-Pelchen, § 396 Rdnr. 8; LR-Hilger, § 396, Rdnr. 6).

II.

Entgegen dem Beschluß vom 22. 8. 1989 liegen die Voraussetzungen des § 395 Abs. 3 StPO vor.
1. Herr Kenn wurde bei dem Unfall verletzt, – er erlitt einen Bruch der rechten Kniescheibe und des Nasenbeins.
   Nach Auffassung des Unterzeichners sind diese Verletzungen als schwer einzustufen (Beulke, DAR 1988, 116).
2. Die Schadensregulierung aus Anlaß der Verletzungen, welche meine Mandanten davontrugen, ist noch nicht abgeschlossen.

13 Muster von Anträgen

a) Frau Reich hat, obwohl sich der Unfall am 11. 4. 1987 ereignete, noch keinen Schadensersatz erhalten.
Der Haftpflichtversicherer des Angeklagten will eine rechtskräftige Entscheidung, sei es im Straf-, sei es im Zivilverfahren, abwarten.
Beweis:
Zeugnis des Sachbearbeiters Freiwald, Haftpflichtverband der Deutschen Industrie V.a.G., Beethovenstraße 13, 66111 Saarbrücken.

b) Zivilrechtliche Ersatzansprüche des Herrn Kenn wurden vom Haftpflichtversicherer des Angeklagten bisher nicht reguliert.
Beweis:
wie vor.

Am 18. 11. 1988 wurden Ersatzansprüche des Herrn Kenn im Wege der Zweitwiderklage gerichtlich geltend gemacht.
Das Urteil des Landgerichts Saarbrücken vom 9. 6. 1989, das dem Geschädigten Kenn ein Schmerzensgeld in Höhe von 3 000,— DM zusprach, hat der Angeklagte ebenso wie sein Versicherer mit der Berufung vom 11. 8. 1989 angefochten.
Beweis:
Beziehung der Akte 3 U 100/89 des OLG Saarbrücken.

Der Geschädigte Kenn hat bisher noch keinen Pfennig erhalten.
Beweis:
Zeugnis des Herrn Freiwald, b. b.

3. Der Angeklagte behauptet im vorliegenden Strafverfahren, der Unfall sei auf das alleinige Verschulden des Zeugen Kenn zurückzuführen (vgl. Bl. 63 d. A.).
Im Zivilverfahren stellte der Angeklagte dieselbe Behauptung auf. Im Schriftsatz vom 28. 9. 1988 heißt es wörtlich:
„Der Beklagte zu 2) (d. h. Herr Lamm) ist der Auffassung, daß der Verkehrsunfall einzig und allein auf das schuldhafte Verhalten des Widerbeklagten zu 2) (d. h. Herr Kenn) zurückzuführen ist."
Beweis:
Schriftsatz vom 28. 9. 1988 in der Akte 3 U 100/89.

Da der Angeklagte nicht nur die zivilrechtliche Schadensregulierung bisher verhinderte, sondern auch im Rahmen des vorliegenden Strafverfahrens die Frage des Allein- bzw. Mitverschuldens des Zeugen Kenn in den Mittelpunkt seiner Überlegungen stellt, sind die weiteren Voraussetzungen des § 395 Abs. 3 StPO erfüllt (LR-Hilger, § 395, Rdnr. 9).

III.

Rein vorsorglich berufe ich mich auf meinen Schriftsatz vom 13. 1. 1989, mit dem ich mich zum

Verletzten- und Nebenklagebeistand

meiner Mandanten bestellt hatte (§§ 406 f u. g StPO).

Ich darf höflichst darum bitten, mich über kommende Hauptverhandlungstermine zu informieren, damit ich das Anwesenheitsrecht (§ 406 g Abs. 2 StPO) wahrnehmen kann.

Rechtsanwalt

13 *Muster von Anträgen*

136 **Muster 17**
Antrag auf Bewilligung von Prozeßkostenhilfe und Zahlung eines Schmerzensgeldes im Adhäsionsverfahren

An die
Staatsanwaltschaft
Saarbrücken
60 Js 17/89

In dem Ermittlungsverfahren

gegen Waldemar Berger

habe ich mich mit Schreiben vom 6. 6. 1989 zum Verletztenbeistand meiner Mandantin Gabi Schön bestellt und gleichzeitig darum gebeten, im Falle der Erhebung der öffentlichen Klage meine Mandantin als Nebenklägerin zuzulassen.

I.

Meine Mandantin ist arbeitslos. Sie bezieht ein wöchentliches Arbeitslosengeld in Höhe von 80,40 DM. Eine Erklärung über die persönlichen und wirtschaftlichen Verhältnisse meiner Mandantin ist ebenso beigefügt wie eine Kopie des Bewilligungsbescheides des Arbeitsamtes Saarbrücken vom 29. 8. 1989.
Die Voraussetzungen für die Bewilligung der Prozeßkostenhilfe liegen vor (§§ 406 g Abs. 3 u. 4, 397 a StPO). Hiermit stelle ich den

Antrag:
Meiner Mandantin Prozeßkostenhilfe ohne Ratenzahlungen zu bewilligen und mich meiner Mandantin als Nebenklagebeistand (§ 406 g StPO) und – nach erfolgter Zulassung der Nebenklage – als Nebenklagevertreter (§ 397 a StPO) beizuordnen.

II.

Der Beschuldigte legte in seiner polizeilichen Vernehmung vom 4. 6. 1989 (Bl. 29 d. A.) ein Geständnis ab. Er räumte insbesondere ein, nach erheblichem Alkoholgenuß mit seinem Fahrrad eine Fußgängerin auf dem Bürgersteig angefahren und zu Boden geworfen zu haben. Bei dieser Fußgängerin handelt es sich um meine Mandantin, Frau Schön.
Meine Mandantin hat Anspruch auf ein Schmerzensgeld gem. §§ 823, 847 BGB.
Der Versuch, außergerichtlich den Beschuldigten zur Zahlung eines Schmerzensgeldes zu veranlassen, schlug fehl. Der Beschuldigte ließ mit Schreiben vom 21. 8. 1989 über seinen Anwalt erklären, er sei zwar grundsätzlich bereit, „durch

Muster von Anträgen 13

finanzielle Leistung den Frau Schön entstandenen Schaden wiedergutzumachen, soweit ihm dies möglich ist". Weiter teilt der Anwalt des Beschuldigten mit:
„Allerdings kann sich unser Mandant auch nicht auf überhöhte Forderungen der Gegenseite einlassen. Der von Ihnen genannte Betrag von 5 000,— DM steht nach Auffassung des Herrn Berger außer Verhältnis. Unser Mandant ist aber trotzdem willens, dem Ansinnen Frau Schöns entgegenzukommen, und zwar in Höhe eines Betrages von 1 500,— DM.

Meine Mandantin ist mit diesem Angebot nicht einverstanden.

Meine Mandantin macht nunmehr ihre Schmerzensgeldansprüche im Wege des

Adhäsionsverfahrens

geltend (§ 403 StPO).

Zur Geltendmachung ihrer Schmerzensgeldansprüche stellt die Antragstellerin, anwaltlich vertreten durch mich, nunmehr den

Antrag:
Ihr nach Klageerhebung für das Adhäsionsverfahren Prozeßkostenhilfe ohne Ratenzahlungen zu bewilligen und mich der Mandantin beizuordnen (§ 404 Abs. V StPO).

In der kommenden Hauptverhandlung werde ich den

Antrag stellen:
Den Angeklagten zu verurteilen, an die Zeugin Gabi Schön, Lessingstr. 4, 66130 Saarbrücken, ein Schmerzensgeld (dessen Höhe in das Ermessen des Gerichts gestellt wird) zuzüglich 4 % Zinsen ab Eingang des Antrages bei Gericht zu zahlen.
Ferner bitte ich auszusprechen, daß der Angeklagte verpflichtet ist, die der Nebenklägerin erwachsenen notwendigen Auslagen ebenso wie die Kosten des Adhäsionsverfahrens zu tragen.

Gründe:
Der Beschuldigte fuhr meine Mandantin, Frau Schön, an und räumte diesen Tatbestand auch ein.

Beweis:
Geständnis des Beschuldigten.

Meine Mandantin erlitt bei diesem Unfall multiple Körperprellungen, eine Gehirnerschütterung, eine Mittelfußfraktur rechts und eine Schädelprellung. Die Mandantin befand sich drei Wochen in stationärer Behandlung in der Winterberg-Klinik in Saarbrücken.

Beweis:
Gutachten des Sachverständigen Dr. Meister (Bl. 46 d. A.)

13 Muster von Anträgen

Sachansprüche der Geschädigten sind inzwischen ausgeglichen. Es verbleibt lediglich die Geltendmachung des Schmerzensgeldes.
Nach der Schmerzensgeldtabelle von Hacks-Ring-Böhm, 14. Aufl., 1989, ist in diesen Fällen ein Schmerzensgeld von mindestens 5 000,— DM angezeigt. Auf die Entscheidungen unter den lfd. Nr. 354, 358, 390 und 402 sei nur exemplarisch hingewiesen.
Bei der Bemessung des Schmerzensgeldes ist zu berücksichtigen, daß bei dem Beschuldigten eine BAK von 2,10‰ vorlag und der Beschuldigte sich weigert, mehr als 1 500,— DM zu zahlen, ganz abgesehen davon, daß diese angebotenen 1 500,— DM bisher noch nicht gezahlt wurden.
Falls es das Gericht wünscht, wird selbstverständlich die Korrespondenz vom 14. und 21. 8. 1989 vorgelegt.

Rechtsanwalt

Muster 18
Beschwerde gegen vorläufige Entziehung der Fahrerlaubnis[1]

An das
Amtsgericht
– Strafabteilung –
Saarbrücker Straße 10
66822 Lebach

5–620/93

In der Strafsache

gegen Franz Bermann

lege ich hiermit gegen den Beschluß vom 20. 12. 1993, der mir am heutigen Tage zugestellt wurde,

Beschwerde

ein.
Gleichzeitig stelle ich den

Antrag:
Den angefochtenen Beschluß vom 20. 12. 1993 aufzuheben.

Gründe:

I.

Soweit die Anklage vom 7. 10. 1993 dem Angeklagten zum Vorwurf macht, er sei ohne die erforderliche Fahrerlaubnis gefahren, wurde dieser Vorwurf eingeräumt. Es trifft zu, daß sich der Unfall am 23. 4. 1993 ereignete, während ein Fahrverbot wegen eines Verstoßes gegen das 0,8‰-Gesetz vollstreckt wurde.
Die Vollstreckung endete jedoch am 7. 6. 1993.
Seit dem 7. 6. 1993 nimmt der Angeklagte ohne Beanstandung wieder am Straßenverkehr teil. Zwischen dem 7. 6. 1993 und dem Beschluß vom 20. 12. 1993 liegen 6½ Monate!
Die Tatsache, daß der Angeklagte seit über sechs Monaten ohne Beanstandung am Straßenverkehr teilgenommen hat, steht der Annahme entgegen, der Angeklagte sei ungeeignet zum Führen eines Kraftfahrzeuges. Nach Auffassung der Verteidigung ist dem Angeklagten eine positive Prognose zu stellen.

---

1 Weiteres Muster bei *Weihrauch*, Rdnr. 221.

13 Muster von Anträgen

II.

Diese positive Prognose beruht letztlich auch darauf, daß der Angeklagte bei dem Unfall nicht unerheblich verletzt wurde (Schädelverletzung, Unterkieferbruch). Weiterhin ist zu erwähnen, daß die im Fahrzeug des Angeklagten mitfahrende Ehefrau bei dem Unfall schwer verletzt wurde (Rippenbruch, Bruch des Sternums, Ober- und Unterschenkelbruch rechts); die Ehefrau leidet heute noch an den Folgen des Unfalles.

Die Tatsache, daß sowohl der Angeklagte als auch seine Ehefrau bei dem Unfall Verletzungen davontrugen, spricht dafür, daß der Angeklagte in Zukunft besonders vorsichtig sein wird, wenn er mit dem Auto unterwegs ist.

III.

Nach der Rechtsprechung ist davon auszugehen, daß eine unauffällige Teilnahme am Straßenverkehr seit Verbüßung des Fahrverbots eine entscheidende Indizwirkung hat (LG Darmstadt, StV 1982, 415; LG Hannover, NZV 1989, 83).

Hinzu kommt vorliegend, daß der Angeklagte als Handelsvertreter dringend auf den Führerschein angewiesen ist. Während der Verbüßung des Fahrverbots entstanden ihm erhebliche Mehrkosten dadurch, daß er einen Fahrer beschäftigen mußte. Auch diese Erfahrung lehrte den Angeklagten, sich künftig besonders vorsichtig und verantwortungsbewußt im Straßenverkehr zu bewegen.

Nach alledem kann der Beschluß vom 20. 12. 1993 keinen Bestand haben, da die Voraussetzungen des § 111 a StPO nicht erfüllt sind.

Rechtsanwalt

Muster von Anträgen 13

Muster 19 138
Antrag auf Entschädigungsleistung

An die
Staatsanwaltschaft
Saarbrücken
12 Js 6307/93

In der Strafsache

gegen Rudolf Meier, Am Hesselborn 10, 66117 Saarbrücken,

hat mir der freigesprochene Mandant Mandat erteilt, Ersatzansprüche wegen unberechtigter Einbehaltung des Füherscheins geltendzumachen; auf mich lautende Vollmacht füge ich bei.
Durch Beschluß des LG Saarbrücken vom 19. 4. 1993 ist die Landeskasse verpflichtet, meinem Mandanten die Nachteile zu ersetzen, die ihm in der Zeit vom 30. 11. 1993 bis 18. 1. 1994 durch unberechtigte Beschlagnahme des Führerscheins entstanden sind. Mein Mandant betreibt eine Bäckerei in Riegelsberg. Er mußte im Dezember 1993 und im Januar 1994 jeweils mit dem Taxi zu seiner Bäckerei fahren, da er sein eigenes Fahrzeug nicht benutzen konnte. Wegen der frühen Backzeiten war dem Mandanten die Inspruchnahme öffentlicher Verkehrsmittel nicht möglich.

Die Ersatzansprüche des Mandanten beziffere ich nachstehend wie folgt:

1. Taxifahrten im Dezember gem. beigefügter Bescheinigung Benz	990,— DM
2. Taxifahrten im Januar gem. beigefügter Bescheinigung Benz	673,20 DM
	1663,20 DM
Der Mandant läßt sich eine Eigenersparnis in Höhe von 20% anrechnen mit	332,64 DM
so daß ein entschädigungspflichtiger Betrag in Höhe von	1330,56 DM

verbleibt.

Die Anwaltskosten, die ebenfalls auszugleichen sind, errechnen sich nachstehend wie folgt:
Geschäftswert: 1330,56 DM

1. 7,5/10 Gebühr	75,— DM
2. Pauschsatz	11,30 DM
3. 15% Mehrwertsteuer	12,94 DM
	99,24 DM

205

13 Muster von Anträgen

Nach Durchführung der etwaig erforderlich werdenden Überprüfungen bitte ich höflichst darum, umgehend die Akten dem Minister für Rechtspflege zur endgültigen Entscheidung und Anweisung des Entschädigungsbetrages vorzulegen.

Rechtsanwalt

Literaturverzeichnis

Rückel, Strafverteidigung und Zeugenbeweis, Praxis der Strafverteidigung, Bd. 9; Heidelberg 1988.
Salger, Ausgewählte Fragen der Schuldfähigkeit bei Verkehrsstrafsachen, in: Verkehrsstrafrecht (s. oben AG DAV), 1989, S. 9 ff.
Sarstedt/Hamm, Die Revision in Strafsachen, 5. Aufl., Berlin u. a. 1983.
Schirmer, Das Adhäsionsverfahren nach neuem Recht, die Stellung der Unfallbeteiligten und deren Versicherer, DAR 1988, 121.
Schlee, Haftungsgefahren bei strafrechtlichen Mandanten, AnwBl 1986, 31.
Schlothauer, Vorbereitung der Hauptverhandlung durch den Verteidiger, Praxis der Strafverteidigung, Bd. 10; Heidelberg 1988.
Schlothauer/Weider, Untersuchungshaft, 2. Aufl., Praxis der Strafverteidigung, Band 14, Heidelberg 1996.
Schlüchter, Das Strafverfahren, 2. Aufl., Köln u. a. 1983.
Schmidt/Clausen, Das lichttechnische Gutachten bei Dunkelheitsunfällen, DAR 1982, 3 ff.
Schönke/Schröder, Strafgesetzbuch, 24. Aufl., München 1991.
Slibar, Zur Analyse der Kollision Fußgänger ./. PKW, Der Verkehrsunfall, 1976, 57 ff.
Steinke, Die Problematik der Wahlgegenüberstellung, Kriminalistik, 1978, 505 ff.
Strate, Der Verzicht auf die Vereidigung – eine schädliche Unsitte, StV 1984, 42 ff.
Sunder, Zum Begriff „Führen eines Fahrzeugs", Blutalkohol, 1989, 297 ff.
Teyssen, Vorsatz oder Fahrlässigkeit bei Trunkenheitsfahrten mit höheren Promillewerten aus der Sicht des Strafrechtlers, BA Vol. 21/1984, 175.
Ulsenheimer, Arztstrafrecht, Praxis der Strafverteidigung, Bd. 7; Heidelberg 1988.
Undeutsch, Ergebnisse psychologischer Untersuchungen am Unfallort, Opladen 1962.
ders., Wiedererkennung von Personen, Karl-Peters-Festschrift, Heidelberg 1984, S. 461 ff.
Volckart, Verteidigung in der Strafvollstreckung und im Strafvollzug, Praxis der Strafverteidigung, Bd. 8; Heidelberg 1988.
Wagner/Wagner, Handbuch der Verkehrsmedizin, Berlin 1968.
Warburg, Die anwaltliche Praxis in Strafsachen, Stuttgart u. a. 1985.
Weigelt, W., Kraftverkehrsrecht von A–Z, Loseblatt, Berlin,
ders., Lexikon straßenverkehrsrechtlicher Entscheidungen (LOE), Loseblatt, Berlin,
Weihrauch, Verteidigung im Ermittlungsverfahren, 4. Aufl., Praxis der Strafverteidigung, Bd. 3; Heidelberg 1995.
Welther, Wahrnehmbarkeit leichter Fahrzeugkollisionen, München 1983.
Winkler, Die sogenannte Nachschulung alkoholauffälliger Kraftfahrer, NZV, 1988, 41.
Wittschier, Antrag der Staatsanwaltschaft auf Aufhebung der vorläufigen Entziehung der Fahrerlaubnis im Ermittlungsverfahren, NJW, 1985, 1324 ff.
Zabel, Eignungskriterien beim Fahrerlaubnisentzug, BA Vol. 17/1980, 393 ff.
ders., Nachschulung für Alkoholtäter im Erst- und Wiederholungsfall, BA Vol. 22/1985, 115.
Zink/Reinhardt/Schreiber, Vorsatz oder Fahrlässigkeit im Verkehr – medizinische und juristische Aspekte, BA Vol. 20/1983, 503 ff.

Verzeichnis der Gesetzesstellen

Die Zahlen verweisen auf die Randziffern.

1. Allgemeine Bedingungen für die Rechtsschutzversicherung

§ 1:	16	§ 4:	27
§ 2:	4	§ 21:	16

2. Bürgerliches Gesetzbuch

§ 172:	5	§ 847:	112
§ 626:	44		

3. Bundesgebührenordnung für Rechtsanwälte

§ 3:	14	§ 84:	15b
§ 11:	119	§ 86:	15b
§ 17:	15a	§ 89:	119
§ 23:	119	§ 91:	16
§ 27:	128	§ 95:	118, 134
§ 83:	128		

4. Gesetz über den Versicherungsvertrag

§ 150: 102, 119

5. Gesetz über die Entschädigung für Strafverfolgungsmaßnahmen

§§ 3 ff.: 49

6. Grundsätze des anwaltlichen Standesrechts

§ 26:	2	§ 41:	14
§ 34:	2		

7. Jugendgerichtsgesetz

§ 7:	42, 91	§ 67:	5
§ 17:	91	§ 80:	111
§ 45:	52	§ 81:	119
§ 47:	52, 60	§ 109:	119
§ 55:	99		

8. Rechtspflegergesetz

§ 21: 97

Verzeichnis der Gesetzesstellen

9. Richtlinien für das Strafverfahren und das Bußgeldverfahren

Nr. 18: 77
Nr. 147: 101
Nr. 154: 101

Nr. 182: 101
Nr. 243: 21

10. Standesrichtlinien

§ 34: 1a

§ 41: 14

11. Strafgesetzbuch

§ 20:	30, 38, 91, 109	§ 139a:	(a. F.): 33
§ 21:	30, 38, 109	§ 142:	33, 34, 35, 39
§ 40:	91	§ 163:	75
§ 42:	91	§ 222:	17, 18
§ 44:	47	§ 226a:	18, 20, 21
§ 46:	91	§ 230:	17, 19
§ 47:	91	§ 232:	21
§ 51:	42	§ 258:	11c
§ 56:	91	§ 315b:	24
§ 59:	91	§ 315c:	24, 25
§ 60:	53, 54	§ 315d:	24
§ 69:	22, 39, 41, 42, 46	§ 316:	16, 22, 23, 24, 27
§ 69a:	46, 47, 48, 131	§ 323a:	32
§ 77:	21	§ 352:	15b
§ 77b:	21		

12. Strafprozeßordnung

§ 34:	84	§ 315:	98
§ 44:	97	§ 318:	99
§ 51:	125, 126	§ 324:	104
§ 59:	75a	§ 325:	104
§ 72:	125	§ 329:	5
§ 81a:	29	§ 331:	47
§ 83:	64	§ 333:	106, 109
§ 94:	47	§ 335:	99, 106
§ 97:	39	§ 345:	107
§ 98:	42	§ 347:	107
§ 111a:	40, 41, 45, 47, 131, 137	§ 349:	105
§ 135:	125, 126	§ 350:	5
§ 137:	5	§ 373a:	21
§ 140:	5, 14	§ 376:	19
§ 146:	6	§ 387:	5
§ 147:	11, 101	§ 395:	110, 111, 118, 133, 135
§ 153:	21, 51, 52, 56, 57, 60, 67, 114, 116, 124	§ 396:	110, 113, 116, 135
		§ 397:	114

Verzeichnis der Gesetzesstellen

§ 153a:	21, 51, 52, 54, 55, 56, 57, 60, 91, 114, 116, 122	§ 397a:	116, 136
§ 153b:	54	§ 400:	113, 115
§ 154:	55	§ 403– 406c:	119, 133, 135, 136
§ 172:	116a	§ 404:	119
§ 201:	56	§ 405:	119
§ 203:	58	§ 406:	119
§ 204:	58	§ 406a:	119
§ 206a:	58, 115	§ 406d:	117
§ 206b:	115	§ 406e:	117
§ 234:	5, 61, 84, 119	§ 406f:	117, 135, 136
§ 244:	61	§ 406g:	118, 135, 136
§ 249:	11b, 79	§ 410:	21
§ 256:	79	§ 411:	5
§ 267:	48a	§ 434:	5
§ 275:	108	§ 464:	92, 96, 116
§ 304:	45	§ 464b:	97
§ 306:	96	§ 465:	92, 93, 95
§ 311:	96	§ 467:	92, 93
§ 312:	98	§ 472:	116, 118
§ 314:	98	§ 472a:	119
		§ 473:	94, 116, 118
		§ 492:	116

13. Straßenverkehrs-Gesetz

§ 4:	22	§ 25:	41
§ 24a:	23, 41		

14. Straßenverkehrs-Ordnung

§ 34: 35

15. Straßenverkehrs-Zulassungs-Ordnung

§ 13a:	91	§ 36:	112
§ 15b:	22		

16. Zivilprozeßordnung

§ 103: 97

17. Bundeszentralregistergesetz

§§ 45ff.: 91

Stichwortverzeichnis

Die Zahlen verweisen auf die Randziffern.

Abbauwert 30
ABS-System 65 b
actio libera in causa 31
Adhäsionsverfahren 119, 136
Akteneinsicht 8, 11, 40
Aktenversendungspauschale 8
Alkohol 21–32
Alkoholgewöhnung 48 b
Alkomat 22
Ampelanlagen 66
Anflutungsphase 22 b
Anhörung von Zeugen 10, 73–76
Annahme des Mandats 1–4, 111
Anwaltsgebühren 13, 15
Arbeitslosengeld 44
Atemluft-Alkohol-Konzentration 22
Aufbau der Diagrammscheibe 67 a
Aufprallgeschwindigkeit 65 a
Auftragsverhältnis, früheres 2
Ausnahme vom vorl. Entzug der Fahrerlaubnis 43, 123
Ausrede 11 c
Auswertung der Diagrammscheibe 67 b

Bagatellschäden 34
Bedeutender Schaden 41
Befragung der Zeugen 10, 76
Begleitstoff-Analyse 22 a
Beifahrerrechtsprechung 75
Beleuchtung 86
Beratungsbilanz, Unfallflucht 39
Berufung 98
– Einlegung 130
– Beschränkung 99, 101, 131
Bestellung zum Verletzten- oder Nebenklagebeistand 133
Bewährter Kraftfahrer 42

Beweisantrag 83–86, 102, 127
– Formulierung des – 85
Beweisaufnahme 87
Beweiswert einer Zeugenaussage 75 b
Blutprobe, verwechselte 29
Bremsspuren 65

Diagrammscheibe 67
– Aufbau 67 a
Differenztheorie 94
Doppelmandat 3
Dunkelheitsunfälle 65 c

Effizienz der Verteidigung 89
Eichvorschriften 122
Eigene Ermittlungstätigkeit 9
Einstellung des Verfahrens
– gem. § 153 StPO 51, 124
– gem. § 153 a StPO 52, 57, 124
– gem. § 153 b StPO 53
– gem. § 154 StPO 55
– gem. § 170 StPO 50
Einstellungsantrag 56
Einwilligung des Verletzten 20
Eliminationsphase 22 b
Entfernen vom Unfallort, unerlaubtes 33, 34
Entschädigung
– bei unberechtigter Einbehaltung des Führerscheins 49, 138
Ermessensprinzip 95
Ermittlungstätigkeit, eigene 9

Fahrerlaubnis
– Entzug 41, 46, 137
– Wiedererteilung 48 a

215

Stichwortverzeichnis

Fahrlässige
- Tötung 17
- Körperverletzung 19
Fahrlässigkeit 27
Fahrtschreiber 67
Fahrunsicherheit
- absolute 22
- relative 23
Fahruntüchtigkeit *siehe Fahrunsicherheit*
Fahrverbot 41, 46
Fehlerquellen 63
„feindliches Grün" 66
Feststellungen, nachträgliche 36
Firmenvollmacht 6
Flensburg-Auskunft 40
Fragetechnik 76 a
Freispruch 90, 90 a
Früheres Auftragsverhältnis 2
Fußgängerunfall 82

Gebührennachlaß 15, 16
Gefährdung des Straßenverkehrs 24
Gegenüberstellung 77
- fehlerhafte - 78
Gegenvorstellung 135
Gesetzliche Gebühren 15 b
Geständnis 60
Grün
- feindliches - 66
Grundsatz des sichersten Weges 111
Grundsätze der absoluten und relativen Fahruntüchtigkeit 22 c

Hauptverhandlung 72, 104, 112
- Nichteröffnung der - 58
Heranwachsende 42, 60, 91, 99
Hilfsbeweisantrag 84
Hilfsweise Strafzumessungserwägungen im Plädoyer 90
Honorarvereinbarung 14, 121

Idiotentest 48 c

Jugendliche 42, 60, 91, 99

Kaskoversicherung 11 d
Kausalität 24
Kienzle-Mannesmann-Diagrammscheibe 67
Kopien 11
Kosten der Nebenklage 134
Kostenfestsetzung 97
- Antrag auf - 128
- Beschwerde gegen - 129, 132
Kraftfahrtbundesamt-Auskunft 40

Ladung
- als Sachverständiger 125
- des Zeugen 126
Lichtbilder vom Unfallort und von Unfallfolgen 9

Mandatsannahme 1
Mehrfachverteidigung 6
Mittelgebühr 15

Nachschulung 48
Nachtrunk 22 a
Nebenklage 110
- Antrag auf Zulassung der - 111
- Beistand 118
- in der Hauptverhandlung 114
- Kosten 114
- Rechtsmittel 115
- Zulassung 113, 133, 135

Öffentliches Interesse 19

Panikreaktion 38
Pathologischer Rausch 38

Stichwortverzeichnis

Pflichtverteidiger 4, 14
Plädoyer 88
Polizeizeugen 74
Problemmandanten 1
Prozeßkostenhilfe 136

Rechtsmittel 98 ff.
Rechtsschutzversicherer 4, 16, 57
Regelfahrverbot 46, 103
Resorptionsphase 22 b
Revision 105, 113, 132
Revisionsbegründung 107 ff.
Richter als Zeugen 75
Rückrechnung der BAK 22, 30
Rücksichtslosigkeit 26

Sachrüge 108
Sachverständigengutachten
 12, 37, 50, 62, 80
Sachverständiger 61, 64, 68, 81
Schadensregulierung 21
Schmerzensgeld 112
Schreckreaktion 38
Schuldunfähigkeit 30
Schutzbehauptung 109
Schweigen
– des Mandanten 11 b
Selbstmord 18
Sicherheitsgurt 69
Sofortige Beschwerde 96
Sperrfrist 47
Sprungrevision 106
Spurenakte 11 a
Staatsanwälte als Zeugen 75
Starten
– des Motors 23
Strafantrag 21
Strafbefehl 56
Strafprozeßvollmacht 5
Strafzumessung 59, 91
Straßenverkehrsgefährdung 24

Tachographenscheibe 67
Teilfreispruch 93
Teilkaskoversicherung 11 d
Tod, plötzlicher 71
„Todsünden" des Kraftfahrers
 25

Unberechtigte Einbehaltung des
 Führerscheins 40 ff.
– Entschädigung bei – 49
Unerlaubtes Entfernen vom
 Unfallort 33, 34

Veranlassungsprinzip 92
Vereidigung 75 a
Verfahrensrüge 108, 109
Verletztenbeistand 117
Verletzungen
– eigene 54
– tödliche 70
Verteidigerbestellung 7, 120
Vertrauensgrundsatz 18
Verwarnung mit Strafvorbehalt
 91
Verwechselte Blutprobe 29
Vollmacht 5
Vollrausch 32
Vorhalt 75
Vorläufige Entziehung der Fahr-
 erlaubnis 40, 41, 43, 137
– Ausnahme 43, 123
Vorsatz 27
Vorschuß 15, 15 a, 16
Vorverfahrensgebühr 115

Wahlgegenüberstellung 77
Wartepflicht 35
Wiedererkennen 77
Wirtschaftliche Nachteile 44

Stichwortverzeichnis

Zeitablauf 45, 91
Zentralruf 111
Zeugen 73–79

Zeugenbefragung 10, 76
Zink-Reinhard-Formel 30